江苏省高等学校重点教材（编号：2021-1-507）



# 学前儿童社会教育

## （第二版）

主　编：罗秋英　梁　珊
副主编：王雨楠　唐冰瑶　王诗柔　李　慧
马玉荣　任丹丹　周　蕾
参　编：吴文秋　王　琳　李贵鹏　丁一铭

南京大学出版社

**图书在版编目(CIP)数据**

学前儿童社会教育 / 罗秋英，梁珊主编. -- 2 版
.-- 南京 ：南京大学出版社，2023.5
ISBN 978-7-305-26264-7

Ⅰ. ①学… Ⅱ. ①罗… ②梁… Ⅲ. ①学前儿童一社会教育一高等职业教育一教材 Ⅳ. ①G611

中国版本图书馆 CIP 数据核字(2022)第 212094 号

出版发行　南京大学出版社
社　　址　南京市汉口路 22 号　　邮　编　210093
出 版 人　金鑫荣

书　　名　**学前儿童社会教育**
主　　编　罗秋英　梁　珊
责任编辑　丁　群　　编辑热线　025-83597482

照　　排　南京南琳图文制作有限公司
印　　刷　南京新洲印刷有限公司
开　　本　787×1092　1/16　印张 14.5　字数 352 千
版　　次　2023 年 5 月第 2 版　2023 年 5 月第 1 次印刷
ISBN 978-7-305-26264-7
定　　价　46.00 元

网址：http://www.njupco.com
官方微博：http://weibo.com/njupco
微信服务号：NJUyuexue
销售咨询热线：(025) 83594756

**教学资源**

# 前言

“学前儿童社会教育”是学前教育专业的专业核心课程，教材质量直接影响着人才培养的质量以及幼儿园保教活动的质量。因此，本教材在编写过程中，编写组认真学习教育部等九部委联合印发的《职业教育提质培优行动计划》文件精神，全面落实《江苏省职业教育质量提升行动计划》要求，坚持人才培养目标导向、岗位实际需求导向，以学生学习为中心，以学生能力培养为中心，夯实课程思政内容，注重理论联系实际，促进学生德、智、体、美、劳全面发展，提升学前教育人才培养质量。本教材的编写具有以下特点：

### （一）“育人”与“修技”结合，突出高职高专办学特色

本教材根据高职高专院校人才培养“德技双修”“工学结合”的特点，以“立德树人”为指导，将“育人”与“修技”相结合，研究近年高职高专类院校人才培养模式和教学改革的最新成果，力图通过精品教材建设，落实高职高专院校人才培养方案。

### （二）“理论＋实践”教师编写，体现“产”“教”深度融合

本教材编写团队由理论和实践两组人员构成，理论组成员均有研究生及以上学历，均为本学科专任教师，长期担任本课程教学与研究工作，有幼儿园一线保教工作经历，教学经验丰富，对本课程的培养目标及教学任务有深刻的思考。实践组成员由具有丰富实践经验的幼儿园园长及骨干教师组成，有丰富的活动素材和大量的活动案例，有幼儿师范客座教授、讲师工作经历。两组成员紧密合作，共同协商编写体例、编写内容，开展编写工作，使教材的编写始终保持对学前教育、教学理念和教学方法的敏感性，准确对接幼儿教师岗位发展的实际需要，实现幼儿教师与学前教育专业学生共同发展，高职院校与幼教岗位的“产教融合”。

### （三）编写体例新颖，凸显工作手册式教材特点

本教材编写体例围绕学生学习为中心的目标要求，设计学习情境描述、学习目标、学习任务单、工作实施、引导问题、小提示、聚焦国考、岗位对接等环节，充分运用二维码形式，丰富线上学习资源，方便学生自行学习与检测，提高学生自我学习能力。

### （四）案例丰富，突出幼儿园岗位实践性

本教材融知识学习与能力培养为一体，在保证知识体系完整性和科学性的同时，融入了大量的幼儿园实践案例，满足高职高专院校应用型、技能型人才培养的要求，突出学生专业实践能力培养的目标。

### （五）内容针对性强，有利于学生复习考证

本教材依据最新国家教师资格考试标准、考试大纲进行编写，精心梳理了知识点，切合幼儿教师资格证考试大纲重点内容。每章设有“聚焦高考”“单元检测”，以便学生复习巩固知识，扩展知识面。

### （六）配套资源丰富，线上线下有效结合

本教材在“互联网＋”背景下，运用现代信息技术，构建了集知识点、案例、课件、拓展素材为一体的数字化资源包，体现个性化、碎片化、精准化服务教师和学生的特点，线上、线下互动，课内、课外结合，满足“学—教—做”一体混合式教学模式改革需要，为真实教学情境与专业教学深度融合搭建了桥梁。

本教材理论部分参编人员主要有：徐州幼儿师范高等专科学校罗秋英老师、梁珊老师、唐冰瑶老师、王雨楠老师、王诗柔老师等。其中，罗秋英负责项目一、三的编写；梁珊负责项目四、七的编写；唐冰瑶负责项目五的编写；王雨楠负责项目六、八的编写；王诗柔负责项目二的编写。本书实践部分的参编人员为：尚爱勇、马玉荣、吴文秋、任丹丹、周蕾、王林、李贵鹏。本书的案例及视频资源出自徐州市公园巷幼儿园、徐州市八一幼儿园、徐州市开发区一幼、徐州市金龙湖中心幼儿园、徐州市开发区蒙台梭利幼儿园，特表感谢。

本教材获批 2021 年度“江苏省高等学校重点教材建设”项目，在本教材编写过程中得到了学前与特殊教育学院王清风院长以及许多任课教师的大力支持和悉心指导，在此表示衷心感谢！本教材也广泛采纳了同行们的先进理念、优秀素材，在此对原作者表示诚挚的感谢！

由于编者水平有限，编写时间仓促，本教材还存在许多问题和不足，诚挚欢迎各位专家和老师批评指正。

《学前儿童社会教育》编写组

**2023 年 5 月 1 日**

# 目录

# 项目一
# 学前儿童社会教育概述

## 任务一　学前儿童社会教育的内涵

### 学习情境

社会教育是指一切有意识地培养人，有益于人的身心发展的各种社会活动，具有开放性、补偿性、多样性、灵活性的特点，是现代社会其他教育不可替代的教育形态。学前儿童社会教育是提高学前儿童社会认知、社会情感、社会行为发展水平，促进学前儿童社会化发展的教育，是全面发展教育的重要组成部分。

### 学习目标

1. 了解社会教育的基本特点及类型。
2. 掌握社会教育、学前儿童社会教育、社会发展等概念的内涵。
3. 形成对学前儿童社会教育重要性的正确认识。

### 任务书

1. 个人学习：请结合见习、实习的经历，思考幼儿园社会教育的现状。
2. 小组学习：合作完成案例分析。

今天的绘画内容是“我的好朋友”，孩子们在专心地画着自己喜欢的小伙伴，只有阳阳手拿着蜡笔，皱着小眉头，半天都没有起笔。我走了过去，抚摸着他的头问：“阳阳，你怎么不画呢？”他对我说：“老师，我不会画。”我好奇地问：“阳阳每次都画得很好，今天怎么了?"他低着头,嘴里嘟哝着:"我不会画。"于是我接着问:"阳阳的好朋友是谁呀?"阳阳说:"我的好朋友是……是……唉,我也不知道谁是我的好朋友。"阳阳看看小朋友们,又看看画纸,等到绘画活动结束,他还是没有画出来。

请同学们思考:阳阳画不出来的原因是什么?

扫码查看
参考答案

## 工作实施

### 1.1.1 了解社会教育的内涵

引导问题1:社会教育的价值是什么?

引导问题2:你在社会生活中曾经得到了哪些方面的教育?

**小提示**

教育是民族振兴、社会进步的重要基石,是国之大计、党之大计。习近平总书记指出,"办好教育事业,家庭、学校、政府、社会都有责任。"学前儿童社会教育既要体现学前教育自身的特点,又要紧密结合社会发展的时代潮流,体现鲜明的时代特点,源自于社会,服务于社会。

### 1.1.2 学前儿童社会教育的内涵

引导问题1:学前儿童社会教育包括哪些方面?

扫码查看
"班杜拉社会学习理论"

引导问题2:学前儿童社会性发展的价值是什么?

**小提示**

《学前儿童心理学》中讲到班杜拉的社会学习理论。班杜拉认为，一个人获得某些新的反应，或者矫正原有的行为反应，是对他人观察学习的结果。观察可以分为：

直接观察学习，即简单的模仿，如看到妈妈为奶奶洗脚，儿子也为妈妈洗脚。

抽象性观察学习，是在观察基础上，经过思考形成自己的做法，如看到小朋友随地扔垃圾被批评后，自己主动把垃圾扔进垃圾箱。

创造性的观察学习，是把观察到的不同方法进行整合，形成自己的独特做法。

### 1.1.3 学前儿童社会教育的特点

引导问题1：学前儿童社会教育的特点包括哪些方面？

______

______

______

引导问题2：如何理解学前儿童社会性教育具有渗透性？

______

______

______

**小组决策（小组讨论并形成决策）**

______

______

______

## 一、社会教育

### （一）社会教育的含义

教育是人类特有的社会活动，有了人类社会就有了人类的社会教育。远古时期，我国就有“巢氏教民穴处巢居，燧人氏教民钻木取火，伏羲氏教民扑鱼狩猎，神农氏教民稼穑种植”的传说，这就是中华民族最为古老的社会教育。

奴隶社会，奴隶主阶级垄断教育的权利，统治阶级的子弟通过“学在官府”，学习维护奴隶主等级制度的主张。广大平民和奴隶子弟，则通过“口耳相传”“手把手教”等方式习得生产劳动方式与社会生活经验。

漫长的封建社会，统治者通过“礼、乐、射、御、书、数”教化人民，用“君君，臣臣，父父，子子”的思想，极力维护封建阶级的统治，教育目的、教育内容、教育形式都融合在统治阶级的政治主张之中。清光绪年间，有人把教育划分为家庭教育、学校教育和社会教育三大类，并提出“家庭教育势力小，而学校教育与社会教育之势力大”的说法。在洋务运动的推动下，1909 年，清政府正式设立简易学堂，兴办工人半日学堂、农民耕余学习班及阅览处等社会教育事业。1912 年中华民国临时政府设社会教育司，开始正式使用“社会教育”一词，可见，社会教育作为一种社会现象是古老的，而作为一门学科则是新生的。

社会教育有广义和狭义之分。广义的社会教育，是指一切有意识地培养人，有益于人的身心发展的各种社会活动。狭义的社会教育，是指学校及相关社会团体或组织对社会成员所进行的社会性教育。

### （二）社会教育的作用

目前，社会教育在整个教育体系中还处于辅助和补偿地位，但随着社会的发展，它的作用越来越明显，尤其是现代社会教育，具有其他教育形态不可替代的特殊作用：

第一，社会教育直接面向全社会，又以社会政治、经济为背景，比学校教育、家庭教育具有更广阔的活动余地，因而影响面更为广泛，更能有效地对整个社会发生积极作用。

第二，社会教育形式灵活多样，也没有制度化教育体制的严格约束，很少受阶级、地位、年龄、资历的限制，因而能很好地体现教育的民主性。

第三，现代人的成长已不能局限于学校，而必须同社会实践相结合，所以，社会教育更有利于人的社会化发展。

第四，现代学校教育同社会发展息息相关，青少年儿童的成长迫切需要社会教育密切配合。社会要求青少年儿童扩大社会交往范围，充分发展兴趣、爱好和个性特点，广泛培养特殊才能，适应社会发展的变化。同时，信息传播手段、教育技术的不断完善，也为社会教育的广泛发展提供了现代化的物质条件。所以，在现代社会，社会教育显现出更新的活力，其社会意义愈加重要，已成为现代教育体系中不可或缺的重要组成部分。

### （三）社会教育的类型

常见的社会教育类型主要有以下两种：

#### 1. 由社会机构举办的社会教育

这种社会教育是由社会机构（即学校以外机构）举办的，包括青少年教育机构和成人教育机构。青少年社会教育机构，如少年宫、少年之家、儿童公园、儿童影院、儿童阅览室、儿童图书馆等，这些专门组织的社会教育机构旨在弥补学校教育和家庭教育的不足，促进青少年的个性全面发展。成人教育机构有各种文化补习学校、扫盲班、技术培训班以及各种讲座、报告会等。除了社会专门组织的教育活动以外，一些社会媒体也担当社会教育的任务，如报刊、书籍、图书馆、广播、电视和电影等。

#### 2. 由学校举办的社会教育

有些社会教育活动是要发挥学校作用，由学校负责举办的，如函授、各种职业训练、报告、讲座等活动，为了充分利用学校的教师和物质条件，面向社会开放、直接为社会服务。在社区教育中，就包括了依靠学校向校外开放的社会教育活动。

### （四）社会教育的特点

社会教育同其他教育形式比具有许多自身的特点：

#### 1. 开放性

社会教育可以不受教育内容、教育关系的限制，随时随地引导教育对象接受教育，有助于打破学校教育封闭的教育体系，把教育同社会生活、生产劳动、休闲娱乐等有机结合起来，具有极大的开放性。

#### 2. 多样性

社会教育内容和形式非常广泛，根据不同的教育条件和教育需要，可以涉及文化知识、科学技术、政治法律、伦理道德、体育卫生以及生活常识等方方面面的内容。

#### 3. 补偿性

学校教育的内容要以教材或课本为载体，内容往往具有滞后性的特点，跟不上时代发展的需要。而随着时代的发展，新的知识不断涌现，学习者需要新的学习，就需要通过社会教育进行更新和补充。

#### 4. 全面性

现代社会教育已经融入社会生活的方方面面，与社会的政治活动、生产劳动、社会生活、娱乐活动融为一体，在各个方面都发挥着积极的作用。

## 二、学前儿童社会教育

学前儿童社会教育是提高学前儿童社会认知、社会情感、社会行为发展水平，促进学前儿童社会性发展的教育，是全面发展教育的重要组成部分。学前儿童社会教育是一个内涵十分丰富的概念。

### （一）社会性

每个人在社会生活中都具有两种属性：自然属性和社会属性。自然属性是人类在长期的种族进化过程中形成的生物特性，包括人的生理结构和基本特性，如身高、体重、食欲、性欲、自我保护能力等。人是自然界的一部分，儿童的早期行为就是自然属性的表现。

社会性是人作为社会成员活动时所表现出的特性。首先，人类的生产劳动具有社会性。无论是古代还是现代，人类的生产劳动单靠某个人是无法完成的，必须依靠集体的活动，人类在集体生活中形成了相互合作、遵守制度、你来我往、乐于奉献等社会特性。其次，人类的生活也具有社会性。科学技术越发达，人类的社会分工就越精细，人对他人的依赖就越强，如我们的吃、穿、住、行、就医、娱乐等，离开了社会中其他人的帮助就寸步难行。马克思说：“人的本质是一切社会关系的总和。”所以，从某种程度上说，人的本质属性是社会性。所以社会性发展就是指儿童作为生物人通过与社会的交互作用，逐渐掌握社会的道德规范与行为技能，适应并学习社会文化，成为一个合格的社会成员的过程。

《幼儿园教育指导纲要(试行)》(以下简称《纲要》)社会领域的目标中“乐意与人交往,学习互助、合作和分享,有同情心”的要求,是人的社会属性中对人类整体发展有利的基本性质,即亲社会性,如大公无私、乐于助人、团结友爱等;当然,在人的社会属性中也有一部分是对社会不利的性质,即反社会性,如自私自利、阴险奸诈、违法犯罪等。儿童出生后处于各种社会关系和社会交往中,其社会性行为就是在儿童与同伴或成人交往的过程中,表现出的态度和行为反应。没有交往,就不会体现社会性行为,交往是社会性行为的具体体现。襁褓中的婴儿在母亲的抚慰中开始出现了对母亲的微笑,这就是儿童社会性行为的早期萌芽,随着儿童年龄的增长和生活范围的扩大,儿童的社会性经验不断增加,社会性行为的水平也逐渐提高。但是,遗传、家庭环境和社会文化氛围等因素都会影响儿童社会性的发展。可见,无论是亲社会性行为,还是反社会性行为,都不是与生俱来的,而是在与社会环境相互作用的过程中发展的结果,具体表现在以下几方面:

1. 社会认知

社会认知是个体对社会现象的反映,即对客观世界中的人或事的心理状态、行为动机、意向等的认识。社会认知是个体行为的基础,个体的社会行为是其在社会认知的过程中做出判断的结果。

学前儿童社会认知是指学前儿童对自己与社会(主体与客体)、社会关系(主要是亲子关系、同伴关系、师幼关系)、社会群体、社会角色、社会的生活规范及各种社会生活事件的认识与理解。

2. 社会情感

社会情感是人对社会现象是否符合自己的需要所产生的体验,是个体伴随社会心理发展过程产生的心理体验和心理感受,是在社会中培养出来的与人交往并不断改善自身行为的需要。个体通过自我评价与社会评价,形成对美与丑、善与恶的认识,并修正不利于社会发展需要的情感,发展符合社会需要的元素,逐渐完善自我的情绪、情感和态度。

学前儿童的社会情感主要体现在道德感、理智感、美感等方面,儿童社会情感的发展与同伴、父母、教师的互动密不可分。幼儿园教育就是一个促进儿童社会化的活动过程,在这个过程中,教师通过幼儿园的教育实践活动促进儿童社会情感的健康发展。

3. 社会行为

社会行为是群体中不同成员分工合作,共同维持群体生活的行为。社会行为都是有目的的行为,即在外界环境的刺激下,人们产生了某种需求,受需求的驱动,追求一定目标的行为。人的社会行为受社会规范、社会舆论、社会道德和社会风俗习惯的影响和制约,具有明显的社会性。

学前儿童的社会行为主要表现在亲社会行为(分享、安慰、合作、帮助)、攻击性行为(目的性攻击、工具性攻击)和性别角色行为等方面。

### (二) 学前儿童社会性发展

学前儿童社会性发展是指学前儿童在社会教育的影响下,社会认知、社会情感、社会行为等方面的发展,即学前儿童正确地认识自己、他人和社会,形成积极的社会情感,掌握与同伴、成人交往的策略以及与周围环境相互作用的方式，以便更好地在社会中生存与发展。

#### 1. 社会性发展是儿童生存与发展的基础

许多动物生来就有依靠遗传获得生存的能力，而刚出生的婴儿，几乎没有任何与生俱来的本领，离开了成人的照顾便难以存活，所以社会性发展是儿童生存的前提，是儿童存活的基础，同时，幼儿期也是儿童社会性发展的重要时期，社会性发展的水平直接关系到儿童未来人格发展的方向和水平。

#### 2. 社会性发展是儿童成长的基本过程

儿童要成为一个符合社会要求的成员，不仅需要在身体上受到照顾，还需要与社会成员进行相互交往，发生精神与感情上的各种联系，这就必须通过学习掌握社会生存的本领，掌握各种劳动技能，掌握社会角色与道德规范的要求。儿童成长的基本过程就是其社会性发展的过程。“狼孩”早期离开了人类社会，最终，虽费尽周折，也没形成人类的心理，人类发现的“豹孩”“猪孩”等诸多案例也都说明作为个体的儿童，不经过社会性发展的训练，就无法成为一个社会人。

#### 3. 社会性发展是儿童成长的方向

社会性发展是把自然人转变成社会人的必经之路，儿童发展的最终目标也是成为一个与社会发展相适应，对社会有价值、有贡献的人。我国的教育方针是：教育必须为社会主义现代化建设服务，必须与生产劳动相结合，培养德、智、体等方面全面发展的社会主义事业的建设者和接班人。无论是“现代化建设”还是“生产劳动”，都是与儿童的社会生活息息相关的，正是在这个过程中，儿童不断向身边各种环境学习，实现其心理活动由简单到复杂、由低级到高级的发展，最终发展成为社会主义事业的建设者和接班人。

### （三）学前儿童社会教育的特点

#### 1. 内隐性

《纲要》指出：“社会领域的教育具有潜移默化的特点。”学前儿童的行为习惯和思想品格往往在幼儿园的一日生活中不知不觉受到熏陶和感染，在不知不觉间发生变化。特别是学前儿童的社会认知、社会情感和社会行为等方面，往往在潜移默化中，便内化于学前儿童的头脑，而且不容易马上显露，具有较强的内隐性。

#### 2. 渗透性

陶行知先生说，生活即教育，社会即学校。儿童成长的本质，即从周围环境中汲取各种各样的信息，继而形成自主的思维方式与认知体系。学前儿童社会教育具有渗透性。社会学习通常是随机的、无处不在的，日常生活是社会教育的载体，蕴涵着丰富的社会教育的内容和契机。学前儿童的社会教育可以通过有目的、有计划、专门组织的活动来实施，更要渗透在日常生活和幼儿园一日活动的各个环节中。在一日生活中，结合入园、进餐、午睡等环节，培养儿童爱惜粮食、勤俭节约、文明礼貌等好习惯；在各领域的教育中，培养儿童遵守规则、礼让他人的好行为；在游戏中，培养儿童尊重他人、轮流、谦让的好品质；在家庭教育中，教育儿童孝敬父母、尊老爱幼的好传统；在社区教育中，使儿童感受团结互助、邻里和睦的好作风。因此，教师要善于发现社会教育的契机，及时给予指导和帮助，提高儿童的社会性发展水平。

3. 实践性

《3—6 岁儿童学习与发展指南》(以下简称《指南》)要求："最大限度地支持和满足儿童通过直接感知、实际操作和亲身体验获取经验的需要。"学前儿童的社会性学习和社会性发展必须在儿童自身的社会交往和实践过程中逐步实现。脱离社会文化情境的社会学习不符合学前儿童的学习特点，知识和经验也不容易内化与吸收。

《纲要》也指出："幼儿社会态度和社会情感的培养尤应渗透在多种活动和一日生活的各个环节之中，要创设一个能使幼儿感受到接纳、关爱和支持的良好环境，避免单一呆板的言语说教。"因此，在实施社会教育时，教师要多创设与成人、同伴共同生活、交往、探索、游戏的真实情境和实践机会，通过学前儿童的亲身体验、感知和操作实践，把社会教育的实际要求真正内化于学前儿童的内心世界。

4. 长期性

《指南》指出："幼儿的学习发展是一个持续的、渐进的过程。"学前儿童的社会教育也是一项长期的工作。学前儿童获得社会经验、学会与人交往、养成良好社会行为与品质也不是一朝一夕、一蹴而就、立竿见影的，而是长期的、渐进的过程，需要长期坚持，持续施加影响。因此，实施学前儿童社会教育应注重教育的长期渗透与持久影响，不能急功近利，单凭几次教育活动就想获得教育效果，或对学前儿童社会性发展进行评价。教师要有爱心、耐心和恒心，对学前儿童的社会性教育，要在长期的活动和交往中使儿童反复体验和练习，持之以恒地加以引导和培养。

## 任务二　学前儿童社会教育的意义

### 学习情境

学前儿童社会教育是实施全面发展教育的重要途径，学前儿童社会教育是促进学前儿童和谐发展的重要手段，学前儿童社会教育是促进学前儿童社会化必由之路，学前儿童社会教育是实现社会文化传承的基本途径。

### 学习目标

1. 了解学前儿童社会教育的意义。
2. 掌握学前儿童社会教育的价值的内涵。

3. 树立对学前儿童社会教育价值的正确认识。

## 任务书

1. 个人任务：结合对学前教育的认识，思考学前儿童社会教育的意义。

2. 小组任务：合作完成案例分析。

周末，壮壮妈妈带着6岁的壮壮到游乐场玩。游乐场里有一位小朋友很“霸道”，每当壮壮看到想玩的玩具，他都会过来跟扬扬抢，壮壮抢不过，只好来向妈妈求助，壮壮妈妈便过去与那位孩子的妈妈商量，希望她能管管自己的孩子。谁知对方却理直气壮地说：“小孩的事情小孩自己解决，大人掺和什么？”壮壮妈妈只好引导壮壮自己去跟这位小朋友商量，看看能不能轮流玩。这位小朋友寸步不让，两个孩子打了起来，壮壮受了欺负，妈妈想拉着他离开，他不仅不走，还生气地咬了妈妈一口……壮壮妈妈来幼儿园向老师请教：“遇上这种事情，该怎么办？”

请同学们思考：作为幼儿教师，你会怎样帮助壮壮和他的妈妈？

扫码查看
参考答案

## 工作实施

### 1.2.1　社会教育与全面发展教育

引导问题1：社会教育与全面发展教育的关系是什么？

______________________________

______________________________

______________________________

引导问题2：社会教育与儿童和谐发展的关系是什么？

______________________________

______________________________

______________________________

**小提示**

我国幼儿园教育的目标是：对幼儿实施体、智、德、美等方面全面发展的教育，促进其身心和谐发展。

全面发展是实施学前教育的基本途径，是必要手段；和谐发展是学前教育的核心要求，是学前教育的出发点和最后的归宿，二者既有机联系，也相互影响，相互制约。

### 1.2.2 社会教育与学前儿童个性发展

引导问题 1：社会教育与儿童情感发展的关系是什么？

引导问题 2：社会教育与儿童个性发展的关系是什么？

**小提示**

美国心理学家墨森认为，社会化是儿童学习社会性情绪、体现对父母亲人的依恋、掌握道德标准、形成自我意识、认同性别角色、践行亲善行为、对攻击性行为进行自我控制等一系列行为的发展过程。

在过去的儿童发展研究中，人们主要关注家庭、学校、伙伴等微观体系的内容，而微观体系间的相互作用、儿童不直接参与的外部体系等，往往被忽视。方建移等主编的《社会教育与儿童社会性发展》从生态系的视角，将儿童社会性发展纳入更广阔的宏观环境中进行研究和探讨。

小组决策（小组讨论并形成决策）

扫码查看图书信息

《纲要》指出："幼儿教育是基础教育的组成部分，是学校教育和终身教育的起始阶段。幼儿教育应为幼儿的近期和终身发展奠定良好的素质基础。""幼儿园应与家庭、社会密切配合，共同为幼儿创造一个良好的成长环境。"这个良好的成长环境就是社会环境，因为儿童自出生那一刻起，就生存在各种社会环境和社会关系之中，而且儿童期也是为其社会性发展奠基的重要时期，良好的社会教育会为儿童发展成为一位合格的社会公民奠定基础。

学前阶段的社会性发展对个体一生的发展具有重要的奠基作用，因此，及早对学前儿童的社会性发展提供支持，实施社会教育，关乎学前儿童个体乃至整个人类的发展。

学前儿童的社会性发展离不开外界的引导与帮助,实施学前社会教育的价值体现在支持与引导学前儿童的自我意识的发展、学习与他人的人际交往、习得社会文化的各种要求等方面。学前教育作为人生启蒙的奠基教育,不仅要为下一代健康成长提供良好的环境支持,更要针对学前儿童社会性发展进程的需要,对学前儿童实施适时的、必要的、科学的社会教育,促进学前儿童德智体美劳全面发展。

## 一、学前儿童社会教育是实施全面发展教育的重要途径

2021 年《中华人民共和国教育法》修订版进一步完善了我国的教育方针,强调“教育必须为社会主义现代化建设服务、为人民服务,必须与生产劳动和社会实践相结合,培养德、智、体、美、劳全面发展的社会主义建设者和接班人”。

德育是教育者按照社会的要求,对受教育者施加影响,促进学前儿童萌发爱祖国、爱家乡、爱劳动、爱科学的情感,培养诚实、自信、勇敢、好学、遵守纪律等良好品德行为和习惯,以及开朗活泼的性格。

智育是发展学前儿童的智力,培养儿童正确运用感官和语言交往的基本能力,增进对环境的认识,培养有益的兴趣和求知欲望,培养初步的动手探究能力。

体育是全面发展体力、增强体质,促进儿童身体正常发育和机能的协调发展,促进心理健康,培养良好的生活、卫生习惯及参加体育活动的兴趣。健康体魄是儿童享有幸福生活的前提条件,是为祖国和人民服务的基础,是中华民族旺盛生命力的体现。

美育是培养学前儿童初步感受美和表现美的情趣和能力,陶冶情操,提高素养,为形成正确的审美观,发展鉴赏美和创造美的能力,为培养高尚情操和文明素质奠定基础。

劳动教育是传授基本的生活、生产知识和技能,培养劳动观念,帮助学前儿童养成良好的劳动习惯,注重动手实践,为未来学前儿童主动改造世界打好基础。从小开展劳动教育,能影响社会主义建设者和接班人的劳动精神面貌、劳动价值取向和劳动技能水平。

实施全面发展教育要“五育并举”,“五育”都是在有中国特色的社会环境下开展的,都具有鲜明的社会性,与社会的生产与生活实践紧密相连,离开了社会环境的大前提,全面发展教育就成为无源之水、无本之木。

## 二、学前儿童社会教育是促进学前儿童和谐发展的重要手段

全面发展教育的最终目的是促进学前儿童和谐发展。和谐发展既要有德、智、体、美、劳教育的全面性,又有儿童身、心发展的统一性,学前儿童社会教育是促进学前儿童和谐发展的重要手段,其作用主要体现在:

### (一) 有助于学前儿童发展良好的自我意识,建立正确的自我概念

对学前儿童开展社会教育,有助于学前儿童发展良好的自我意识。学前社会教育,从儿童自身出发,对每一位学前儿童给予充分的尊重和良好的教育,能帮助学前儿童正确地认识自己、接纳自己,发展积极的自我认识。

对学前儿童开展社会教育，提供实现自我价值和体验成功的活动，保障儿童交往活动的权利与机会，有助于提高学前儿童的自尊心和自信心，帮助学前儿童学会正确地自我评价。

在学前教育的过程中，为学前儿童提供充分的自由选择、自我决策的权利，能够培养儿童独立自主和对自己行为负责的意识及能力；通过开展多元、有效的活动，能够帮助学前儿童学会自我调节、自我控制。如幼儿园开展"说说我是谁"的活动，能帮助学前儿童清楚地认识自己的外在特征、优点与不足，提高自我服务、自我管理与自我教育能力。

### （二）有助于学前儿童形成积极的情绪情感，形成健康的个性品质

在学前儿童社会教育过程中，儿童通过有目的、有计划、有组织的社会教育活动及良好的人际互动能够形成积极的情绪、情感，不仅正确地认识自己的情绪、情感，也能正确地认识和理解他人的情绪、情感。

同时，教师从儿童的兴趣和内在需要出发，通过创设宽松、自由的学习与交往环境，接纳每一位儿童的个体差异，为每位儿童提供发现自我和展现自我优势的机会。而儿童在与同伴游戏和交往的过程中，也能够产生愉悦的情绪体验，有利于形成健康、开朗、活泼的个性特点和友爱、团结、互助的社会品质，为儿童的健康成长奠定基础。

### （三）有助于学前儿童提升人际交往能力，更好地适应社会生活

人际交往是学前儿童社会学习的主要内容，也是其社会性发展的基本途径。学前儿童在与成人和同伴交往的过程中，不仅学习如何与人友好相处，也在学习如何看待自己、对待他人，不断发展适应社会生活的能力。学前儿童由于身心发展尚未成熟，缺乏社会经验，缺少交往的必要技能和策略，不知道如何与人沟通、交流。因此，对学前儿童进行社会教育，重在提高儿童社会交往能力，通过各种活动引导学前儿童学习与他人交往的方法和技巧，在家—园—社区合作共育中帮助学前儿童不断丰富交往经验，提升社会交往能力。

## 三、学前儿童社会教育是促进学前儿童社会化的必由之路

社会学习是个体为满足社会需要而掌握社会知识、经验和行为规范以及技能的过程。任何人都是生活在一定的社会环境中的，从出生起，学前儿童就要从一个"自然人"逐渐成长为一个"社会人"，就需要在社会中与他人互动并学习相应的社会经验，学习并接受所处社会特有的价值规范、风俗习惯和行为准则，如果这种学习的需要与权利被剥夺，就会永远停留在"自然人"或"生物人"的水平，而无法成长为一位具有社会经验的"社会人"。

学前儿童的社会化是一个复杂的过程，积极的社会化并不总是自然发生的，它需要教育者创设积极的教育环境并加以适当的影响才能实现。人的一生是持续社会化发展的过程，学前期儿童的社会化正处于终身社会化发展的"关键期"，学前社会教育承担的一项重要任务就是按照积极、健康的社会价值取向，为学前儿童创设有教育意义的环

境，有目的、有意识地引导学前儿童实现积极的社会性发展，帮助学前儿童形成良好的社会行为。

### 四、学前儿童社会教育是实现社会文化传承的基本途径

每一位积极参与社会生活的公民，都是社会文化的承载者。而在学前儿童社会教育的过程中，教育者有目的、有计划地把社会文化知识、社会规范技能、社会文明传递给受教育者，既注重对传统优秀文化的继承，又在传承的过程中实现着创新与发展，从而实现社会文化的延续，推动社会文明的不断发展。

儿童是人类的未来，也是未来世界公民的主体。学前儿童社会教育，为提高未来公民的社会素质奠定基础，这既是学前社会教育存在的意义，也是实现学前儿童社会教育可持续发展的基本条件和动力。

## 任务三　影响学前儿童社会性发展的因素

### 学习情境

学前儿童的社会性发展是复杂的过程，会受到各种因素的制约，自身因素中的成熟程度、健康水平、遗传素质、心理特点、内部需要等会影响社会性发展水平；儿童的社会性发展也是在社会环境下进行的，家庭状况、幼儿园教育以及社会环境等也会影响儿童的社会性发展进程。

### 学习目标

1. 了解影响学前儿童社会性发展的因素。
2. 掌握影响学前儿童社会性发展因素的内涵。
3. 提高对影响学前儿童社会性发展因素的重视。

### 任务书

1. 个人学习：请结合身边的学前教育现象，分析影响学前儿童社会性发展的因素。

2. 小组学习：合作完成案例分析。

大一班的小朋友爱玩“报数接龙”游戏，游戏规则是选任意一个小朋友当“龙头”，从“1”开始，每人依次起立，按数的序列向后报数，漏报、错报的小朋友要说：“对不起，我错了。”第一轮，小朋友都很认真，没有人出错。第二轮开始不久，田田报错了，他摸摸头站起来，对伙伴们说：“对不起，我错了。”一会，点点也错了，也立即说：“对不起，我错了。”第三轮时，思思报错了，而她却放声大哭起来，我轻声地安慰她：“报错了没关系，我们勇敢地承认，小朋友会帮助我们改正的。”听了这话，她哭得更伤心了，我又鼓励她：“有错就改，老师和小朋友不会笑话你的。你看，刚才田田和点点错了，都勇敢地承认、快乐地改正了，现在他们还是玩得很开心呀！”听完这话，思思的哭声小了一些，但还是不肯说。游戏玩不下去了，小朋友们都很着急，“老师，老师，我来替思思说吧，要不然大家就玩不成了！”我想了想，对小朋友们说：“这样吧，请小朋友来给思思做个示范好吗？”每位小朋友做完示范，我都带领小朋友给予热烈的掌声表示鼓励，当三个小朋友示范结束后，思思终于站起来小声说了一句：“对不起，我错了。”掌声之后，游戏继续。

请同学们思考：你如何看待这位教师的做法？

## 工作实施

扫码查看
参考答案

### 1.3.1　儿童自身与社会性发展的关系

引导问题 1：社会性发展与儿童的遗传素质有什么关系？

引导问题 2：社会性发展与儿童的成熟水平有什么关系？

### 1.3.2　家庭与儿童的社会性发展的关系

引导问题 1：家庭的结构与儿童社会性发展有什么关系？

扫码查看
“教养方式的分类”

引导问题 2：家庭教养方式与儿童社会性发展有什么关系？

**小提示**

美国心理学家戴安娜·鲍姆林德把教养方式分为四类:权威型、专制型、放纵型(溺爱型)和忽视型。每种教养方式对儿童的影响都不一样,良好的教养方式下,正确的行为得到认可,不良的行为得到矫正,儿童能够健康和谐地成长,而不良的教养方式则会给儿童的健康发展带来各种各样的问题。

### 1.3.3 幼儿园教育与儿童的社会性发展

引导问题:幼儿园教育与儿童社会性发展有什么关系?

**小提示**

1978年,75位诺贝尔奖获得者在巴黎聚会。人们对于诺贝尔奖获得者非常崇敬,有位记者问其中一位获奖者:"在您的一生中,您认为最重要的东西是在哪所大学、哪所实验室里学到的呢?"

这位白发苍苍的诺贝尔奖获得者平静地回答:"是在幼儿园。"记者感到非常惊奇,又问道:"为什么是在幼儿园呢?您认为您在幼儿园里学到了什么呢?"诺贝尔奖获得者微笑着回答:"在幼儿园里,我学会了很多很多。比如,把自己的东西分一半给小伙伴们;不是自己的东西不要拿;东西要放整齐;饭前要洗手;午饭后要休息;做了错事要表示歉意;学习要多思考,要仔细观察大自然。我认为,我学到的全部东西就是这些。"所有在场的人对这位诺贝尔奖获得者的回答报以热烈的掌声。

### 1.3.4 社会环境与儿童的社会性发展

引导问题:社会环境与儿童社会性发展有什么关系?

**小提示**

2016年2月15日,陕西省汉中市西乡县人民医院接诊了一个被电锯锯伤的小女孩,小女孩的鼻翼和右脸都有很深的伤口,经过了解知道,当时,女孩的妈妈在屋里做饭,小女孩和10岁的姐姐在院子里玩耍,姐姐从家里翻出了一把电锯,便学着《熊出没》中光头强的做法，向妹妹脸上锯了过去。由于是电锯，伤口不仅不整齐，还有缺损，虽然经过清创缝合，但伤口仍坑坑洼洼的，即使将来愈合了，也会留下很深的伤疤。

小组决策（小组讨论并形成决策）

学前儿童的社会性发展是个体在一定的社会环境中，通过与环境的相互作用，不断地由自然人发展为社会人的过程。《纲要》指出："社会学习是一个漫长的积累过程，需要幼儿园、家庭和社会密切合作，协调一致，共同促进幼儿良好社会性品质的形成。"因而，影响儿童社会性发展的因素也是多方面的。

## 一、儿童自身因素

儿童是独立的社会个体，在与社会环境、社会活动相互作用的过程中具有主观能动性，同时儿童自身内部的各种因素也制约其社会性发展的水平，主要表现在以下几个方面。

### （一）生理因素

#### 1. 成熟程度

儿童社会性的发展，首先要受生理成熟的影响。比如，3 岁左右的儿童产生了比较强烈的人际交流愿望，言语的发展也达到了一定的水平，能够比较清晰地表达自己的愿望，为儿童人际交往活动的发展提供了帮助。

#### 2. 遗传素质

遗传素质也儿童的社会性发展打上了一定的烙印。如男孩的攻击性行为往往多于女孩，其原因是男孩的内分泌与女孩不同，而且身体也比女孩更强壮，更习惯于依赖肢体行为解决问题。

#### 3. 健康水平

调查发现，身体健康、发育良好的学前儿童，在社会交往的过程中更容易表现出自尊、自信的态度，而发育不良、经常患病的儿童在交往过程中往往更容易胆怯，同时某些神经系统的病变，也是导致儿童交往障碍、语言迟滞、情绪失控等问题的原因。

### （二）心理因素

儿童的心理因素也在影响着其社会性的发展。

#### 1. 心理特点

儿童的心理发展是一个复杂的活动过程，既有心理过程，也有个性心理，二者相互影响、相互作用，制约着儿童社会性发展的进程。如与抑郁质儿童相比，多血质儿童情绪、情感比较稳定和外露，更易出现乐群性，更容易适应陌生人和陌生的环境，社会性的发展速度和水平也相对较好。

2. 内部需要

学前儿童心理发展的内部需要是儿童社会性发展的根本动力。如学前儿童在社会交往的过程中，会有不同的行为表现，喜欢社会交往的学前儿童，即使在交往过程中遇到了困难，也能想办法克服困难，交往能力在战胜困难的过程中逐步得到提高；而不喜欢交往的儿童则比较容易放弃，交往能力发展就比较缓慢。学前儿童社会教育的任务就是根据儿童已有的心理发展水平或状态，提出恰当的发展要求，激发儿童产生新的发展需要，促进学前儿童社会性向更高水平发展。

## 二、社会因素

学前儿童的社会性发展主要是在社会环境中进行的，所以影响其社会性发展进程的主要因素是社会因素，社会因素主要有以下三个方面。

扫码查看《家庭教育促进法》

### （一）家庭

家庭是社会的细胞，是社会的基本单位，儿童期是儿童社会性发展的关键时期，儿童出生后主要是通过家庭获得一定的影响。家庭在儿童社会性发展进程中具有突出的作用。联合国颁发的《儿童生存、保护和发展世界宣言行动计划》中明确指出："家庭对于培养和保护从婴儿到青春期的儿童负有主要责任。家庭对儿童所产生的作用，是其他环境所无法替代的。"2021 年颁布的《中华人民共和国家庭教育促进法》明确指出："父母或者其他监护人应当树立家庭是第一个课堂、家长是第一任老师的责任意识，承担对未成年人实施家庭教育的主体责任，用正确思想、方法和行为教育未成年人养成良好思想、品行和习惯。"家庭对学前儿童社会性发展的影响包括：

1. 家庭氛围

家庭氛围是家庭中各成员之间的相互关系及其所营造出的生活情境，对学前儿童社会性发展方向产生影响。古人说："与善人居，如入芝兰之室，久而不闻其香"，"与不善人居，如入鲍鱼之肆，久而不闻其臭"。家庭对儿童社会性发展的影响，就是在这种潜移默化中进行的。和谐的家庭氛围中，儿童自然而然习得了充满爱心、善待他人的行为方式；而不和谐的家庭氛围中，父母长期的分歧、争吵、敌对等不良情绪，会使儿童产生焦虑、困惑、多疑等消极的心理状态，影响正常的社会交往。

2. 家庭结构

家庭的自然结构是指家庭成员在血缘关系和婚姻关系的基础上形成的社会单位，包括：由夫妻及其未成年子女组成的核心家庭；由夫妻、夫妻的父母或者直系长辈以及未成年子女组成的主干家庭；由核心家庭或主干家庭加上其他旁系亲属组成的联合家庭；及由父母单独一方组成的单亲家庭。

由于儿童心理发展还比较稚嫩，需要享有父爱和母爱，这既是儿童社会性健康发展所必需的条件，也是儿童应该拥有的社会性权利，家庭成员的缺失往往不利于儿童心理的健康发展。英国心理学家调查发现，在品德不良的学生中，有58%来自单亲家庭。美国一项调查也表明，在犯罪的少年中有1/2～2/3来自单亲家庭。我国学者通过对28个省、市、自治区小学一至五年级的729名离异家庭的儿童和825名完整家庭的儿童进行比较研究，发现离异家庭的儿童表现出更多的焦虑、自卑、孤僻、冷漠、畏缩、敌对等消极情绪。

3. 家庭家养方式

家庭教育是通过一定的方式进行的，在影响儿童社会性发展的各种因素中，教育方式的作用往往比较突出。如果父母教养方式比较粗暴、专制，孩子在社会性交往的过程中往往表现出消极、反抗、顺从等行为；而溺爱、娇惯的孩子就会表现出任性、幼稚的行为特点。家庭家养方式不仅影响他们与父母的交往水平，也对其同伴关系、师幼关系及社会适应等带来一定的影响。

### （二）幼儿园教育

《纲要》指出："幼儿园教育是基础教育的重要组成部分，是我国学校教育和终身教育的奠基阶段，幼儿园教育应当贯彻国家的教育方针，坚持保育与教育相结合的原则，对幼儿实施体、智、德、美诸方面全面发展的教育。"幼儿园教育是按照儿童的年龄特点和身心发展规律，有目的、有计划、有组织地向儿童系统传授社会规范、行为要求的活动。幼儿园教育在促使儿童掌握社会认知，理解社会行为规范要求的同时，也为儿童提供更多实践交往的机会。同时幼儿园还具有独特的环境创设、园本课程等文化氛围，是儿童重要的社会性发展载体，在儿童社会性发展的过程中起主导作用。

### （三）社会活动

1. 大众传播媒介

在现代社会中，大众传媒是十分重要的社会性发展手段，通过喜闻乐见的形式，如电视剧、动画片、卡通书、电子游戏等向学前儿童传递人类社会提倡的价值观念和行为规范，如善良正直、勤劳勇敢、公平正义、独立自主、自强不息等，有利于儿童更好地适应社会生活，如《大头儿子与小头爸爸》《葫芦娃》《秦时明月》《花木兰》等动画片，是大家耳熟能详的优秀作品，它们传播着社会的正能量，曾经影响了几代人的成长，非常具有教育意义。但是大众传媒也是双刃剑，也有一些传播内容使学前儿童受到了暴力、色情、性别歧视等不良影响，成为儿童社会性发展的负面教材。因此，随着大众传媒作用的加强，指导儿童正确认识和接纳大众传媒的内容，趋利避害是非常重要的。

2. 同伴群体

同伴群体在相互交往的过程中会形成一定的社会关系，是儿童社会性发展的重要途径，也是其社会性发展水平的标志。模仿是儿童主要的学习方式，学前儿童喜欢对同伴的言行举止进行模仿，所以，良好的同伴群体，会为儿童提供情绪的支持和安慰，在共同活动和相互协作中，有助于学前儿童提高对游戏规则、学习方法等内容的社会认知，学会遵守规则、尊敬他人、承担责任、完成任务等社会行为，获得安全感、归属感、社会责任感等积极的社会情感，从小学习做好社会的成员。

## 聚焦国考

依据联合国《儿童权利公约》，对儿童养育和发展负有首要责任的是（　　）。（2022年上半年真题）

A. 学校和教师

B. 父母或其他监护人

C. 社会或企业

D. 国家和当地人民政府

## 单元测试

**一、简答题**

1. 简述学前儿童社会教育的特点。
2. 简述学前儿童社会教育的意义。
3. 简述社会教育对儿童发展的价值。

**二、论述题**

1. 论述社会教育与儿童全面发展的关系。
2. 论述影响学前儿童社会教育的因素。

**三、材料分析题**

幼儿园只有一架秋千，幼儿都喜欢玩，大二班在户外活动时，胆小的诺诺走到正在荡秋千的小丽面前，请小丽把秋千让给他玩，小丽没理会，诺诺就跑过来向老师求助，对老师说："小丽不让我荡秋千。"对此，不同的教师可能采取不同的方式回应。

教师A牵着诺诺的手，走到小丽面前说："你们的事情，我知道了，我现在想看小丽是不是得懂得谦让的孩子。小丽，你已经玩儿了一会儿了，现在能不能让诺诺玩一会儿呢？"小丽听到后，把秋千让给了诺诺。

教师B："你对小丽怎么说的呢？"诺诺："我说我想玩一会儿。"想到诺诺平时说话总是低声细气的，教师就说："是不是你说话声音大小了，她没有听清楚呢，现在去试试，大声地对她说：我真的想荡秋千，我已经等了好久了！如果这样说还没给你，你就回来，我们再想想别的方法。"

扫码查看参考答案

问题：请分析上述两位老师回应方式的利弊，并说明理由。

## 学习反思

项目二

# 学前儿童社会教育的实施

## 任务一　学前儿童社会教育的目标

### 学习情境

教育目标是教育的根本指向和行动的出发点，是人们对教育活动效果的一种期望和评价教育行为的参照。学前儿童社会教育的目标为社会教育活动的设计与安排、组织与开展提供了基本依据，也为教育活动效果评价提供了基本标准。社会教育目标设计得恰当与否直接反映了教师的教学技能水平及教育观念，也直接影响着教育活动的质量。因此，要提高学前儿童社会教育教学水平，必须提高教师社会教育目标的设计与制定能力。

### 学习目标

1. 了解学前儿童社会教育目标的内涵与制定依据，理解学前儿童社会教育目标的结构。
2. 掌握学前儿童社会教育目标的表述策略，能够为社会教育活动撰写目标。
3. 通过活动目标的评析与撰写，不断进行反思，树立科学的社会教育理念。

### 任务书

1. 个人学习：请结合见实习经历及《纲要》《指南》，梳理小、中、大班社会教育目标。
2. 小组学习：合作完成活动目标的撰写。

在一辆公共汽车上，一个五六岁孩子争先上车，一坐上座位便对后上车的父母直嚷："我抢到一个位置！我抢到一个位置！"其实，车上还有好几个空座位，根本无须去抢。

请根据以上现象，确定一个相关的幼儿园社会教育活动主题并撰写活动目标。

## 工作实施

### 2.1.1 学前儿童社会教育目标制定的依据

引导问题1：什么是学前儿童社会教育目标？

引导问题2：为什么要制定学前儿童社会教育目标？

引导问题3：请结合见实习经历，举例说明你了解的学前儿童社会教育目标制定的依据有哪些？

**小提示**

现代课程理论之父泰勒认为，课程目标制定依据于三大信息来源，即学习者、当代社会生活和学科发展的需要。

### 2.1.2 学前儿童社会教育目标的结构

引导问题1：《纲要》《指南》中提出的学前儿童社会领域教育总目标是什么？

引导问题2：梳理、总结《指南》中小、中、大班幼儿社会交往的年龄阶段目标。

引导问题 3:学前儿童社会教育的活动目标主要包括哪些方面?

### 2.1.3 学前儿童社会教育活动目标的表述

引导问题 1:以下两条活动目标,哪一种更能体现“幼儿是学习的主人”?

① 初步了解自己是班里的一员。

② 让幼儿初步了解自己是班里的一员。

引导问题 2:如何统一两条目标的表述角度?请做出修改。

① 了解大班幼儿的生活、学习情况。

② 激发幼儿向大班哥哥姐姐学习,争做大班小朋友的愿望。

引导问题:3:请说明下列目标存在的问题并进行修改。

① 引导幼儿观察周围生活中常见的标志。

② 培养幼儿的社会交往能力。

引导问题 4:请说明下列目标存在的问题并说明理由。

① 小班活动目标:了解有关春节的知识;了解春节有贴春联、吃团圆饭、吃饺子的习惯;知道春节是我国的传统节日。

② 中班活动目标:引导幼儿能够区分自己及他人的左和右。

③ 大班活动目标:学习准确使用“谢谢”“你好”“再见”等礼貌用语。

**小提示**

**【参考案例】**

**安全小卫士(大班)**

**原定目标:**

1. 了解安全行为的重要性。

2. 形成初步的安全意识,能分辨安全的事和不安全的事,增强自我保护意识。

3. 能结合自己的经验创造性地设计安全标志。

**实践与反思:**

由一个受伤孩子打来的电话引出活动主题,通过幼儿讲述自己受伤的经历,观看安全主题的展板,开展区分安全的游戏以及制作安全标志将活动逐步深入。整个过程中,教师一直停留在安全辨别层面上引导幼儿开展活动。在制作安全标志这一环节中,由于幼儿经验储备不足,出现明显困难。作为一节幼儿社会教育领域的教育实践与研讨课,教育活动结束后,大家都有一个疑问:这节课的社会教育属性是否明确?参与研讨的专家、教师产生这种疑问是否由于教育目标定位出现偏差?对于大班幼儿,我们可以让其掌握哪些常用的自我保护方法?经过讨论发现,有必要对原定目标加以修正。

**调整后的目标:**

1. 认识幼儿园、公共场所中的安全标志,自觉遵守基本的社会行为规则。

2. 能够与同伴协商设计符合日常生活要求的安全标志,制定安全规则。

3. 体验设计安全标志的乐趣,萌发自己设计安全标志的自信心。

**修改理由:**

原定目标1的表述让人很难界定是健康教育目标还是社会教育目标,如若想设计社会活动,可结合《指南》,从认识安全标志、遵守社会规则展开说明,属于社会行为规范方面的内容。

原定目标2的表述较为笼统抽象,应具体说明需要幼儿掌握哪些安全、不安全的事或范围,使目标更具可操作性。

原定目标3的设定本意是为了激发幼儿的创造性,事实上安全标志具有规范性、一致性等特征,由此开展富有创意的安全标志设计可能缺乏针对性。因此立足于社会领域教育,按照知识、技能、情感三个层次,将该活动的目标加以改进。

小组决策(小组讨论并形成决策)

## 一、学前儿童社会教育目标的内涵与功能

学前儿童社会教育是教师有目的、有计划地对幼儿施加教育影响，引导幼儿积极主动地参与活动，并促进其社会认知、社会情感和社会行为等健康发展的过程。只有提高教师的目标意识，加强目标制定能力的训练，才能切实提高学前儿童社会教育的质量。

### （一）学前儿童社会教育目标的内涵

学前儿童社会教育目标，是学前儿童社会教育活动预期结果的标准和期盼。学前儿童社会领域的教育，旨在促进儿童的社会化。社会教育的根本目的，即通过教育促进儿童社会认知、社会情感和社会行为等方面健康发展。

### （二）学前儿童社会教育目标的功能

学前儿童社会领域的教育目标，是学前儿童社会教育开展的基础和依据，只有明确了培养目标，才能选择恰当的内容与方法去实现这一目标，才能达到儿童社会发展的预期目的。

## 二、学前儿童社会教育目标制定依据与原则

### （一）学前儿童社会教育目标制定的依据

#### 1. 以学前儿童的社会性发展特点及其需要为依据

学前儿童社会性发展的特点决定了儿童社会学习的内容与难易梯度，在不同的年龄阶段，儿童的接受水平和成长需要是不同的，儿童的社会认知、社会情感和社会行为的发展，在一定阶段表现出自身的规律和特点。因此，儿童的社会性发展特点是确定其社会教育目标的重要依据。制定学前儿童社会教育的目标必须依据儿童社会性发展的大致特征，才能更好地促进儿童社会性的发展。如果我们制定社会教育目标时“心中无儿童”，那么所制定的教育目标就可能过高或过低，既无法实现促进儿童社会性发展的根本目的，还可能阻碍儿童社会性的发展，从而降低社会教育的质量。因此，在制定学前儿童社会教育目标时，尤其是对于制定具体教育活动目标的教师而言，需要经常观察儿童，以便真正地了解儿童的社会性发展水平，从而制定出科学、合理、可行的社会教育目标。儿童可能达到的社会性发展目标也是因人因年龄段而有所差别的，教育者在制定教育目标时，必须要考虑学前儿童社会性发展的年龄差异和个体特点。

#### 2. 以社会发展的需要为依据

社会发展的需要是教育目标制定的重要参考。社会的政治、经济和文化发展水平，决定了一个国家人才需要的特征，依据人才特点从而对各类教育提出相应的要求。学前儿童社会教育的目的是为祖国的明天培养人才，因此，学前儿童社会教育就要关注社会的未来，关注世界的变化。随着社会经济的发展、改革的深化，当今社会需要人的主动性、创造性、责任感、团队合作意识等。全球科技革命使人类生活多元化，国家之间、不同民族之间的相互制约与依赖不断加剧，社会的发展显示出互惠互利、合作分享的重要性。学前儿童社会教育目标的制定要能反映出儿童所处社会的需要和特点，培养既

符合社会需要，又能适应社会发展的社会化人才。

3. 以学前儿童社会教育学科的发展为依据

儿童社会性发展的特点决定了社会教育内容是以儿童的经验为主体构建的。每一学科本身的基本目标、知识体系都将在一定程度上影响学前儿童社会教育目标的选择与确定。如社会学中理解社会角色、参与社会交往等目标，就会在学前儿童社会教育目标中有所渗透。又如人类学中对不同民族及其文化，应予以包容、尊重的态度等，也会在学前儿童社会教育的目标体系中有所体现。

4. 以我国的教育方针政策为依据

学前儿童社会教育是学前儿童全面发展教育的重要组成部分，它是我国教育目的体系构成中必不可少的一部分。2001 年教育部颁发的《纲要》对社会教育的领域目标做了明确规定，学前儿童社会教育目标是对我国教育目的和《纲要》的具体体现，在具体目标制定与陈述时会受到以上两者的制约。

儿童的发展特点与需要是学前儿童社会教育目标制定的内在依据，即教育的内在目的是促进儿童的健康发展与保障其人生幸福；社会发展需要与社会学科发展特点是学前儿童社会教育目标制定的外在依据，即教育的外在目的是促进社会的发展，满足社会的需要；我国的教育目的与《纲要》是学前儿童社会教育目标制定的操作性依据，它们主要提供的是目标制定的陈述性指导，使学前儿童社会教育目标与整个教育目标体系保持一致性。只有综合考虑多种依据，我们才能制定与表述出适宜的学前儿童社会教育目标。

总之，学前儿童社会教育目标制定的四大依据必须相互融合，共同促进儿童发展成一个“完整的人”。我国幼儿教育新课程改革中的课程目标所蕴含的课程理念之一，就是要塑造这种“完整的人”。

### （二）学前儿童社会教育目标制定的原则

1. 方向性与基础性原则

方向性原则即指学前儿童社会教育目标的建构要有一定的思想与价值指向。具体说来，是指我国学前儿童社会教育的目标一定要反映我国的教育目的与方针，反映我国有关幼儿教育的法规及政策精神，反映有关儿童教育及儿童保护法律文件的精神，使学前儿童社会教育具有明确的思想与价值指向。

培养全面发展的社会主义建设者与接班人是我国教育目的的基本指向，2016 年 3 月 1 日起施行的《幼儿园工作规程》（以下简称《规程》）明确提出幼儿园的任务是：贯彻国家的教育方针，按照保育与教育相结合的原则，遵循幼儿身心发展特点和规律，实施德、智、体、美等方面全面发展的教育，促进幼儿身心和谐发展。《纲要》进一步指出：幼儿园应为幼儿提供健康、丰富的生活和活动环境，满足他们多方面发展的需要，使他们在快乐的童年生活中获得有益于身心发展的经验。幼儿园教育应尊重幼儿的人格和权利，尊重幼儿身心发展的规律和学习特点，以游戏为基本活动，保教并重，关注个别差异，促进每个幼儿富有个性的发展。尊重幼儿的人格和权利，使幼儿在快乐的童年生活中获得有益身心发展的经验，促进幼儿全面和谐地发展是制定幼儿社会教育目标的基本价值方向。

基础性原则是指学前儿童社会教育的目标应当是社会教育领域中最基础的、启蒙性的目标，这种目标是为儿童社会性健康发展所必需的，如自信、同情、责任等，都是作为人必须具备的社会性品格。这种目标应以幼儿的社会生活经验为前提，尤其是社会教育中与一定的学科系统知识有关的目标更应注重基础化、启蒙化，这是由幼儿身心发展的特点所决定的。因而，最基本、最粗浅、最初步等限定语经常出现在学前儿童社会教育的具体目标描述之中。

方向性原则保证了目标制定的理想性与价值性，基础性原则保证了目标制定的现实性与合宜性。

### 2. 层次性与整体性原则

层次性原则是指学前儿童社会教育目标的建构是有层次的系列，这是由幼儿社会性发展水平的层次系列所决定的。不同年龄段的幼儿有不同的发展水平与要求，在目标制定中应考虑这种层次的差异，不能以同一标准对待所有年龄段的幼儿。同时，由于生长环境与自身特质的影响，同一年龄段的幼儿也存在发展水平的差异。国家课程标准中对某一学段的统一要求，是绝大多数儿童应达到的标准，而不是每一个幼儿必须要达到的标准，教育目标要考虑儿童的层次与个体差异，使目标具有层次性，体现因材施教的原则。

整体性原则即在建构幼儿社会教育目标时，要确立一种层次结构的整合观。这种整合观包括横向的类别整合与纵向的层次整合。横向的类别整合包括儿童社会认知、社会情感、社会行为三方面发展目标的整合，幼儿社会性发展是这三方面的协调发展，要避免只重知识传授而忽视情感和行为习惯培养的倾向，应把三者有机地协调起来。横向的类别整合还包括各教育系统中学前儿童社会教育目标的整合，即家庭、社会与幼儿园的社会教育目标要基本一致，以形成教育的合力，促进幼儿健康发展。纵向的层次整合主要指学前儿童社会教育各层级目标的整合，即各相连层级间的目标是相互联系、相互支持的。

### 3. 科学性与动态性原则

科学性原则是指学前儿童社会教育目标应当是一个符合幼儿自身发展与教育规律的科学体系。一方面它要反映和遵循幼儿身心发展的规律，是适合幼儿发展的；另一方面，它应当符合教育的原理与规则，具有可教育性与可操作性。一个目标体系只有能付诸实践，并能通过实践真正起到引导幼儿健康发展的效果，才是科学而有效的，因而学前儿童社会教育目标应该是在充分研究儿童社会性发展规律与教育原理的基础上制定定的。

动态性原则是指学前儿童社会教育的目标并不总是固定不变的，虽然教育目标是综合考虑各因素在教育活动展开之前制定的，具有相对的稳定性，但教育过程中总有预料之外的情况发生，时有偏离原有目标的情况出现。当出现目标偏离时，我们需要分析到底是目标设计的问题，还是教育策略的问题。如果是目标问题我们需要适时地调整目标，以适合具体的孩子与具体的情境。目标制定的最终目的是帮助教育者更好地引导幼儿的发展。如果在教育实践中，教育者用目标机械教条地去要求幼儿，那就违背了教育要从幼儿出发的基本原则。儿童的情感、社会性与品德的发展本就很难有一个精确的目标结果，此时更要关注儿童的个体差异与即时表现，要根据具体情况及时灵活地调整目标，以促进儿童个性的健康发展。由此，教育目标的制订应有一定的弹性空间，保持目标的动态性与开放性，让教师有更多的创造空间，也让儿童有更多的发展空间。

科学性原则保证了学前儿童社会教育目标制定的合理性，动态性原则保证了学前儿童社会教育目标制定的生成性与开放性。

## 三、学前儿童社会教育目标的结构

幼儿教育目标是幼儿园一切教育活动的依据和一切教育行动的指针。学前儿童社会教育的总目标是幼儿教师组织实施社会教育的方向与依据。幼儿教育目标体系可以分为纵向与横向两个不同的结构层次，从纵向上看，可以分为社会领域教育总目标、年龄阶段目标、主题(单元)目标和教育活动目标；横向上来看，可以分为自我意识、人际交往、社会环境、社会规范和社会文化等几个方面。

### (一) 学前儿童社会教育的纵向目标

根据目标的概括性程度，可以将学前儿童社会教育目标分为三个层次，即社会教育总目标、年龄阶段目标和活动目标。越是高层次的目标，其概括性越高，越是低层次的目标，概括性越低，目标越具体，越具有验证性。

#### 1. 学前儿童社会教育总目标

(1)《纲要》中的社会领域目标及阐释

2001 年，教育部颁布的《幼儿园教育指导纲要(试行)》将社会领域的教育目标确定为以下内容：

① 能主动地参与各项活动，有自信心；

② 乐意与人交往，学习互助、合作和分享，有同情心；

③ 理解并遵守日常生活中基本的社会行为规则；

④ 能努力做好力所能及的事，不怕困难，有初步的责任感；

⑤ 爱父母长辈、老师和同伴，爱集体、爱家乡、爱祖国。

从以上表述中我们可以看出，《纲要》关于社会领域的教育目标是从四个方面对幼儿的社会认知、情感态度和行为方式提出总体要求的，这四个方面是：

第一，具有良好的自我意识。幼儿个人的生活态度，取决于他们对自己的看法和态度。幼儿应当逐渐发展正确估计自己的能力，知道自己哪方面能力强，哪方面能力弱；知道哪些事自己能做，并且能做的事情要充满信心地去做；幼儿言语要坦率、诚实，行为落落大方；以乐观的态度对待困难，养成良好的日常生活习惯，生活有规律，要有自立的意识，凡是自己能做的都自己做，不依赖他人，爱劳动，主动为集体和他人做一些力所能及的事情；积极主动地投入学习和游戏等活动中，并能有始有终；爱惜粮食和各种食品、玩具、服饰、学具等，养成勤俭节约的习惯。

第二，善于与人交往。幼儿应能尊敬父母、教师等长辈，对他们有依恋感和信任感；要有初步的责任意识，积极、主动、努力地完成成人交给的任务；能察觉他人的情感与需要，对人诚恳、善良、谦虚、友好、有同情心、有礼貌、言语文明，能对他人的好意表示感谢，对别人的过失表示宽容，对自己给别人造成的不便表示歉意，敢于承认自己的过错；努力做到活泼开朗，乐意与人交往，和同伴相处能做到互助、合作、公平、公正、共享欢乐；在游戏时，对于玩具、分配角色、职责等方面能自觉考虑同伴的兴趣和愿望；能正确评价自己和同伴的行为；具有初步的自我控制能力和随机应变能力；在与人交往的过程中，要有足够的自信心、自尊心和胆量，逐步学会与人交往的基本规则和本领。

第三，乐于集体生活。幼儿应该以愉快的心情积极主动地参加集体活动，逐步适应并喜欢集体生活，喜欢上幼儿园，习惯与家人短暂的分离；遵守集体生活的基本规则；在公共场所举止文明，仪表得体，符合基本的文明行为准则；关心集体，乐于为集体做事，并尽量做好，有责任感和合作精神；能和集体中的成员和睦相处，团结友爱，助人为乐，尊重同伴，耐心倾听别人讲话，不插嘴，不打断别人的话；爱护公共财物和设施，节约用水和其他资源。

第四，对周围社会生活中的事物感兴趣，并持有正确的态度。幼儿应该知道自己的家庭地址，父母和家庭其他成员的名字、电话号码、工作单位，以及家庭附近的代表性建筑和主要设施；关注周围社会生活中发生的事情，关心与自己生活密切相关的各种机构和公共设施；熟悉当地的交通工具，知道从家里到幼儿园、公园和附近的商店可以使用哪些交通工具，遵守交通规则；热爱家乡，知道家乡的土特产、风土人情、主要工厂、学校、商店等；乐于观察和感受当地的自然景观，关心、爱护动物、植物，珍惜自然资源，能自觉地保护环境；对成人的生活、劳动以及劳动成果感兴趣，能认识到社会上许多不同职业的人都在为小朋友的快乐成长而辛勤劳动着，应该关心热爱他们，并珍惜他们的劳动成果；了解我国的主要民族，懂得各民族的主要特点，热爱自己的民族，懂得各民族地位平等，应当团结友好、和睦相处；热爱祖国，知道国旗、国徽，了解祖国著名的风景名胜和“世界之最”，初步具有爱国情感。

(2)《指南》中的社会领域目标及阐释

《指南》中将社会领域划分为两大子领域，并相应提出七个教育目标，具体内容见表2－1：

表2－1　《指南》中幼儿社会领域的学习与发展目标

| 领域 | 子领域 | 目标 |
| --- | --- | --- |
| 社会 | 人际交往 | 1. 愿意与人交往 |
| | | 2. 能与同伴友好相处 |
| | | 3. 具有自尊、自信、自主的表现 |
| | | 4. 关心尊重他人 |
| | 社会适应 | 1. 喜欢并适应群体生活 |
| | | 2. 遵守基本的行为规范 |
| | | 3. 具有初步的归属感 |

《指南》中社会领域的两个子领域是人际交往和社会适应。前者包括四个目标：愿意与人交往；能与同伴友好相处；具有自尊、自信、自主的表现；关心尊重他人。后者包括三个目标：喜欢并适应群体生活；遵守基本的行为规范；具有初步的归属感。

我们对这些目标及各年龄段的表现进行分析，可以发现，《指南》中社会领域的学习与发展内容大致包括：交往态度和交往技能；对自我和对他人的认知、态度和行为；对群体、群体生活及我群关系的感受、态度和行为。其核心价值是逐步引导幼儿学会共同生活，建立和谐的社会（包括人际）关系，形成良好的社会性与个性品质。

第一，对《指南》目标的总体分析。《指南》中的这些目标体现了幼儿社会教育领域的核心价值，是一种理念的指引。《指南》是通过引导幼儿社会领域学习与发展的方向来表达学前儿童社会教育的要求的，不是对幼儿具体的社会性发展水平或社会化程度做出统一规定或提出量化标准。《指南》提出的幼儿社会领域学习与发展的目标中，将正确的儿童观、教育观和发展观有机地融合，从保障儿童权利出发，以文件形式对幼儿社会性学习与发展的"应知、应会"进行界定，引导幼儿教师、家长和社会沿着正确的方向，更科学、更有效地提升幼儿社会教育质量。

第二，对人际交往子领域目标的分析。人是一种群体性的动物，不可能离群索居。既然要在群体中生存，就必然要与他人交往。能不能主动与人交往、善于不善于与人交往，会在很大程度上影响一个人的生存与发展。对幼儿来说，形成积极的交往态度，发展最基本的交往能力，与周围的人建立亲密和谐的人际关系，既是当前生存与发展的需要，更是一生发展的重要基础。所以，《指南》将人际交往作为幼儿社会领域学习与发展的一个重要方面。人际交往子领域中的四个目标分别反映交往态度、交往能力以及在交往中形成并表现出来的对己对人的认识、态度和相应的行为表现。

第三，对社会适应子领域目标的分析。入园适应、入学适应就是比较明显的社会适应。人一生不可能永远只在一个固定不变的社会环境（如家庭）中生活，有变化就会有适应的问题。幼儿更是如此，他们总要成长，伴随成长他们总要不断地接触、进入一个个新的社会环境（幼儿园、小学、不同的同伴群体等）。每个新的社会环境都有不同的组织结构，对其成员都会有不同的角色期望和要求以及不同的行为规范。只有很快意识到这些要求和规范，并根据这种认识迅速做出调整，幼儿才能很快融入新环境，情绪安定愉快地生活、学习。因此，《指南》将喜欢并适应群体生活、遵守基本的行为规范、具有初步的归属感作为社会适应子领域的三个目标。

比较《指南》与《纲要》中的社会领域目标可以看出，虽然《指南》和《纲要》中的社会领域目标在表述上不完全一样，但对其内涵进行细致的比较就会发现，两者的一致性程度很高。《纲要》社会领域总目标主要是从教师的角度提出的，意在让教师了解并掌握社会领域的教育方向。而《指南》则是从幼儿学习与发展的角度提出的，指出了幼儿社会领域发展的方向与目标。二者共同形成了我国幼儿园社会教育的总目标。

### 2. 学前儿童社会教育的年龄阶段目标

学前儿童社会教育的年龄阶段目标，是把社会教育总目标落实到具体的不同的年龄阶段，是对各个年龄阶段社会教育应达到的最终结果的表述。它源自社会教育总目标，是社会教育总目标的具体和深入。不同年龄阶段的幼儿应当有不同的阶段目标。

(1) 0～3 岁婴幼儿社会教育的目标

喜欢与周围的人接触、交往，喜欢自己动手做事，学会基本的生活技能；能够遵守最基本的规则，学会基础的文明卫生行为，在游戏活动和社会交往中保持愉悦的情绪、积极的情感。

(2) 3～6 岁儿童社会教育的目标

根据对《纲要》和《指南》的理解，我们将学前儿童社会教育的年龄阶段目标做如下表述：

① 人际交往

表 2-2　目标 1　喜欢交往

| 3～4 岁 | 4～5 岁 | 5～6 岁 |
|---|---|---|
| 1. 喜欢和小朋友一起游戏。<br>2. 喜欢与熟悉的长辈一起活动。 | 1. 喜欢和小朋友一起游戏，有经常一起玩的小伙伴。<br>2. 喜欢和长辈交谈，有事愿意告诉长辈。 | 1. 有自己的好朋友，也喜欢结交新朋友。<br>2. 有问题愿意向别人请教。<br>3. 有高兴的或有趣的事愿意与大家分享。 |

表 2-3　目标 2　能与同伴友好相处

| 3～4 岁 | 4～5 岁 | 5～6 岁 |
|---|---|---|
| 1. 想加入同伴的游戏时，能友好地提出请求。<br>2. 在成人指导下，不争抢，不独霸玩具。<br>3. 与同伴发生冲突时，能听从成人的劝解。 | 1. 会运用介绍自己、交换玩具等简单技巧加入同伴游戏。<br>2. 对大家都喜欢的东西能轮流、分享。<br>3. 与同伴发生冲突时，能在成人帮助下和平解决。<br>4. 活动时愿意接受同伴的意见和建议。<br>5. 不欺负弱小。 | 1. 能想办法吸引同伴和自己一起游戏。<br>2. 活动时能与同伴分工合作，遇到困难能一起克服。<br>3. 与同伴发生冲突时能自己协商解决。<br>4. 知道别人的想法有时和自己不一样，愿意倾听和接受别人的意见，不能接受时会说明理由。<br>5. 不欺负别人，也不允许别人欺负自己。 |

表 2－4　目标 3　具有自尊、自信、自主的表现

| 3～4 岁 | 4～5 岁 | 5～6 岁 |
|---|---|---|
| 1. 能根据自己的兴趣选择游戏或其他活动。<br>2. 为自己的好行为或活动成果感到高兴。<br>3. 自己能做的事情，愿意自己做。<br>4. 喜欢承担一些小任务。 | 1. 能按自己的想法进行游戏或其他活动。<br>2. 知道自己的优点和长处，对自己感到满意。<br>3. 自己的事情尽量自己做，不喜欢依赖别人。<br>4. 敢于尝试有一些难度的活动和任务。 | 1. 能主动发起活动或在活动中出主意、想办法。<br>2. 做了好事或取得了成功后还想做得更好。<br>3. 自己的事情自己做，不会的愿意学。<br>4. 主动承担任务，遇到困难能够坚持而不轻易求助。<br>5. 与别人的看法不同时，敢于坚持自己的意见并说出理由。 |

表 2－5　目标 4　关心尊重他人

| 3～4 岁 | 4～5 岁 | 5～6 岁 |
|---|---|---|
| 1. 长辈讲话时能认真听，并能听从长辈的要求。<br>2. 身边的人生病或不开心时表示同情。<br>3. 在提醒下能做到不打扰别人。 | 1. 会用礼貌的方式向长辈表达自己的要求和想法。<br>2. 能注意到别人的情绪，并有关心、体贴的表现。<br>3. 知道父母的职业，能体会到父母为养育自己所付出的辛劳。 | 1. 能有礼貌地与人交往。<br>2. 能关注别人的情绪和需要，并能给予力所能及的帮助。<br>3. 尊重为大家提供服务的人，珍惜他们的劳动成果。<br>4. 接受、尊重与自己的生活方式或习惯不同的人。 |

② 社会适应

表 2－6　目标 1　喜欢并适应群体生活

| 3～4 岁 | 4～5 岁 | 5～6 岁 |
|---|---|---|
| 1. 对群体活动有兴趣。<br>2. 对幼儿园的生活好奇，喜欢上幼儿园。 | 1. 愿意并主动参加群体活动。<br>2. 愿意与家长一起参加社区的群体活动。 | 1. 群体活动中积极、快乐。<br>2. 对小学生活有好奇和向往。 |

表 2－7　目标 2　遵守基本的行为规范

| 3～4 岁 | 4～5 岁 | 5～6 岁 |
|---|---|---|
| 1. 在提醒下，能遵守游戏和公共场所的规则。<br>2. 知道不经允许不能拿别人的东西，借别人的东西要归还。<br>3. 爱护玩具和其他物品。 | 1. 感受规则的意义，并能基本遵守规则。<br>2. 不私自拿不属于自己的东西。<br>3. 知道说谎是不对的。<br>4. 知道接受了的任务一定要完成。<br>5. 在提醒下能节约粮食、水电等。 | 1. 理解规则的意义，能与同伴协商制定游戏和活动规则。<br>2. 爱护公物，用别人的东西时也知道爱护。<br>3. 做了错事敢于承认，不说谎。<br>4. 能认真负责地完成自己所接受的任务。<br>5. 爱护身边的环境，注意节约资源。 |

表 2-8 目标 3 具有初步的归属感

| 3～4 岁 | 4～5 岁 | 5～6 岁 |
| --- | --- | --- |
| 1. 知道和自己一起生活的家庭成员与自己的关系，体会到自己是家庭中的一员。<br>2. 能感受到家庭生活的温暖，爱父母，亲近与信赖长辈。<br>3. 能说出自己家所在街道、小区（乡镇、村）的名称。<br>4. 认识国旗，知道国歌。 | 1. 喜欢自己所在的幼儿园和班级，积极参加集体活动。<br>2. 能说出自己家所在地的省、市、县（区）名称，知道当地的有代表性的物产或景观。<br>3. 知道自己是中国人。<br>4. 奏国歌、升国旗时能自动站好。 | 1. 愿意为集体做事，为集体的成绩感到高兴。<br>2. 能感受到家乡的发展变化并为此感到高兴。<br>3. 知道自己的民族，知道中国是一个多民族的大家庭，各民族之间要互相尊重，团结友好。<br>4. 知道祖国的重大成就，爱祖国，为自己是中国人感到自豪。 |

学前儿童社会教育的年龄阶段目标服从于总目标，是总目标的具体化，反映了儿童社会性发展目标的年龄差异性和连续性。年龄阶段目标的主要特点就是将社会教育目标分化为不同的要求，形成对每一个年龄段幼儿逐步提高要求的具体目标，引导幼儿逐步达到社会教育的总目标，而且不同年龄段的目标之间应该是连续的、衔接的。例如，同样是培养幼儿与同伴交往的能力，但是不同年龄段的要求是不一样的。小班时，只要求能与同伴友好相处，主动礼貌地问候小朋友；而到中班时，希望幼儿逐渐喜欢和同伴游戏，关心弱小同伴；到大班时的目标则是能够主动带年幼的同伴共同游戏，体验大带小的快乐，愿意与众多的同伴合作游戏。

#### 3. 学前儿童社会教育的单元目标

单元目标既可以指时间单元的目标，也可以指内容单元的目标。在幼儿园的教育实践中，不同年龄阶段的社会领域目标，既可以根据时间具体化分为年度教育目标、学期教育目标和月教育目标，也可以根据实际教育活动分为不同的主题活动目标。目前，我国许多幼儿园的社会领域课程较多采用主题教学的教育模式，因此教师常常会将年度教育目标分解，并落实在不同的主题活动中，并通过一系列教育活动的实施来实现主题目标。

#### 4. 学前儿童社会教育的活动目标

学前儿童社会教育的活动目标是指每日或每次具体的社会教育活动所要达到的目标，它是最具体的目标，是单元目标的具体化和展开。学前儿童社会教育活动目标是整个社会教育活动的“指南针”和“方向盘”。如果活动目标设计不合理，那么即使实现了活动目标，教学也可能变得没有意义，成为“无效教学”，甚至可能对幼儿发展产生不良影响。因此，社会教育活动目标的主要特点是具有可操作性、可验证性，可以通过具体的教和学的行为，通过师生及环境的相互作用得以实现，主要包括以下三方面：

（1）社会认知目标，包括自我意识、社会环境认知、社会文化认知等的发展。

（2）社会情感目标，包括情感、态度、价值观、习惯等的发展。

（3）社会技能目标，包括合作能力、交往能力、自主能力、移情能力、自我调节能力、适应环境能力等的发展。

总之，对于制定具体教育活动目标的教师而言，需要经常观察儿童，以便真正地了解幼儿的社会性发展水平，从而制定出科学、合理、可行的具有操作性的社会教育目标。可以说，活动目标的设计基本上体现了教师对幼儿社会性发展特点、学习特点及兴趣、学习准备性等方面的观察及分析能力。

### （二）学前儿童社会教育的横向目标

横向分类的学前儿童社会教育目标，通常是从目标内涵的角度出发，对社会教育总目标所涉及的具体内容加以分析和整合，从而确定若干个相对独立的类别。在此基础上，再对每一个类别进行深入的研究，进而确定分类目标的内容。分类目标直接来源于总目标，是对总目标的具体化和展开。

《指南》将幼儿社会领域的教育目标横向分为两大子领域：人际交往和社会适应，这主要涵盖了个体在社会发展中的自我、人与人、人与社会（环境）三个不同维度。从社会领域目标内涵的角度可以把社会领域目标分为五个方面：自我意识、社会交往、社会环境、社会规范和社会文化。各类别的教育目标表述如下：

#### 1. 自我意识

（1）初步了解有关自己成长的基本知识。

（2）认识和接纳自己，能进行准确的自我评价。

（3）能认识、理解和恰当表达自己的情绪。

（4）逐步建立自信心和自尊心，形成一定的独立性。

（5）学会克制自己，能遵守基本的集体规则，完成一定的任务，形成规则意识、任务意识及基本的自我控制能力。

#### 2. 人际交往

（1）了解父母、老师、同伴和其他社会成员，逐渐学会同情、关心他人并乐于帮助他人，形成爱父母长辈、老师和同伴的情感。

（2）能积极地同他人交往，学会合作、交往、分享和谦让等基本社会技能。

（3）了解自己所在的集体，逐步适应并喜欢集体生活，初步产生对集体的关心、喜欢之情。

（4）初步具备诚实、勇敢、守纪等基本品质，形成乐观开朗的性格。

#### 3. 社会环境

（1）了解自己的家庭，知道自己的成长与家人的关系，产生热爱家人的情感。

（2）了解自己的幼儿园，逐步形成集体荣誉感，能为班级、幼儿园做力所能及的事。

（3）初步认识主要的生活机构和设施，知道它们与自己生活的关系，理解周围不同职业者的劳动，逐步产生尊重劳动者的情感。

（4）知道自己家乡的名称，了解家乡的风俗、特产和名胜古迹，逐步产生热爱家乡的情感。

（5）知道我国的国名、国旗、国歌和国徽，初步了解我国的民族状况和主要风景名胜，逐渐产生爱祖国的情感。

（6）知道世界是由许多国家和民族组成的，萌发热爱和平的情感。

4. 社会规范

（1）了解并掌握家庭生活的基本规则，学会感恩与尊重家人。

（2）了解并逐步掌握与人交往的基本规则，学会与人交往。

（3）了解并掌握基本的公共卫生规则，懂得保护环境，形成一定的环保意识。

（4）了解并掌握各种学习活动的规则，学会学习。

（5）初步区分正确与错误，形成基本的是非观、爱憎观。

（6）了解并掌握基本的公共交通规则和公共场所规则，逐步确立安全意识和公德意识。

5. 社会文化

（1）初步感受具有代表性的社区文化。

（2）了解我国的主要人文景观及重大历史事件，产生对我国社会历史的兴趣。

（3）了解我国主要的传统节日、风俗习惯和民间艺术，对我国的传统文化产生兴趣。

（4）知道我国是一个多民族国家，了解一些少数民族的风俗文化。

（5）初步了解世界著名的人文景观及优秀的艺术作品，产生对世界文化的兴趣。

## 四、学前儿童社会教育活动目标的表述

### （一）学前儿童社会教育活动目标表述的基本要素

幼儿园教育活动目标表述有三个基本要素：

第一，行为。即通过活动指导幼儿能做什么。

第二，条件。即说明这些行为是在什么条件下产生的。

第三，标准。即指出合格行为的最低标准。

下面根据教学目标的分类，从三个方面列举各学习目标行为动词。

1. 认知学习目标行为动词举例

（1）认知（对信息的回忆）：举例、说出名称、复述、排列、回忆、选择、描述、辨认。

（2）领会（用自己的语言解释信息）：分类、叙述、解释、选择、归纳、猜测、举例说明、区别。

（3）应用（将知识应用到新的情境）：运用、计算、示范、说明、解释、解答、改变。

（4）分析（将知识分解，找出各部分之间的联系）：图示、指出、创编、设计、提出、归纳、总结。

（5）评价（根据一定的标准进行判断）：比较、评定、判断、证明、说出价值。

2. 情感学习目标行为动词举例

（1）接受和注意（愿意注意某事件或活动）：知道、注意、接受、赞同、选择。

（2）反应（乐意以某种方式加入，以示做出反应）：陈述、回答、列举、遵守、完成、听从、承认、参加、完成。

（3）评价（对现象或行为做出价值判断，表示接受）：区别、判别、支持、评价、判断、比较。

（4）组织（将不同的价值标准组成一个体系，并确定它们之间的相互关系）：讨论、

确定。

(5) 价值或价值体系个别化(具有个别化的价值体系,以指导自己的行为):相信、拒绝、改变、判断。

3. 动作技能学习目标行为动词举例

(1) 知觉机能(根据环境刺激做出调节):旋转、接住、移动、踢、保持平衡。

(2) 体能(基本素质的提高):有耐力、反应敏捷。

(3) 技能动作(进行复杂的动作):演奏、使用、操作。

(4) 有意的沟通(传递情感的动作):用行动表达感情、改变脸部表情。

### (二) 学前儿童社会教育活动目标的表述策略

1. 目标的表述方式要统一

在表述教育活动的目标时,表述的行为主体角度要统一,既可从教师角度表述,也可从幼儿角度表述,但必须是统一的,即同一教育活动的目标表述中,或者全是从教师的角度表述,或者全是从幼儿的角度表述。在当前素质教育观的引领下关注点需要放在幼儿的"学"和"发展"上,活动目标应尽量从幼儿的角度出发。

一般情况下,教师的"教"常用"教育、帮助、激发、要求、引导、发展、培养"等词语表述;幼儿的"学"常用"学会、喜欢、说出、创编、尝试、体验、感受、知道、认识"等词语表述。

2. 目标表述要具体简明,具有可操作性,避免过于笼统和抽象

幼儿园教育活动目标最主要的特点就是具体、明确,具有可操作性,能具体指导、调控教师的教学过程。

3. 目标的数量适中,主次分明,重点突出

通常一个教育活动的目标不宜过多,2～3 个即可,目标制定得太少,说明对认知、情感态度、能力等方面的挖掘不够,活动的价值较低。目标制定得太多,易出现书写条理不清晰的问题,并且易出现要求过多,一次活动难以实现的问题。目标的表述要具有层次性并尽可能与教育内容、活动内容在顺序上相对应。

4. 目标的要求难度适宜,符合幼儿年龄特点

目标的制定应根据幼儿的年龄特点,要求不能太高,否则易流于形式;也不能太低,否则对幼儿发展缺乏有效的帮助。

5. 目标要清晰、准确、可检测,不能用活动的过程或方法来取代

一个完整的目标表述包括行为、条件、标准等,其中核心要素是行为的表述,但有些教师经常用活动过程和方法替代行为的结果,混淆了活动过程、方法手段与行为目标之间的关系,也就较难反映幼儿的学习结果。

在撰写教育活动目标时,需要避免在目标表述中出现"通过…""在…中"等诸如此类的句式。这是把活动"手段"或"途径"的内容混同于活动目标中。教育活动的目标一般是分条目列述的,这既是为了呈现目标内容的不同层次或维度,也是为了体现幼儿的经验要点。

### 岗位对接

大班社会教育活动：夸夸我自己

【活动目标】

1. 了解自己成长的多种表现，知道自己有明显的优点。
2. 能用适当的方式评价和夸赞自己，学会自我悦纳。
3. 体验得到别人认同和表扬时的愉悦心情，感受集体的友好气氛。

## 任务二　学前儿童社会教育的内容

### 学习情境

个体社会性发展实际是社会认知、社会情感和社会行为技能的统一。社会认知是对社会中的人、环境、规范的认识；社会情感是人们在社会生活、社会交往中的情感体验；社会行为技能是与人交往、参与社会生活时表现出的行为技能。

学前儿童社会教育内容是社会领域课程的主体部分，是社会教育目标的具体化，是实现社会教育目标的重要保证和手段。那么，确定社会教育内容的依据是什么呢？社会教育内容的确定，一定要以幼儿为本，以幼儿自身的经验与水平、幼儿的现实生活为出发点，以及以幼儿的社会学习与发展目标为依据。

### 学习目标

1. 理解选择学前儿童社会教育内容的依据，理解学前儿童社会教育内容的分类表述。
2. 能够为学前儿童选择适宜的社会教育内容。
3. 熟悉并喜爱学前儿童社会教育的内容，对我国的传统文化有自信。

## 任务书

1. 个人学习：请结合见习实习的经历，回忆并梳理学前儿童社会教育内容有哪些。

2. 小组学习：合作完成案例分析。

芳芳是一名幼儿园新手教师，她知道教育是从目标和幼儿已有的水平开始，围绕目标选择内容与方法，帮助幼儿获得相应的发展。但她认为社会领域的内容比较抽象，不知如何入手。

请同学们思考：社会领域有哪些内容适合学前儿童学习？

扫码查看
参考答案

## 工作实施

### 2.2.1 选择学前儿童社会教育内容的依据

引导问题1：如何理解学前儿童社会教育内容要从幼儿的发展水平出发？

引导问题2：如何为学前儿童选择适宜的社会教育内容？

**小提示**

学前儿童社会教育的内容是实现教育活动目标的载体，活动内容解决的是“教或学什么”的问题。这个问题是活动设计的关键，内容选取适合与否，将直接影响到目标能否顺利实现，活动内容的选择问题始终被视为活动设计的一个难点，要解决这个问题，教师必须考虑什么内容最适合幼儿学习，哪些内容最有利于实现活动目标，使幼儿达到预期的发展。因此，教师要兼顾幼儿发展、社会要求、人类知识等方面的因素，对教育活动内容加以选择，并恰当组织，使幼儿获得丰富的知识经验，促进儿童身心和谐发展。

### 2.2.2 学前儿童社会教育的内容

引导问题1：幼儿园常见的社会教育活动有“了不起的我”“我和老师做朋友”“我居住的

小区""小小值日生""家乡的特产"等，结合以上活动名称，请说明学前儿童社会教育的内容可以如何分类？

引导问题 2：结合学前儿童社会教育的横向目标与见实习经历，举例说明你知道的学前儿童社会教育的内容有哪些？

**小提示**

可结合上一节所学的《纲要》《指南》中社会领域的总目标及各年龄阶段目标，总结、归纳学前儿童社会教育的内容。

小组决策（小组讨论并形成决策）

## 一、学前儿童社会教育内容的选择依据

### （一）要从幼儿的发展水平出发

由于幼儿的现有生活经验、学习能力制约着社会教育内容的深度与广度，因此学前儿童社会教育的内容要具有粗浅、启蒙的特点。同时，由于幼儿的思维方式以具体形象思维为主，因此一切社会教育的内容要符合幼儿的认知水平，应当选择生动、形象的教育内容以便于他们理解与接受。总而言之，在选择社会教育的内容时，一定要注意内容的主动性、直观性和健康性。应从幼儿的发展现实出发，使内容既能扩展他们的知识，又能激发他们的情感，还能培养他们良好的社会行为技能和习惯。

此外，由于不同年龄阶段的幼儿发展水平不同，同一内容对不同年龄阶段的幼儿的要求也不一样。幼儿的社会学习内容是螺旋上升的。例如，"喜欢交往"这一学习与发展要求，对不同年龄阶段的幼儿而言是有梯度差异的（详见表 2－2）。

### （二）要与幼儿的现实生活密切联系

现实生活既是幼儿社会学习的内容，也是幼儿社会学习的重要途径。社会教育的内容只有与幼儿的现实生活密切联系，更多地关注变化发展的社会生活，才有助于幼儿理解社会教育的内容，有助于幼儿的社会认知、社会情感与社会行为的有机整合与联系，真正促进幼儿的社会性发展。纳入幼儿社会性教育的内容必须是他们熟悉的、能够理解的。例如，文明礼貌的教育、玩具大家一起玩、生活中的标志等就在幼儿的身边，每天都在发生，这样的内容就是与幼儿的现实生活密切相关的。反之，如果远离幼儿的真实生活，让他们无法观察、体验和理解，这样的内容无论其本身有多么大的价值也不能纳入社会教育课程之中。

### （三）要以幼儿社会教育的目标为依据

幼儿社会教育的目标是幼儿社会教育的基本指针。幼儿社会教育内容，应当以幼儿社会教育的目标为依据，针对社会教育目标的架构体系来选择和确定。所以，在选择社会教育的内容时，无论是基于社会现实，还是基于幼儿的发展，都应当具有明确的目标意识。在选择社会教育内容时，要避免对教育目标的遗漏、偏颇或是无效重复，即内容与目标要有针对性。

## 二、学前儿童社会教育的内容

### （一）学前儿童社会教育内容的纲领性表述

#### 1.《纲要》对学前儿童社会教育内容的相关规定

《纲要》是进行幼儿园教育工作的依据，《纲要》在社会领域明确提出了如下内容和要求：

（1）引导幼儿参加各种集体活动，体验与教师、同伴等共同生活的乐趣，帮助他们正确认识自己和他人，养成对他人、社会亲近、合作的态度，学习初步的人际交往技能。

（2）为每个幼儿提供表现自己长处和获得成功的机会，增强其自尊心和自信心。

（3）提供自由活动的机会，支持幼儿自主地选择、计划活动，鼓励他们通过多方面的努力解决问题，不轻易放弃克服困难的尝试。

（4）在共同的生活和活动中，以多种方式引导幼儿认识、体验并理解基本的社会行为规则，学习自律和尊重他人。

（5）教育幼儿爱护玩具和其他物品，爱护公物和公共环境。

（6）与家庭、社区合作，引导幼儿了解自己的亲人以及与自己生活有关的各行各业人们的劳动，培养其对劳动者的热爱和对劳动成果的尊重。

（7）充分利用社会资源，引导幼儿实际感受祖国文化的丰富与优秀，感受家乡的变化和发展，激发幼儿爱家乡、爱祖国的情感。

（8）适当向幼儿介绍我国各民族和世界其他国家、民族的文化，使其感知人类文化的多样性和差异性，培养理解、尊重、平等的态度。

2.《指南》中对学前儿童社会教育内容的建议

(1) 主动亲近和关心幼儿,经常和他一起游戏或活动,让幼儿感受到与成人交往的快乐,建立亲密的亲子关系和师生关系。

(2) 创造交往的机会,让幼儿体会交往的乐趣。

(3) 结合具体情境,指导幼儿学习交往的基本规则和技能。

(4) 结合具体情境,引导幼儿换位思考,学习理解别人。

(5) 和幼儿一起谈谈他的好朋友,说说喜欢这个朋友的原因,引导他多发现同伴的优点、长处。

(6) 关注幼儿的感受,保护其自尊心和自信心。

(7) 鼓励幼儿自主决定,独立做事,增强其自尊心和自信心。

(8) 成人以身作则,以尊重、关心的态度对待自己的父母、长辈和其他人。

(9) 引导幼儿尊重、关心长辈和身边的人,尊重他人劳动及成果。

(10) 引导幼儿学习用平等、接纳和尊重的态度对待差异。

(11) 经常和幼儿一起参加一些群体性的活动,让幼儿体会群体活动的乐趣。

(12) 幼儿园组织活动时,可以经常打破班级的界限,让幼儿有更多机会参加不同群体的活动。

(13) 带领大班幼儿参观小学,讲讲小学有趣的活动,唤起他们对小学生活的好奇和向往,为入学做好心理准备。

(14) 成人要遵守社会行为规则,为幼儿树立良好的榜样。如:答应幼儿的事一定要做到、尊老爱幼、爱护公共环境、节约水电等。

(15) 结合社会生活实际,帮助幼儿了解基本行为规则或其他游戏规则,体会规则的重要性,学习自觉遵守规则。

(16) 教育幼儿要诚实守信。

(17) 亲切地对待幼儿,关心幼儿,让他感到长辈是可亲、可近、可信赖的,家庭和幼儿园是温暖的。

(18) 吸引和鼓励幼儿参加集体活动,萌发集体意识。

(19) 运用幼儿喜闻乐见和能够理解的方式激发幼儿爱家乡、爱祖国的情感。

从以上内容可以看出,《纲要》对学前儿童社会教育内容的范围做了基本的界定。同时,对照《指南》有关社会教育的建议,我们可以发现这两个文件在幼儿社会领域的学习与发展方面的内容要求是基本一致的。幼儿园社会教育的内容非常丰富,涉及幼儿社会生活的方方面面。一切有助于达成社会领域目标的体验、知识、经验、技能等,都可以成为社会教育的内容。我们可以大体上把学前儿童社会教育内容分为自我意识、人际交往、社会环境与社会规范、社会文化等部分。

### (二) 学前儿童社会教育内容的分类表述

1. 自我意识

自我意识主要包括自我认识、自我体验与自我控制三个方面。自我意识是幼儿社会性及个性发展的心理基础,幼儿的自我意识刚刚萌芽,处于初步发展阶段。因此,有关自我意识的教育内容要和幼儿的心理特点相符合。在此，我们以表格的形式对自我意识的教育内容进行归纳，见表 2－9。

表 2－9　自我意识的教育内容

| 教育内容 | 一级分解 | 二级分解 | 活动内容 | 活动建议 |
| --- | --- | --- | --- | --- |
| 自我意识 | 自我认识 | 自我概念 | 对自己表面特征的认识，包括：身体、面貌、性别、姓名、所有物等；<br>对自己内在的认识，包括：兴趣、能力、自己在团体中的地位以及自己的家人 | “我的小手” |
| | | | | “我是男孩(女孩)” |
| | | | | “我爱我的小宠物” |
| | | 自我评价 | 对自己的兴趣、外表、成就感、能力、纪律、体育、交往等的评价 | “我上幼儿园了” |
| | | | | “向大家介绍我自己” |
| | 自我体验 | 自尊 | 自我尊重、自我爱护和期望他人的尊重 | “我爱我自己” |
| | | 自信 | 对自己身体和能力的自信 | “我是能干的小宝宝” |
| | 自我控制 | 自制力 | 对自己动作、认知、运动、情绪情感的控制 | “难过时怎么办?” |
| | | 自觉性 | 无人监督，仍能自我提醒与监督 | “花儿好看我不摘” |
| | | 坚持性 | 为实现一定目的，克服困难，持续持久的行为倾向 | “我是勇敢的好宝宝” |
| | | 延缓满足 | 为更长远的结果而放弃及时满足的选择取向 | “别人的东西我不要” |

在幼儿园社会教育活动中，比较常见的培养幼儿自我意识的教育活动有：“了不起的我”“独特的我”“我自己做”“我的名字的故事”“我长大了”“我俩不一样”“请投我一票”“输了也不哭”。

2. 人际交往

人际交往是在社会生活中，人与人之间的意见沟通、信息情报交流以及相互作用的过程。但是，幼儿人际交往的范围很小，交往的程度很浅，交往获得的结果具有很大的后续性，即交往产生的作用不是立即全部体现出来，而是成为后续的生活经验。对幼儿而言，人际交往的内容主要有两类：一类是与成人交往，另一类是与同伴交往，见表2－10。

表 2－10　人际交往的教育内容

| 人际交往类型 | 活动内容 | 活动建议 |
| --- | --- | --- |
| 亲子交往 | 了解父母为自己做的事情；<br>熟悉父母的姓名、兴趣、爱好、职业等；<br>体验父母对自己的关心、爱护，形成良好的亲子关系；<br>培养对父母和长辈的依恋和信任感 | 与家长一起外出游玩、参观<br>亲子阅读<br>亲子游戏<br>亲子运动会<br>亲子联谊会 |

（续表）

| 人际交往类型 | 活动内容 | 活动建议 |
| --- | --- | --- |
| 同伴交往 | 能以合理的方式提出自己的要求，表达自己的感受；<br>能自信得体地与人打招呼、交谈；<br>不随意插嘴，尊重别人的意见；<br>懂得沟通交流、合作团结、平等公正 | 自由活动<br>教育活动<br>日常活动<br>户外活动 |
| 师生交往 | 喜欢并逐步习惯幼儿园的集体生活；<br>懂得爱护公共财物，关心集体，遵守集体生活规则；<br>建立平等、自由、温暖、宽松的师生关系 | 集体教育活动<br>个别教育指导<br>一日生活照顾 |
| 与其他成人交往 | 了解和幼儿的生活相关的其他岗位或职业的人的工作；<br>尊重和爱惜他人的劳动成果 | 参观或是请进来，引导幼儿与不同职业的成年人互动 |

教师可以通过以下活动培养幼儿的人际交往能力："妈妈的新发型""学做小客（主）人""我想为你做点事""爸爸妈妈真能干""电话礼仪""我和老师做朋友""夸夸我的好朋友""生日计划"。

3. 社会环境和社会规范

社会环境，主要包括家庭、幼儿园、社区、家乡以及祖国等，它们与幼儿社会性发展有着重要的联系。社会规范的学习，离不开具体的社会环境和社会活动。没有规矩，不成方圆。所以，社会环境与社会规范的学习是一体的，密不可分。

按照具体社会环境中主导活动类型的不同，可将与幼儿关系密切的社会环境及社会规范划分为六种类型，即生活起居活动、教育活动、休闲娱乐活动、文化公益活动、经济活动和政治活动，见表 2－11。

**表 2－11　社会环境及社会规范的教育内容**

| 主导活动类型 | 社会环境 | 社会规范 |
| --- | --- | --- |
| 生活起居活动 | 家庭、居民楼、住宅小区等场所 | 家庭生活中的基本礼仪与规范；<br>公共场所的一般行为规范 |
| 教育活动 | 幼儿园等早教机构 | 幼儿园（学校）的一般行为规范；<br>各年龄段学生及其他相关人员的行为规范 |
| 休闲娱乐活动 | 广场、景区、公园、游乐场、影剧院、体育馆等机构或设施 | 休闲娱乐场所的一般行为规范；<br>特定休闲娱乐场所相关人员的行为规范 |
| 文化公益活动 | 图书馆、博物馆、动物园、植物园、海洋馆、科技馆、艺术馆、主题纪念馆、慈善组织等机构或设施 | 公共场所的一般行为规范；<br>特定文化公益活动场所相关人员的行为规范 |

（续表）

| 主导活动类型 | 社会环境 | 社会规范 |
| --- | --- | --- |
| 经济活动 | 饭店、超市、商场、农贸市场、工厂、医院、银行、邮递、通信、交通等机构或设施 | 公共场所的一般行为规范；<br>特定经济活动场所相关人员的行为规范 |
| 政治活动 | 各级各类政府机构及公共服务部门，如市政府、法院、公安局、消防队、军营、社区管理部门等机构或设施 | 公共场所的一般行为规范；<br>特定政治活动场所相关人员的行为规范 |

有关社会环境的教育活动有："我的房间""我的幼儿园""我居住的小区""我们的城市""五星红旗""街上的标志""参观图书馆""特殊的号码""公园小导游"。

有关社会规范的教育活动有："小小值日生""快乐整理""红绿灯""垃圾回家""今天我当家""好玩具大家玩""大家一起玩""公共场所不吵闹""花儿好看我不摘"。

4. 社会文化

幼儿生活在多元的社会文化背景当中，通过分享不同的文化背景，如家庭习俗、语言、食物、音乐、价值观、家庭关系、生活类型、文化庆祝和民族遗产等，发展他们对自己的良好接纳以及对别人的积极认识和理解，使他们学会在快速变化的复杂的社会中适应多元的生活，与不同文化背景的人交往。

社会文化主要包括民族文化和世界文化。社会文化对幼儿社会性发展的促进作用，主要是通过幼儿对各种社会文化的认知以及参与各种社会文化活动等来实现的。社会文化的学习与了解，主要包括节日、艺术、民俗等内容。为了全面而系统地进行幼儿社会文化教育活动设计，将适合幼儿阶段的社会文化活动以表格的形式归纳如下，见表 2－12。

表 2－12　社会文化的教育内容

| 教育内容 | 一级分解 | 二级分解 | 教育内容 | 活动建议 |
| --- | --- | --- | --- | --- |
| 社会文化 | 传统文化 | 传统节日 | 春节、元宵节、清明节、端午节、中秋节、重阳节、腊八节等 | "快乐的春节"<br>"团圆中秋节" |
| | | 民风民俗 | 饮食厨艺、婚嫁仪式、对联、神话、传说等 | "新年贴对联"<br>"中国功夫" |
| | | 传统艺术 | 剪纸、风筝、刺绣、年画、戏曲、建筑等 | "杨柳青年画"<br>"京剧脸谱" |
| | | 少数民族 | 风俗习惯、历史传说、服饰等 | "洁白的哈达"<br>"快乐泼水节" |
| | 世界文化 | 典型节日 | 母亲节、父亲节、感恩节等 | "快乐圣诞节" |
| | | 生活习惯 | 礼仪、饮食、语言、交往等 | "我会吃西餐" |

在幼儿园社会教育活动中，教师常用的以社会文化为主题的教育活动有："中国结""快乐的中秋节""我们一起包粽子""十二生肖""我的压岁钱""西餐礼仪""家乡的特产""好吃的饺子"。

总而言之，教师在确定幼儿社会教育的内容时，无论是依据幼儿园社会教育目标，还是考虑社会现实的需要，抑或是促进幼儿的发展，都应当坚持两条基本原则：一是生活经验是教育内容的重要来源和依据，二是幼儿能与之"对话"的学科知识才有引入课程内容的价值。

# 任务三　学前儿童社会教育的途径与方法

## 学习情境

学前儿童社会性的发展是一个综合的、长期的过程。儿童从一个自然人向一个社会人的转变，会受到多方面、多种因素的影响，因此，进行社会教育的途径也是多方面的。可以概括为三大方面：专门的社会教育活动、随机渗透的社会教育和家庭中的社会教育。这三方面的教育各有特色、各有专长，而且互相联系、互相补充，共同促进儿童的社会性发展。

教育方法是教育活动的要素之一，只有选择恰当的教育方法，教育活动得以顺利开展，学前儿童社会教育才能取得良好的教育效果。因此，研究选择教育方法与研究教育内容同样重要，学前儿童社会教育内容涉及广泛，既有认知的，又有情感的；既有思想的，还有行为习惯的。要想实现这些教育目标，就必须灵活地、创造性地运用教育方法，并将这些方法有机地结合起来。由于社会教育过程受多种因素的影响，因而社会教育的方法也是多种多样的。

## 学习目标

1. 理解学前儿童社会教育的三种途径，理解学前儿童社会教育的一般方法和特殊方法。
2. 能够在实践中灵活运用学前儿童社会教育的一般方法和特殊方法。
3. 在小组学习中与同学分工合作，找出最优的解决办法，提升协作意识与团队意识。

## 任务书

1. 个人学习:请结合见习实习的经历,举例说明学前儿童社会教育的途径与方法有哪些。

2. 小组学习:合作完成案例分析。

最近,幼儿园新手教师婷婷老师很苦恼。在自由活动中,孩子们总是把玩具扔得到处都是,收拾时又到处乱放,老师一遍又一遍地说要将玩具放整齐,但效果总是不佳。

请同学们思考:面对此类问题,你会怎么做?

扫码查看
参考答案

## 工作实施

### 2.3.1 学前儿童社会教育的途径

引导问题1:举例说明幼儿园专门的社会教育活动有哪些形式。

______

______

______

引导问题2:你是如何理解家庭中的社会教育?除此之外,还有哪些形式的社会教育?

______

______

______

**小提示**

学前儿童社会性的发展,是幼儿园、家庭、社会共同教育的结果。幼儿园是实施社会教育的专门机构,有比较良好的教育条件和受过专门训练的保教人员,按照国家的教育目标并结合儿童的特点进行教育。家庭是儿童生活、学习的主要场所,而且,家庭对儿童社会性发展的影响具有更强的连续性和稳定性的特点。家长可以比较细致、系统地观察、了解自己的孩子,根据孩子的具体表现进行有针对性的教育。同时,家长和孩子之间的亲缘关系也使得孩子对家长有一种特别的尊敬和爱戴,容易服从家长的管教,因而家庭教育的效果也更加显著。可以说,家庭对孩子社会化的影响是其他教育机构不可替代的。因此,幼儿园必须与家长密切联系、相互配合,共同担负教育任务。

### 2.3.2　学前儿童社会教育的方法

引导问题 1：幼儿园里，老师发现媛媛自觉地将其他幼儿用后乱放的毛巾整理好，及时地表扬了媛媛，第二天其他幼儿都争相模仿媛媛，自觉地整理好毛巾。看似没有直接的教导，为什么会有这样的效果呢？教师使用了哪种教育方法？

引导问题 2：你还知道哪些学前儿童社会教育的方法？这些方法的运用需注意哪些要点？

小组决策（小组讨论并形成决策）

## 一、学前儿童社会教育的途径

### （一）专门的社会教育活动

专门的社会教育活动是指幼儿园教师根据教育目的和教育计划，根据本班儿童的身心发展规律和特点，选择合适的教育内容，采取合理的教育方式和方法，对儿童进行社会教育的形式。专门的社会教育活动具有比较明确的目标和计划性，内容也比较系统和集中，教师对儿童的组织和指导作用更直接、更明显，也更具有针对性。例如，对于刚入园的幼儿，教师可以组织一些有利于幼儿认识幼儿园、认识小朋友的教育活动，帮助幼儿尽快适应幼儿园的生活；针对一些幼儿喜欢玩火，但又缺乏安全常识的状况，教师可以组织“消防队”等教育活动，帮助幼儿认识“消防员”这种社会职业及其工作特点，知道消防的重要性以及如何防火、如何保护自己等；针对幼儿霸道、不知谦让等行为，教师可以组织“我的好朋友”等教育活动，帮助幼儿认识到与同伴友好相处的重要性以及如何与小朋友相处等。幼儿园的社会教育活动形式多样，因而具有多途径的特点，主要有以下几种形式。

### 1. 综合教育活动

综合教育活动是教师组织幼儿围绕一个主题，综合运用集体教学、游戏、参观、劳动等教育形式，发挥各种教育手段的作用，促进幼儿社会性发展的一种教育形式。在综合教育活动中，教师采用多种教育形式，将幼儿的兴趣、需要和幼儿园的社会教育目标结合起来，增进幼儿社会认知，产生社会情感，养成良好的社会行为习惯等。例如，以“电池真有用”“认识春节”“参观敬老院”“遵守交通规则”“祖国的宝岛——台湾”“中国丝绸”等为主题的综合教育活动。综合教育活动往往将游戏、情境表演、谈话、欣赏等多种活动形式结合起来运用，使幼儿对某一主题的认识更加系统、更加全面，教育效果也比较好。

### 2. 游戏

游戏是幼儿最喜爱、最能发挥主体性的活动，游戏本身就是他们认识社会、参与社会生活的一种独特方式。通过游戏，不仅可以满足幼儿参加成人生活的愿望，而且对于他们的社会认知、人际交往、社会行为等都有其他教育形式不可替代的作用。游戏不仅可以独立作为社会教育的活动形式，而且也可以和其他教育形式相结合使用。

幼儿喜欢游戏，随时随地都可以开展游戏。例如，幼儿戴上大檐帽就成了“警察”，指挥起交通来；手里拿个圆圈类的东西就成了“司机”，嘴里喊着“嘀嘀嘀”地就开起汽车来。幼儿在游戏中体验到了社会生活的快乐，也在游戏中发展了社会性。

对学前儿童社会性发展影响较大的游戏，主要是角色游戏和表演游戏等。在这些游戏中，幼儿必须和同伴协商内容、分配角色、处理纠纷、克服困难，以保证游戏的顺利进行。这就促使幼儿不断地认识自己，协调自己与他人的关系，提高自己的社会交往能力。

教师应该重视游戏在幼儿社会化中的教育功能，使游戏真正成为学前儿童社会教育的途径。教师应有意识地为幼儿设计相应的游戏活动，创设游戏情境，如“如何招待客人”“如何请求别人帮忙”等，让他们通过游戏来明确处理问题的方法，建立友好关系。除此以外，还应尽量尊重幼儿、相信幼儿，发挥幼儿的主体性，让幼儿自己选择游戏内容，自己分配角色，自己处理游戏中的问题，并从时间和机会上多为幼儿提供方便。还可根据需要参与幼儿的游戏，给予适时、适当的指导。

### 3. 区域活动

作为集体教育活动的补充，区域活动也是学前儿童社会教育的途径之一。在区域活动中，幼儿可以自主选择，自发活动，并且以小组活动的形式，有协商、有配合，精神上没有压力。而且活动区也给幼儿提供了更多的自由交往和表现的机会，幼儿之间能够增加交流、增进了解。如与角色区、建构区、语言区、音乐区相关的“我有一双小巧手”“娃娃家”“饲养角”等活动，对幼儿的社会性发展都能起到很好的促进作用。幼儿在不同的区域里自由地说笑、操作、听音乐、表演、玩积木、阅读、饲养小动物等，乐趣无穷。

通过区域活动对学前儿童进行社会教育，主要是通过活动材料的投放来实现教育的功能，让幼儿在与活动材料、环境、同伴的互动中实现发展的目标。因此，创设有利于儿童社会性发展的环境，尤其是投放相应的材料就显得非常重要。首先，应为幼儿提供数量充足的材料。研究表明，在活动面积较大、活动材料丰富的情况下，幼儿的竞争性、侵犯性和破坏性都低于活动空间小、活动材料缺乏的情况。其次，应根据幼儿的年龄特点和发展需要提供不同种类的材料。尤其应注意投放一些需要幼儿互相合作、互相帮助的材料。例如，在建构区，大型的积木更有利于幼儿之间的共同协商和分工合作，能使幼儿在相互配合中学习处理人际关系，解决矛盾和各种问题。因此各活动区域应精心设计，以利于幼儿社会性的发展。

### （二）随机渗透的社会教育

学前儿童的社会性发展和教育是一个长期的过程，在这个过程中，除了教师有目的、有计划地组织社会教育活动以外，幼儿的日常生活、自由活动、偶然发生的事件以及其他领域的教育活动等也可能蕴含了很多社会教育的机会。因此，除了专门的社会教育活动外，教师还应重视各种情况下、各种活动中的随机教育，让学前儿童的社会教育渗透在一日生活的各项活动中。

#### 1. 日常生活中的随机教育

学前儿童的日常生活中蕴含了许多社会教育的因素，如入（离）园、进餐、盥洗、如厕、做操、做值日生、娱乐等活动，都渗透了社会教育的机会：幼儿入（离）园的时候，可以渗透礼貌教育，学习如何待人接物；进餐时，可以渗透节约粮食以及饮食文化等方面的教育；通过值日渗透独立生活、克服困难、为他人服务等教育……随机教育可以渗透在学前儿童的一日生活之中。

在学前儿童的自由活动、自发游戏中，教师可以针对情况进行指导。例如，幼儿为争夺活动场地或器材发生了争执，教师应该注意渗透团结、友爱的教育，并教给幼儿处理问题的方法；有的幼儿无法加入同伴的游戏中，教师可以教给他一些人际交往的技巧；有的幼儿不愿意参加集体性的游戏，教师除了鼓励他参加游戏以外，还可以让其他幼儿来邀请他加入游戏，培养他的合群性等。

生活中的偶发事件也是进行随机教育的机会。例如，同伴生病了，教师可以引导其他幼儿对他进行关心和照顾，激发幼儿之间的友爱之情；幼儿不小心把他人的饭菜撞翻了，教师可以引导幼儿恰当处理等。

#### 2. 其他领域活动中的随机教育

幼儿园其他领域的教育活动中同样蕴涵着丰富的社会教育契机，教师应注意利用。科学领域的教育活动中，可以培养幼儿科学认知的态度、积极探究的精神，在操作性的活动中还可以培养幼儿不怕困难、团结合作的精神。例如，在“粮食”这一主题中，可以把粮食的用途、对人类的重要意义以及节约粮食等社会性的教育贯穿进去。语言领域活动中，很多文学作品和活动形式都包含了社会教育的内容。例如，故事表演《小羊过桥》教育幼儿互相谦让；《狼来了》教育幼儿要诚实，不撒谎；《小猫钓鱼》教育幼儿做事情不能三心二意，应该专心致志。在艺术领域的活动中，作品欣赏、歌唱、音乐欣赏、表演等艺术活动可以让幼儿体验、表达社会情感，与同伴交流沟通。例如，通过歌表演《泼水歌》，教育幼儿和小朋友友好相处；通过舞蹈《摘果子》，教育幼儿热爱劳动等。健康领域的活动中，可以通过各种体育活动培养幼儿勇敢、坚强、乐观的精神和互相配合的能力。

例如，在各类竞赛性的游戏中，可以教育幼儿团结一致和胜不骄、败不馁的精神；在抛接球、跳绳、玩皮球等游戏活动中，教育幼儿要互相协助、互相体谅；幼儿不慎摔倒了，或者产生了畏惧情绪时，教师要鼓励幼儿坚强、勇敢。除此以外，在节日活动中渗透社会教育也是非常有效的途径。例如，三八妇女节进行爱妈妈的教育，五一劳动节进行爱劳动教育，国庆节进行爱国主义教育等。

在这些领域的活动中，社会教育的内容和价值常常被忽略，教师往往只注重实现某一领域的活动目标，而没有考虑到随机性的社会教育，无形中失去了很多教育机会。教师应提高社会教育意识，挖掘各领域活动中的社会教育因素，抓住各种教育契机，多管齐下，全面地进行社会教育。

### （三）家庭中的社会教育

幼儿园作为专业的幼教机构，不仅要通过家园合作来宣传自己的教育思想和教育理念，取得家庭的配合与合作，还应该指导家庭中的教育。随着社会的发展、多元文化的冲突、家庭结构的变迁，家庭教育也容易出现各种问题。例如，有的家长认为孩子在一起会不断地出现争执、打架等现象，干脆不让孩子和其他孩子玩，只跟着大人玩；还有的家长认为“树大自然直”，教育不教育都差不多；有的家长对社会的看法偏激，无形中也影响了孩子对社会的看法；有的家长不愿意社交，孩子的社交也局限在很小的范围内，这些现象都会造成儿童社会性发展的片面、封闭、滞后等不利的后果。因此，指导学前儿童家庭中的社会教育也是幼儿园的一项重要任务，应重点提醒家长注意以下五个方面：

#### 1. 让孩子走进自然、走近社会

大自然、大社会蕴含了广泛的社会教育内容，只有让孩子参与社会生活中，去接受大自然、大社会的影响和熏陶，才能使孩子真正地认识社会。如果只让孩子在一个很有限的空间内接受抽象的说教，孩子的社会性发展也就成了一句空话。因此，家长应多带孩子走出家门，到更加广泛的社会生活中去认识社会，体验多方面的社会生活。例如，生活在农村或城市家庭里的儿童，家长应创造条件和机会互相走动，城里的孩子到乡村去感受乡村生活的特点，乡村的孩子到城市去感受一下城市生活的面貌，这样可以弥补孩子们由于自然环境、人文环境、经济条件、文化资源的不同而造成的社会性发展的差异，实现对社会的更加完整的认识。

#### 2. 从小处着手，注意随机教育

家长要注意观察孩子，发现孩子发展中的问题，“勿以善小而不为，勿以恶小而为之”，及时采取教育措施。例如，孩子吃饭时弄掉了不少饭粒儿，要让孩子捡起来，还要让孩子了解粮食是如何种出来的，农民种粮食很辛苦等，让孩子懂得节约粮食的道理。孩子在别人家作客时不懂事、没有礼貌，家长也要寻找合适的机会，对孩子进行相关的教育。

#### 3. 利用适当的媒介进行教育

电视等大众媒体对儿童社会性发展的影响不容忽视，通过这些媒介学习的东西越来越多，但是学前儿童还不善于分辨好坏，所模仿的内容有时是错误的甚至危险的，因

此家长要予以正确的引导。例如，帮孩子选择有教育性、启发性、能够激发儿童求知欲的内容，和孩子一起看，让孩子正确理解节目内容，并把正确的观点传递给他们。

儿童读物也是家长对孩子进行社会教育的常见媒介，家长要为孩子选择适合其年龄的、能促进其健康发展的读物，让幼儿通过儿童读物了解社会知识，提高认识能力，亲子阅读的方式还可以加深亲子关系。

节日庆祝活动也是社会生活的一项内容。我国有许多传统的和现代的节日，很多家庭也有自己值得庆祝的日子，学前儿童参与这些节日的庆祝活动，可加深对社会的认识，激发社会情感，模仿社会行为。例如，庆祝春节的活动，通过参与准备过节物品，和家长一起包饺子、贴对联、拜年等，让幼儿了解过年的风俗习惯；国庆节到来时，让幼儿参与各种庆祝活动，培养孩子爱祖国的情感；世界环保日让孩子以实际行动参与环保活动，增强爱护环境的意识等。

#### 4. 从小培养劳动意识和生活技能

许多家长担心孩子年龄小、干不好，或者认为孩子根本就不应该劳动，以至于剥夺了孩子劳动的机会，造成了孩子的劳动意识不强、动手能力差，甚至对劳动有偏见，认为劳动很“脏”，这对孩子的社会性发展非常不利。学前儿童随着自主意识的增强，非常愿意参与适当的劳动和实践活动，感受劳动时的气氛，在自己的劳动成果面前产生的成就感和自豪感，由此带来的自信、自尊是其他活动所无法相比的。通过动手劳动，学前儿童还能掌握一定的劳动技能，提高自己的生存能力，这对于儿童未来的社会生活是非常有帮助的。

#### 5. 创设良好的家庭环境

在布置家庭环境时，应注意向孩子倾斜，尽可能地考虑孩子的需要，满足孩子学习、活动所需要的各种物质条件，让孩子拥有自己的一片天地，如自己的小房间、单独的小床、自己的玩具柜、自己的游戏区域、自己的小书架等。让孩子在自己的空间里充分地展示自我，发挥自己的主动性和积极性，这对于儿童的自我意识、情绪情感、个性等方面的发展非常有利。

心理环境的创设更加重要，应努力创设民主的家庭氛围，尊重孩子的独立人格，允许孩子发表不同于家长的意见，不把大人的意志强加给孩子。对孩子宽严结合，不娇惯溺爱，不姑息迁就，和孩子像朋友一样相处。教育孩子时态度要温和，语气要平缓，不能尖刻粗暴，更不能责骂体罚、恐吓压制。评价孩子时要多用肯定的、正面的语言鼓励孩子，如“你真能干”“真不错”等，要多表扬孩子所做出的努力，不要光看到孩子的失败和错误，要看到孩子现在比以前的进步，不要总去和别的孩子进行横向比较，更不能用孩子的短处去比别人的长处。否则会让孩子产生灰心、丧气或者嫉妒、仇视等心理，产生交往障碍。另外，家庭成员之间要和睦，为孩子创设一个平等、和谐、温馨的家庭环境，教育上也要尽量保持一致。如果意见不一致，也要尽可能求同存异，不能互相矛盾，更不能因为意见相左而互相指责，甚至出现暴力。否则，孩子长期生活在家长的矛盾和争执之中而无所适从、精神紧张，也容易形成矛盾的性格和不良的习惯，影响其社会性的发展。

综上所述，专门的教育活动、随机的教育和家庭中的教育是儿童社会教育的重要途径，三种教育途径各有特点，应互相补充、互相统一。在教育实践中，教育者应该发挥各种教育途径的优势，形成三位一体的教育方式，促进儿童社会性的和谐发展。

## 二、学前儿童社会教育的方法

学前儿童社会教育的方法是指为了实现社会教育目标而对学前儿童施加教育影响的措施和手段的总和。教育目标的实现、教育内容的实施，都离不开适宜的教育方法。

### （一）学前儿童社会教育的一般方法

所谓一般方法是指适用于学前儿童教育的各领域的方法，在学前儿童社会教育中，常用的主要有以下几种教育方法：

#### 1. 讲解法

讲解法是指教师以口头语言对社会教育内容进行系统和生动的解释，帮助学前儿童理解社会生活的规则、要求和意义，学习正确的行为准则的教育方法。这是社会教育中最经常使用的一种方法。

讲解法的优点是：幼儿可以在较短的时间内获得较多的知识；便于教师控制教育过程，有利于教师发挥主导作用；主题明确，幼儿易于直接接受；反馈及时，教师可根据幼儿的回答得到反馈，便于调整讲解的内容和方法；有利于教师有目的地向幼儿进行社会教育。但讲解法也有局限性：幼儿以听教师讲为主，没有充分的机会对所学内容及时做出反馈，幼儿学习的积极性、主动性不易充分发挥；讲解单调，幼儿的注意不易保持；讲解的内容、方法统一，很难照顾到个别差异。

运用讲解法应该注意以下三点：

第一，讲解的适用性。只有幼儿无法实践或体验的、难以理解的内容才适合专门的讲解，而对一些简单的或幼儿已熟知的教育内容，教师就无须再讲解。

第二，讲解的直观形象性。因为幼儿的语言水平发展比较低，对一些观念性的、概括性的内容很难理解。所以，教师在幼儿的社会教育中，应当具体、直观、形象、简单明了地对他们进行讲解，使抽象的内容具体化，以利于幼儿理解和接受。

第三，讲解的方式多样化。由于幼儿听讲的注意力不可能集中比较长的时间，难以倾听单调的讲解。因此，教师的讲解要清晰、简练、准确、生动有趣、有感染力、速度适中、音量合适、抑扬顿挫，富有启发性和说服力。例如，采用游戏的口吻讲解穿衣方法，教师扮演猫妈妈，要带小猫出去玩。猫妈妈说："小猫们，我们开火车到很远的地方去，现在就出发"，边说边教幼儿穿衣服。"火车呜呜响（衣服套头），咔嚓咔嚓上山岗；钻山洞，过大桥（穿进袖筒），运客、运货忙又忙（拉拉链或系扣子）。"幼儿便会认真按要求去做。

## 岗位对接

### 讲解学洗手

讲解方法一：

老师边示范边念儿歌："搓搓搓，搓手心，搓搓搓，搓手背，换只手，再搓搓，冲冲冲，冲冲手，冲冲冲，冲干净，关上龙头甩三下，一二三。"

讲解方法二：

(1) 教会《洗手》儿歌。

洗手

小朋友，来洗手。卷起袖，淋湿手。
抹上肥皂搓呀搓，清清水里冲一冲。
再用毛巾擦一擦，我的小手真干净。

(2) 边让小朋友们念儿歌，边做示范动作，教会幼儿，最后放有关洗手的视频。

(3) 组织幼儿在水槽边实地练习洗手，要求学习视频里的小朋友们有秩序地洗手，并观察小朋友们在什么情况下洗手。

#### 2. 谈话法

谈话法是指师生通过对话的方式展开教育活动的一种方法。教师可以向幼儿提出问题，也可以解答幼儿的问题，不受时间、地点和人物的限制。谈话的方式不拘一格，在生活活动、游戏活动、教学活动，或个人、小组、集体中都可以采用。谈话可充分调动幼儿学习的积极性、主动性，引起他们的认识兴趣；有助于发展幼儿的思维能力和口头语言表达能力；教师可以及时获得幼儿学习情况的信息反馈，以进行有针对性的引导。但谈话法也有局限性，主要是费时较多，不易使全体幼儿都参加到谈话中来；幼儿需要一定的知识、经验的准备才能参与谈话。

运用谈话法应该注意以下几点：

第一，要在幼儿社会教育的重点处采用谈话法。因为谈话法比较费时，所以要用在最能发挥它优势的地方。一般来说，在完成社会教育的重点任务时，可以用一系列的问题进行引导、启发，帮助幼儿理解和掌握这些内容，那种"好不好""是不是""对不对"之类的封闭式问题尽量少提。

第二，谈话的话题应与幼儿已有经验相关，幼儿才能积极地参与到话题中来，成为对话的一方，从中获取新的知识，与教师在情感上产生共鸣。

第三，谈话的对象要面向全班，要让每一个幼儿都有参与的机会，在他们积极思考的基础上，再展开师幼间的对话。

第四，教师所提的问题应具体、明确、难易适度。所提的问题要符合幼儿思维发展的水平，语言的表达形象生动，启发幼儿进入思考状态。

第五，提出问题后应留给幼儿思考的时间。由于年龄小、社会知识经验不多、思维能力有限，教师不能急于求成，谈话中要给予他们思考问题的时间。

第六，谈话结束时应进行总结，对幼儿提出的问题和表达的看法要给予积极的鼓励和关注，这既增强他们参与谈话的信心，也有利于训练幼儿交谈和倾听的能力。当然单调的一问一答谈话，很容易使幼儿的注意力分散。因此，谈话法应与其他方法结合使用，尤其是要和讲解法结合起来，会收到更好的效果。

## 岗位对接

### 中班社会教育活动：我们一家人

【活动目标】

1. 加深对家庭成员的了解，增进和家人之间的亲情。

2. 能在外人面前大方地介绍自己的家人并表达自己对家人的情感。

【活动重难点】

活动重点：加深对家庭成员的了解。

活动难点：表达自己对家人的情感。

【活动准备】

1. 幼儿自带一张全家福照片。

2. 幼儿在家注意观察，家里的人一般做些什么，每个人喜欢些什么。

【活动过程】

1. 教师自然地引出与家人有关的话题：今天早上谁送你来幼儿园的？晚上谁来接你？

2. 幼儿拿出全家福照片，仔细观察：我家有哪些人。

3. 交流：(1) 平时我们在家里干什么？(2) 家里人有什么爱好、特长？(3) 家里谁最喜欢我，我最喜欢谁，为什么？

4. 创设情境，角色扮演。

(1) 向大家介绍自己的家人。

(2) 选择同伴分别扮演每一个家庭角色进行互动，表达自己的感情。

教师引导幼儿小结：我们和家人在一起很快乐，我们爱我们的家人。

【活动延伸】

在美工区选择材料，装扮全家福照片，制作“我的家人”画册。

【活动分析】

这是一个主要运用谈话法增加幼儿社会认知、增进幼儿社会情感的活动。活动所选择的话题简单易懂，开放性强，问题的程度由易到难，幼儿容易回答，且都有自己不同的见解，可以发表不同的意见。通过扮演，幼儿还表达了对家人的情感，感受到与家人在一起的愉快情绪，逐步学会爱自己的家人。

### 3. 讨论法

讨论法是指幼儿在教师的指导下就社会性问题或现象互相启发、交换看法以获取知识的一种教育方法。讨论的具体方式有互相交换意见、分小组讨论、全班讨论三种。

讨论法最大的优点，在于它能在一定时间内增加幼儿口头表达的机会，尤其是互相交换意见、分小组讨论的形式，为幼儿提供表达意见的机会更多，甚至不必考虑自己意见的对错。在与教师、同伴的讨论中，幼儿的认识得以深化，情感能够自然流露出来，学习倾听不同的意见。因此，这种教育方法能够活跃思想，激发认识兴趣，发挥幼儿的学习积极性，也有利于幼儿在分析、比较各种意见中，提高独立思考的能力、分析问题和解决问题的能力和口头表达能力。例如，教师出示图片：禁止吐痰标志、禁止吸烟标志、禁止点火标志、禁止鸣喇叭标志、禁止行人通过标志、人行道标志、信号灯标志、公共厕所标志、向右转弯标志、危险物品标志等，让大班幼儿通过讨论找出这些标志的相同点和不同点。经过讨论，孩子们认识了这些标志符号，知道了符号表示的含义。

运用讨论法应该注意以下四点：

第一，选好讨论的主题。讨论的主题应贴近幼儿的生活，能引起讨论的兴趣。一般地说，采用讨论法比讲解法和谈话法更费时间，但是它更有利于吸引全体幼儿参加讨论、积极思考，调动他们学习的积极性、主动性。

第二，要根据幼儿年龄阶段开展讨论活动。一般来说，小班幼儿不适合采用讨论法，只有当幼儿具备讨论的口语表达能力和知识经验储备时，才能使问题讨论交流顺利进行下去。

第三，讨论的过程中教师要适当引导，不要轻易打断讨论或发表自己的意见。教师要创设平等、宽松的讨论气氛，让幼儿自由地发言，敢想、敢问、敢说，在此基础上引导幼儿分析、比较几种看法，从而得出正确的认识。

第四，做好讨论的结束工作。教师可以结合讲解法做讨论小结，起到强化讨论的主题、纠正错误认识和鼓励幼儿的讨论热情的作用，以利于以后的讨论。有时为了引发幼儿进一步学习的兴趣和主动探索的精神，对讨论的问题可以不做结论，留待继续探讨。

## 岗位对接

王老师给孩子们讲述《农夫和蛇》的故事，刚讲完，孩子们的议论立刻炸开了锅：

“我遇到这条冻僵的蛇就打死它。”“我看到了，就跑掉。”这时一个响亮的声音说道：“为什么不救它，它其实也很可怜的！也需要帮助的啊！老师不是说过我们要乐于助人的吗？要向雷锋叔叔学习，在别人遇到困难的时候伸出援助之手的吗？”

于是，教师面对全班幼儿提问并请幼儿进行讨论：“如果有陌生人向你求助，我们小朋友该不该帮忙？”

总结：助人为乐是我们中华民族的传统美德，我们应该继承这种优良传统，向雷锋叔叔学习，向别人伸出援助之手。但是我们的年纪小，缺乏辨别是非和自我保护的能力，不能随便去帮助别人，如果轻易地去帮助别人可能会越帮越忙，甚至会伤害到自己，所以我们可以做一些力所能及的帮助，比如帮忙拨打求助电话等。

### 4. 观察、演示法

观察、演示法是指教师依据社会教育目标，出示实物、图片、录像、直观教具等具体感知的材料，让幼儿通过观察获得相应的知识、体验或行为方式的一种教育方法。观察、演示法具有直观性、形象性、具体生动性，符合幼儿以直觉动作思维和具体形象思维为主的发展特点。演示的材料可以是实物、图片、教师做的示范动作、幻灯片、教育电影、录像等。运用直观手段获得的表象，形象清晰、鲜明、生动有趣，令人印象深刻，便于记忆，容易巩固。例如，认识少数民族，可用反映各民族生活习俗的图片、电影或画报等向幼儿介绍少数民族的服饰、居住情况及不同风格的歌曲和舞蹈，使幼儿得到直观形象的认识。

运用观察、演示法教师应注意以下三点：

第一，要根据社会教育任务的实际需要，有目的、有针对性地运用观察、演示法，不能为演示而演示，也不能单纯为引起幼儿的兴趣而演示。

第三，观察、演示前，要做好充分的物质和心理准备。演示过程中，要尽可能地使每个幼儿都观察到演示的对象与过程。演示要与教师讲解引导等其他教育方法结合起来使用，使幼儿的感知与观察结合，而不只是停留在感知观察上。

第三，教具的运用要适当，避免幼儿注意力的分散。例如，准备展示材料时尽量不要让幼儿提前发现；需要展示时，应让全体幼儿都观察清楚后再把它们收起来，避免引起分心现象。

### 5. 参观法

参观法是指组织幼儿到各种社会机构实地考察，在对实际事物或现象的观察、思考中获得有关社会知识和社会规范的教育方法。例如，组织幼儿参观少年宫、敬老院、图书馆、超市、邮局、建筑工地等。参观法旨在将幼儿社会教育活动与社会生活实际紧密地联系起来，“社会即学校”，置身于真实的教育现场，以生动、活泼的形式进行社会教育。教师对参观活动的组织和指导，是幼儿了解现实社会、获得社会知识经验的重要保证。

运用参观法时，应注意以下三个问题：

第一，参观前要做好充分的准备。教师要根据社会教育的任务、幼儿的实际认识水平及当地的环境条件等，制定详细的参观计划。此计划应包括参观的具体目标、对象、时间、地点、顺序、任务等。参观前，还应让幼儿做好心理上的准备，通过简单的谈话让幼儿获取必要的相关知识；让他们明确参观的目标、任务等；激发幼儿参观的兴趣。

第二，参观时要加强指导。参观过程中，教师或参观现场的工作人员要根据幼儿的实际情况，因势利导，引导幼儿按照一定的顺序，采用适当的方法进行观察。教师还可以围绕参观的内容，启发幼儿主动提出问题，或联想过去的知识经验，思考如何解决新问题。教师还要注意做好参观访问的组织工作，维持参观的秩序，保障幼儿的人身安全。

第三，参观后要及时总结。参观之后的总结可以有多种方式：通过谈话，可以获得更完整、更有条理的知识；进行绘画或游戏等活动，把参观访问的结果用幼儿自己喜欢的形式记录下来，有利于拓展他们的经验和视野。例如，参观服装商场后，把自己最喜欢的衣服画出来；参观邮局后，为幼儿准备信封、邮票、笔和纸以及邮筒，开展邮局游戏。

## 岗位对接

### 小班社会教育活动：参观食品店

【活动目标】

1. 对参观食品店感兴趣，尊重营业员的工作，礼貌待人。

2. 能根据一定的依据进行食品分类。

3. 了解食品店里的主要商品，知道食品可以分类。

【活动重难点】

活动重点：懂得尊重营业员的工作。

活动难点：根据一定的依据进行食品分类。

【活动准备】

1. 选择参观的食品店，进行初步的沟通。

2. 制定参观路线。

【活动过程】

1. 通过谈话，引起幼儿对参观食品店的兴趣，并提出参观任务；观察食品店里卖什么东西，营业员是怎样卖东西的。

2. 参观食品店。

(1) 带领幼儿参观食品店，尝试了解各种食品的名称。

(2) 引导幼儿观察食品店所售食品种类的多样性。除了卖糖果、糕点，食品店里还卖些什么？小结：食品店是卖吃的东西的地方。建立关于食品店的正确概念。

(3) 引导幼儿观察食品店里营业员和顾客的活动，注意倾听营业员和顾客之间的简单对话。提示：食品店里有什么人？他们在干什么？营业员是怎样卖食品的？他们是怎么对待顾客的？

(4) 仔细观察营业员是怎么放置食品的，幼儿尝试在营业员的指导下进行食品的摆放，建立初步的分类概念。

3. 幼儿在教师带领下进行购物活动，感受营业员对大家的热情服务。

4. 参观活动结束后，幼儿与营业员礼貌道别，组织幼儿回园。

5. 参观后进行谈话总结：

(1) 食品店里卖哪些食品？

(2) 如果我们身边没有食品店会怎样？

【活动延伸】

收集有关材料，布置“食品商店”区角环境，自主游戏。

【活动分析】

这是一个典型的运用参观法扩展幼儿社会认知的活动，选择的参观对象是与幼儿的生活紧密联系的食品店，结合了幼儿的生活经验开展活动。参观的步骤清晰，任务明确；参观的方式多样，既观察静态的食品，也观察营业员与顾客之间的活动，还让幼儿实际体验，进行购物活动。幼儿既获得了社会认知（食品店的食物、食品的摆放、营业员与顾客的活动），又发展了社会行为（学习摆放食品、购物、与营业员打交道）。活动延伸有利于拓展幼儿的经验，在游戏中反复练习。

### 6. 行为练习法

行为练习法是指组织幼儿按正确的社会行为规范，参加各种活动和交往而得到实际锻炼，以养成良好的行为习惯的方法。这种方法是幼儿习得社会行为最有效的方法。

幼儿进行行为练习的方式是多种多样的。在教师创设的情境里进行行为练习；到实际生活环境中的练习，如各种家务劳动、社会交往活动、自我服务活动等；一日生活中教师组织的随机或专门的教育活动中的行为练习，如来园和离园的礼貌行为练习、用餐后的卫生行为习惯练习等。幼儿良好的行为习惯、交往能力，只有经过反复认识和练习，才能形成自觉行动，在实践中不断适应社会。

运用行为练习法时，应注意以下几点：

第一，要明确行为练习的目的和要求，精心组织活动。开展什么活动，受到哪些锻炼，训练哪方面的社会行为和能力，事先都要有详细的计划。

第二，要充分尊重和发挥幼儿的主动性和积极性，让幼儿在练习中真正体验到快乐，达到练习的目的和效果。

第三，行为练习要循序渐进，练习的内容要结合幼儿的年龄特点、已有经验及个体差异进行设计，遵循由易到难的原则。

第四，行为练习要反复进行，做到持之以恒。幼儿的日常生活，是他们进行行为练习的机会，要通过日常的学习、劳动和生活进行反复练习，使幼儿养成各种好习惯。例如，教师在指导幼儿洗手时，把洗手的动作按顺序编成儿歌，让他们边念儿歌边洗手，经过反复的练习掌握洗手的方法，激发幼儿的练习兴趣，体验练习的愉悦感和成就感，提高练习的效率。

## 岗位对接

### 大班社会教育活动：我们学剥豆

【活动目标】

1. 乐意参加剥豆活动，体验劳动过程的乐趣和成就感。

2. 掌握剥豆的方法，会自己动手剥豆。

【活动重难点】

活动重点：体验劳动的乐趣和成就感。

活动难点：掌握剥豆的方法。

【活动准备】

1. 每组幼儿准备一小盆毛豆、一个托盘、一只碗。

2. 事先和厨房联系好相关事宜。

【活动过程】

1. 观察一周食谱，找出哪些菜里有豆子，说出豆子的多种吃法。

2. 尝试剥豆子，组织讨论：你是怎样剥豆的？

3. 请剥得好的小朋友示范，其他人观摩后，小结：要剥得又快又干净，一只碗放豆子，一个托盘放豆壳。

4. 分组比赛，集体剥豆。

5. 打扫桌面后，带领幼儿把剥好的豆送到厨房。

【活动延伸】

1. 午餐时，提醒幼儿多吃点自己剥的豆子。

2. 鼓励幼儿回家后主动帮忙做家务。

【活动分析】

这是一个主要运用行为练习法培养幼儿动手能力的活动。活动所选择的内容是幼儿在生活中经常接触的，活动材料准备起来简单易行，操作也很便利。幼儿在进行操作前通过观察食谱，对豆子的吃法有了充分的感知，激起活动的兴趣，然后通过操作、讨论，进一步掌握剥豆的技能。最后把剥好的豆送到厨房，并在午餐时吃自己剥的豆，让幼儿能够享用到自己的劳动成果，产生成就感，体验到劳动的快乐。

### 7. 强化评价法

强化评价法是指通过对幼儿社会性行为的评价进行社会教育的方法。幼儿在社会生活中，经常受到各种环境的刺激和影响，积极的、正面的影响促进幼儿习得良好的社会行为；消极的、负面的影响会让他们沾染不良的社会行为。恰当的评价，能激发幼儿的上进心，促进良好社会性行为的形成和发展，同时也能抑制不良社会性的产生和蔓延，这也是幼儿社会教育常用的一种方法。

强化评价多种多样，一般常用的是正强化和负强化。正强化是指对幼儿的良好表现给予表扬、鼓励、奖励等肯定性评价，它能提高积极性，激发幼儿亲社会言行的出现；负强化是排除或减少对幼儿不良行为的警告、规劝、批评、惩戒等否定性评价或刺激的方法，它能纠正学前儿童的不良行为。例如，当某一儿童把自己的玩具让给其他同伴玩时，成人及时的表扬和微笑会使他感受到满足，这类行为出现的频率会提高；当某个孩子不再争抢其他同伴的玩具时，教师撤销对他的游戏隔离，同样能让他认识到把玩具归还给同伴，或征得别人同意后再借来玩才是正确的。不管运用何种评价方式，都应建立在对幼儿的理解、尊重、信任的基础上。

运用强化评价法时，应注意以下几点：

第一，强化要及时。即当幼儿的言行符合社会要求时，教师要及时地称赞表扬、点头、微笑、抚摸等；当幼儿的言行不符合社会要求时，教师要及时地规劝否定、摇头、表情严肃、纠正等。这样，使幼儿良好的言行得到保持，使不良的言行消退，强化的作用才能真正具有教育意义。

第二，强化要恰如其分。过多地运用表扬和奖励不能使幼儿或者集体感到光荣，反而容易对表扬和奖励产生满不在乎和无所谓的心理，甚至还可能干扰活动。例如，大家都在专注地做"老鹰抓小鸡"游戏，教师泛泛的表扬会打断游戏的进程。在运用批评、惩戒时，更要慎重。因为批评、惩戒是消极的方法，它的副作用大，容易使幼儿产生消极情绪。

第三，以表扬、奖励为主。当幼儿出现良好的言论或行为时，教师要用表扬、奖励的方式，激励他们严格要求自己，发扬优点，克服缺点，取得更大的进步。需要注意的是，运用表扬要适度，把握好表扬的分寸，以避免被表扬的孩子产生骄傲自满的情绪。那些经过努力做得好，或经常被忽视而自信心不足的幼儿应该是表扬、鼓励的重点。

第四，严禁体罚、恐吓、辱骂或变相体罚。教育法规和职业道德都禁止体罚或变相体罚。教师也不能以迫使幼儿劳动、恐吓和辱骂作为批评、惩戒的手段。

### （二）学前儿童社会教育的特殊方法

学前儿童社会教育是儿童全面发展教育的有机组成部分之一，它与其他领域的教育密切相关，有许多相通之处，但它也有自身的规律和特点。学前儿童社会教育的特殊性，决定了它有一些不同于其他领域教育的独有方法，即学前儿童社会教育的特殊方法。

#### 1. 榜样示范法

榜样示范法是指在社会教育中，利用他人良好的品德和行动作为示范，以促进幼儿形成良好社会性品质的方法。幼儿的模仿能力强，具体、生动、直观的典型容易激发他们向榜样学习的热情。因此，根据一定的情境，提供学习的榜样，幼儿有意或无意地进行模仿，可以有效地促进其良好社会品质的形成和发展。在运用榜样示范教育过程中，教师要善于选择有教育意义，又切合幼儿实际的典型人物或事例。

对幼儿影响较大的榜样有以下三种。

第一，伟人和英雄模范人物。伟人和英雄模范人物的生平事迹和所建立的光辉业绩是具体、生动、形象的教育材料，幼儿接触了这样的材料后，会产生敬爱之情，模仿其行为的动机会比较强。例如在每年的学雷锋月主题活动中，幼儿的行动积极性都比较高涨。

第二，教师本人。幼儿有很强的向师性，在他们的心目中老师有着崇高的地位，教师的一言一行都在潜移默化地影响着幼儿。因此，教师一定要严格要求自己，言行要符合社会的道德规范，用美的语言、美的行为、美的心灵来影响幼儿，培养幼儿良好的社会性品质。

第三，同伴。与幼儿年龄相近的同伴，他们作为榜样更易被幼儿接受，特别是与幼儿生活比较接近的那些平凡小事，产生的感染力更强。所以，教师要注意表扬幼儿身边的好人好事，树立贴近生活的学习榜样。

### 2. 角色扮演法

角色扮演法是指通过扮演在实际生活中的某一角色或童话故事中的人物，以他们的言行举止来行动，从而掌握规范、形成某些经验和行为习惯的方法。在学前儿童社会教育过程中的角色扮演需要教师创设相应的情境，让幼儿展开合理的想象，发挥自主性和创造性，表现出与这一角色一致的且符合规范的行为，在此过程中加深体验，更好地理解他人的感受，以掌握社会行为规范和道德要求。

现实生活中，每个人都承担着一种或几种角色，每个角色都有自己特殊的行为模式。幼儿从家庭来到幼儿园，从家中的"小皇帝""小公主"变为群体中的普通一员，随着角色的转换，他们在家庭中养成的某些习惯与集体生活的规范可能会不一致甚至相互矛盾，角色扮演实际上就是幼儿的一种从旁观者到参与者的学习过程。在日常生活中，教师要创设教育情境，引导幼儿进入角色，模拟社会生活，从而获得新的行为模式。

在运用角色扮演法时，应注意以下几点：

第一，教师创设的教育情境要是幼儿熟悉和喜爱的，扮演的角色是他们所认知和理解的。例如，让他们扮演生活中经常接触到的对象，如妈妈、老师、司机、交通警察等。

第二，角色扮演要有针对性，根据教育目标和幼儿社会性发展的水平来确定目标。例如"我是大班哥哥姐姐"的活动中，幼儿扮演哥哥姐姐的角色，因为这是他们即将达到的发展水平，所以会做出与之相适应的行为，如礼貌对待弟弟妹妹，关心、帮助弟弟妹妹，做弟弟妹妹的好榜样等。

第三，要充分发挥幼儿的主动性、积极性和创造性，尊重他们自主选择角色、变化角色和创造角色的需要，教师不过分干预分配角色、如何扮演等。

第四，幼儿扮演的角色应以正面角色为主，即使有反面角色的扮演，切忌让固定的人物经常扮演反面角色。

## 岗位对接

### "今天我是农民"

观察与指导：

游戏开始了，周寒拿来斗笠戴在头上，在老师周围转悠。

（这时我没有意识到要产生一个新的游戏，也许她也没有意识到自己要做什么，但她的举动明显地想引起老师的注意，一直以来她都是如此地爱表现自己。我因为照顾其他游戏，还没有来得及顾上她，但是我看到她了。）

看见她的手在做"向下插"的动作。

稍后我问她："你在干什么？玩什么游戏？"

她直起腰，大声说："我是农民，我在种地！"

（她的回答让我惊讶：从来没有过的游戏主题，不知她从哪里得来的经验。直觉让我感兴趣。）

我问："你种的什么庄稼呀？在哪儿？"

她看旁边的空地："这儿，这儿都是，好多庄稼呢！"（"农民"游戏进入正题。）

我说："好棒啊！是什么颜色的呀？"

她有点兴奋："是绿色的！"边说边从附近的材料框里拿出了一段绿色的皱纹纸铺在地上，说："这是小麦！"

"好啊！那你多种点庄稼啊！等会儿我来看它们长得怎样！"

（得到老师的肯定使她充满信心。）她去寻来各种材料种庄稼了，有各种颜色的塑料积木，还有画上荷叶的绿纸。我走过来的时候，她忙不迭地向我介绍："这是小麦，这是西红柿（红色的积木），这是青菜，这是油菜花（黄色的积木），蓝色的是我给庄稼浇的水！"她的脸上闪烁着自豪的神采。引来了好多同伴的参观。因为人多，"庄稼"被"踩到"了，这时又开来一辆"小汽车"，直冲进"庄稼地"，庄稼地里本来排列整齐的庄稼变得东倒西歪，她顿时急了："老师，他们破坏我的地！"

我说："是不是你的庄稼地太容易进去啦！赶紧想个办法吧！"旁边的孩子也帮着出主意，有的说要做个标记，有的说请人看守，有的说用椅子围起来，最后他们商量决定要请建筑工人（建构区）来修一堵围墙。很快，建筑工周杰推来一车（一篮）砖（积木），在几个人的协助下围墙顷刻完成。周寒高兴地笑了，不停感谢其他小朋友，几个孩子羡慕地说："周寒，我也要和你一起玩！"她更开心了，说着："好啊！"眼睛都眯成了一条缝啦！

（以后的游戏中还发展出买卖、推销、开店等情节。）

评析：首先，大班幼儿开展游戏时往往存在许多未知性，这需要老师能善于捕捉、发现有价值的教育点，做好孩子的引导者，使新游戏主题逐渐完善。其次，我们不妨给孩子一个创造的空间，让他们有机会去发挥自我，在感兴趣的游戏中促进个性发展。我们不得不承认，孩子具有成人无法比拟的另类思维和想象力、创造力，我们应善加保护，尤其要珍惜。再次，游戏中材料的投放务必呈开放性，幼儿能根据自己的需要随时拿取，有时会有意想不到的效果发生。

### 3. 移情训练法

移情又叫感情移入，是指一个人设身处地地站在别人的位置去理解他人的情感、需要及活动。幼儿情绪、情感发展的主要特点之一是其情绪的易感染性，因此，移情对发展幼儿的社会性有重要的作用。首先，移情可使主体内部产生某种情感共鸣，从而成为推动幼儿品德行为发展的内在动因。例如，教师或父母通过对老人、邻居等的尊重和关心，对集体和社会公益事业的热心支持等来影响幼儿，使他们在情感上产生感染与共鸣，促进其良好品行的养成。其次，移情可以使幼儿摆脱"自我中心"，从别人的立场、位置来考虑问题，产生利他思想，逐渐形成亲社会行为。最后，移情还可以使幼儿体会助人为乐、合作分享等带来的友爱与欢乐的情绪。但在现实生活中，移情并不是自然而然产生的，它需要在生活中、教育中通过训练才能够实现。

移情训练法是指通过幼儿生活中的真实事件或讲故事、情境表演等方式，引导幼儿设身处地地站在别人的位置考虑问题，分享和理解他人的情绪、情感体验，从而与之产生共鸣的训练方法。例如，在遇到他人苦恼的情境时，一个孩子的妈妈对伤害事件进行有感情的说明，激发孩子同情、怜悯别人，理解自己的行为与他人烦恼的关系。采取这种教养方式的父母，他们的孩子往往会对别人表现出移情，并可能表现出帮助、分享和同情等亲社会行为。可见，移情训练法是社会教育的一种很重要的方法。

移情训练的途径很多，主要有讲故事、编故事、生活情绪体验、情境表演等。例如续编故事，让幼儿在编故事的过程中去理解和体验故事主人公的情感和心态，续编的部分含有幼儿对故事中人物情感的理解与分享，还发展了想象力，延续了幼儿的移情行为。又如情境表演，是把社会生活中的某些场景状态展现给幼儿，如“关心爸爸妈妈”“接待客人”等，让他们尝试表演，老师和小朋友再给予评价。情境演示的是发生在身边的事，幼儿站在他人的角度去体验他人的情绪、情感，具有一定的感染力，易于接受其中的教育内容，达到移情的目的。

运用移情训练法时，应注意以下几点：

第一，创设的情境应该是幼儿熟悉的社会生活，或者是符合他们的年龄特点，是幼儿能够理解的，这样才能产生移情。

第二，移情训练要通过换位，让幼儿去理解他人的情绪，并以自己本身的情感体验去感受、理解他人的情感需要，以唤起幼儿的情感共鸣。

第三，在移情训练中，要变换移情对象的身份，以训练幼儿对各种不同人物的移情，扩大移情的对象。

第四，移情训练的目的是为了幼儿在社会生活中能理解他人，但不能只停留在认识层面上，应对他们进行良好的行为训练，形成良好的行为习惯。例如，不仅能够理解小朋友受到攻击的感受，而且还能给予力所能及的关心和帮助。

第五，在移情训练中，教育者要真情地与幼儿一起进行训练，不能成为局外人。教育者的移情能力和对待移情训练的态度能影响幼儿移情的效果，因为教育者的情绪具有很强的感染力，教育者真诚地加入移情训练中，会极大地感染幼儿。

第六，移情训练法应与角色扮演法、行为练习法等有机结合起来运用，才能取得良好的教育效果。

## 岗位对接

在大班教育活动“他为什么哭”中，教师通过让幼儿观看情景表演展开讨论：小明为什么会哭？进而提出：你什么时候会哭？你哭时希望别人怎样对待你？让幼儿进行回忆、想象，以唤起自己伤心、委屈、不被他人关注时的情感体验，帮助幼儿理解小明不愉快的感受；接着提出“我们该怎么做？”使幼儿产生愿意关心、帮助别人的社会行为；最后让幼儿分组商量设定情景：发生了什么事，大家该怎么关心、帮助别人？结果会如何？

以巩固幼儿良好社会行为的产生。

移情训练的主要途径有讲故事、续编故事、情景表演、生活情景体验、开展主题游戏等。

4. 价值澄清法

美国心理学家、教育学家路易斯·拉斯教授在对传统的价值观教学法进行研究分析的基础上，提出了一种新的价值观教育法，即“价值澄清法”。针对纷繁复杂的现代社会中，家庭、学校传授的各种做人的行为规范和准则与儿童所见所闻的种种相背离的社会现象，以及现代社会中不断变化的各种刺激导致价值观的混乱，价值澄清法认为只有通过儿童心理内部价值澄清，才能建立自己清晰的价值观和恰当的生活方式。实践证明，这种方法不仅灵活、方便、简单，而且非常生动、有趣、可行，是当前对幼儿进行价值观教育的一种非常有效的方法。

价值澄清理论的基本内容是：每个人都有各自的价值，同时每人都按照自己的价值观去行事。价值尽管是个人的、相对的，是不能被灌输的，但有理智的人类应该有能力学会运用“评价过程”进行价值澄清，从而形成个人稳定的价值观，这一理论运用于学前儿童社会教育领域，是一种较为特殊的社会教育方法。

学前儿童价值观是指学前儿童在日常生活中，通过与周围人和事的接触逐渐形成比较稳定的待人处事的态度。即通过幼儿内部心理活动进行价值选择、价值确定，然后付之于外部行动的过程。在价值澄清时，有七个评价步骤：儿童自由选价值；儿童从尽可能多的选择内容中选择价值；儿童对各种选择过程及其后果三思后再做选择；让儿童珍惜和重视自己的选择；儿童公开表示自己的选择，并求得大家的认可；儿童根据自己的选择采取适宜行动；儿童根据自己的选择重复所采取的行动，使之成为个人的生活方式。价值澄清理论强调，儿童价值观的建立是通过儿童自己的内部心理活动、内心情感体验，进而进行意志行动的过程，即一个由内到外、从思想到行动的儿童主动建构价值的过程，它重视在公众场合儿童价值行为表现与个人独处时都能保持一致。

运用价值澄清法要注意：对幼儿来讲，他们靠自己建立价值观是相当难的，主要是依赖于外部环境的刺激，通过自己的理解深化才能内化为自己的价值观。幼儿个体价值观的确定，必须在进行中才能取得成效。所以，要为幼儿提供适宜的教育条件，让他们在正确教育的影响下，引起自身内部矛盾冲突，建构正确的价值观。

总之，“教育有法，教无定法。”学前儿童社会教育的一般教育方法和特殊教育方法，各有其不同的特点和作用，它们之间有其内在的联系，各种方法相互配合、互相补充。教师在运用这些方法时要考虑教育对象的不同特点，灵活运用。随着社会的不断变化和发展，学前儿童社会教育的内容和手段不断更新，教育方法上也应有所创新，教师不但要学习新的教育理论和其他教师的先进经验，也要总结自己的教育经验，探索新的教育方法，逐渐提高社会教育的水平，促进学前儿童社会性的发展。

## 岗位对接

幼儿很注重游戏规则，若没有依据规则来进行游戏，则会受到同伴或游戏团体的纠正。在玩扮家家的游戏中，盈盈在给娃娃喂药，光光跟着学习。

盈盈：你这样不对，要这样才对。（边说边示范好几次）

光光：你的也不对。（有点恼火，并把玩具破坏了）

加加：你不可以这样。（加加是另一游戏同伴，上前指责光光，并且通过话语向李老师告状）

老师：小朋友玩游戏的时候要遵守规定，不能随意更改，要尊重大家的意见，知道吗？（数秒后李老师又接着说话）

老师：破坏玩具是不对的，要怎么办呢，你们三个一起来把玩具整理好，好吗？

于是三个人重新整理玩具，继续游戏，恢复了快乐的气氛。

分析：教师面对此种情况先弄清缘由，再令幼儿做示范，是一种很好的模仿学习。叮嘱幼儿不可动辄生气，推人出气是不好的行为，如果有错误则要勇敢面对并向人道歉。教师适时的赞美和鼓励是最佳策略。李老师意识到冲突的发生，立刻上前问明原因，这样的举止对幼儿有某种警示的作用，接着以说理的方式慢慢点出事情的最佳处理策略，有时候也可转移主题以其他的正面相关的话题进行诱导，例如请盈盈说明或者示范给光光看，不仅让盈盈有高度的成就感和满足感，而且其他的幼儿在盈盈的说明示范下，也会认识到规则的重要性。

## 聚焦国考

材料分析题：阅读材料，并回答问题。（2018 年下半年真题）

4 岁的石头在班上朋友不多，一次，他看见琳琳一个人在玩，就冲上去紧紧地抱住琳琳。琳琳感到不舒服，一把推开石头。石头跺脚大喊："我是想和你做朋友的啊！

问题：(1) 请根据上述材料，分析石头在班里朋友不多的原因。

(2) 教师应如何帮助石头改善朋友不多的现状？

## 单元测试

**一、选择题**

1. 下列哪种教育方法最具直观性？（　　）

A. 讲解法　　B. 讨论法　　C. 谈话法　　D. 强化评价法

2. 不是讨论法的具体方式有(　　)。

A. 小组讨论　　B. 全班讨论　　C. 个别讨论　　D. 成对交换意见

3. 形成和巩固儿童社会行为的最有效的方法是(　　)。

A. 讲解法　　B. 讨论法　　C. 行为练习法　　D. 强化评价法

4. 移情训练不适合采用哪种方法?(　　)

A. 讲故事　　B. 情境演示　　C. 生活体验　　D. 幻想

5. 利用环境、周围人的言行举止对幼儿进行积极感染,在潜移默化中影响幼儿的社会态度和社会行为的教育方法是(　　)。

A. 参观法　　B. 移情训练法　　C. 陶冶熏染法　　D. 角色扮演法

**二、简答题**

1. 简述《纲要》中社会领域的总目标。

2. 简述《指南》中社会领域的总目标

3. 简述选择学前儿童社会教育内容的依据。

4. 简述学前儿童社会教育的途径。

**三、论述题**

1. 论述学前儿童社会教育活动目标的表述策略。

2. 举例论述学前儿童社会教育的特殊方法。

**四、材料分析题**

### 中班社会教育活动:压岁钱

师:压岁钱是谁给你们的?

幼:爸爸、妈妈、爷爷、奶奶、外公、外婆、叔叔、阿姨、舅舅、舅妈……

师:你们想用压岁钱干什么呢?

幼1:我妈妈答应我用压岁钱买毛绒兔。

幼2:我想用压岁钱买玩具飞机。

幼3:我想用压岁钱买动画片。

幼4:我要把钱收起来,长大以后买真的飞机。

师:想想,怎样使用压岁钱最有意义?

幼1:把压岁钱给妈妈买菜。

幼2:用压岁钱买苹果给爷爷吃。

幼3:我想用压岁钱买好多的书,我喜欢看书,妈妈说小朋友多看书会很聪明。

幼4:我想把钱捐给希望工程,给那些贫困山区的小朋友。

分析:

(1) 请分析在以上活动中老师运用的主要教学方法是什么。

(2) 运用这一方法需要注意的问题是什么?

(3) 试对该活动进行评析。

**五、活动设计**

以“生活中的规则”为题，年龄班自拟，撰写社会教育活动目标。

扫码查看
参考答案

## 学习反思

项目三

# 学前儿童自我意识教育

## 任务一　学前儿童自我意识教育概述

### 学习情境

自我意识的发展对学前儿童个性形成、身心健康发展及良好人际关系的建立，都具有十分重要的意义。3～6 岁是学前儿童自我意识形成的重要时期，也是自我意识教育的关键时期，引导学前儿童形成正确的自我认识、自我评价，产生积极的自我体验，能够自尊、自信地投入各种活动，并在活动中学会自我监督和自我调控，对学前儿童的健康发展具有重要作用，所以，这一部分的主要任务是学习学前儿童自我意识发展的年龄特征，能够根据不同年龄阶段的表现，提出相应的教育策略。

### 学习目标

1. 理解学前儿童自我意识的内涵、组成部分及重要意义。
2. 掌握学前儿童自我意识发展的年龄特征及教育策略。
3. 重视学前儿童的自我意识教育，树立科学的自我意识教育理念。

### 任务书

1. 个人学习：请结合见实习经历及调查研究，分析小、中、大年龄阶段学前儿童自我意识发展的年龄特征及规律。

2. 小组学习：请小组讨论完成案例分析。

“我个儿高。”“我是女孩。”“我是妈妈的乖宝宝。”“我唱歌好。”“我的裙子很漂亮。”“我喜欢吃糖。”“我……”幼儿园小班中，李老师正在开展主题活动“说说，我是谁”，小朋友们你一句我一句地说个不停。李老师问：“乐乐，为什么说你的舞蹈跳得好啊？”“我妈妈和老师都是这样说的啊！”乐乐得意地说。

请同学们思考：案例中幼儿表现出了哪些典型性特点，并提出相应的教育建议。

扫码查看
参考答案

## 工作实施

### 3.1.1 学前儿童自我意识的内涵

引导问题1：自我意识的含义是什么？

______

______

______

引导问题2：自我意识的组成部分有哪些？

______

______

______

**小提示**

**红点实验**

1972年，北卡罗来纳州大学的 Beulah Amsterdam 发表了一项实验，实验的过程很简单。首先悄悄地在6～24个月的婴儿鼻子上粘一小红点，然后把他们放在镜子前。孩子的妈妈指着镜子里的影像问孩子：“那是谁？”之后研究者们开始观察婴儿的反映，发现了三类反应：

1. 6～12个月：那是别的孩子！婴儿的行为好像在镜子里的是另一个人——一个他们想友好相处的人。他们会做出接近的动作，比如微笑、发出声音等。

2. 13～24个月：退缩。婴儿看到自己在镜子里面的样子不再感到特别兴奋。有一些看起来有些警惕，而另一些则会偶尔微笑一下并弄出些声音。

3. 20～24个月以后：那是我！大约从这个时候开始，婴儿开始能够通过指着自己鼻子上的红点，清楚地认出自己。

引导问题 3:自我意识教育的意义是什么?

### 3.1.2 学前儿童自我意识发展的年龄特征

引导问题 4:3～4 岁学前儿童自我意识发展特点是什么?

视频

3～6幼儿自我意识发展

引导问题 5:4～5 岁学前儿童自我意识发展特点是什么?

引导问题 6:5～6 岁学前儿童自我意识发展特点是什么?

引导问题 7:学前儿童性别意识发展的年龄特点是什么?

视频

幼儿性别意识发展

### 3.1.3 学前儿童自我意识教育的策略

引导问题 8:学前儿童自我意识教育的策略有哪些?

**小提示**

**幼儿性别恒常性发展的实验研究**

刘青青　刘　杰

研究者采用图片测查法和个别访谈相结合的方法,考察了 120 个 3～6 岁幼儿的性别恒常性发展情况，其中包括三大部分内容：

1. 考察幼儿性别恒常性发展是否存在阶段性；

2. 幼儿性别恒常性发展的差异性；

3. 幼儿性别恒常性理由解释的发展。

结果表明：

1. 幼儿性别恒常性的发展确实经历了性别同一性、性别稳定性、性别一致性三个阶段；

2. 幼儿性别恒常性的发展不存在显著的性别差异；

3. 幼儿性别恒常性的发展存在显著的年龄差异，4～5 岁是性别稳定性发展的快速时期，5～6 岁是性别一致性发展的快速时期；

4. 幼儿理由解释的发展遵循着由表及里、由浅到深的过程。幼儿先认识性别的外部特征，后认识性别的本质特征。

扫码阅读全文

自我意识是个性的重要组成部分，在个性心理特征系统中起调节作用，良好的自我意识对学前儿童个性的形成具有重大作用，儿童自我意识发展是个体与社会环境相互作用的结果。

## 一、学前儿童自我意识的发展

### （一）自我意识的含义

自我意识是人对自身状态及同客观世界关系的意识，如对机体身心发展状态的认识、对自己同外部关系的认识等。自我意识包括知、情、意三方面的结构，体现在自我认识、自我体验和自我调节方面。

#### 1. 自我认识

自我认识是自我意识的认知成分。它是自我意识的首要成分，也是自我调控的心理基础，由自我观察、自我分析和自我评价构成。

（1）自我观察

自我观察是把自己的心理活动作为自己认识的对象进行观察的过程，如“照镜子”是对自己外在形象的观察，“自省”是对自己内在心理活动的观察。

（2）自我分析

自我分析是对自身的思想与行为加以分析、综合，概括出自己心理品质中本质特点的过程。

（3）自我评价

自我评价是对自己能力、品德、行为等方面社会价值的判断，自我评价应建立在自我观察和自我分析的基础上。

#### 2. 自我体验

自我体验是伴随自我认识的发展而产生的内心体验，是自我意识在情感方面的集中表现，自我体验的内涵比较丰富，主要表现在自尊心与自信心的发展上。

（1）自尊心

自尊心是指个体在社会生活过程中获得的关于自我价值的积极评价与体验。人总是希望在群体中有一定的地位，得到荣誉和良好的评价，当客观现实能够满足个人情感需要时，就产生自尊感，反之，则可能产生自卑心理。自尊心与进取心是成正比的，自尊心强的幼儿进取心也强，如《指南》对小班幼儿的要求是："为自己的好行为或活动成果感到高兴"等。

（2）自信心

自信心是对自己的能力是否适合所承担的任务而产生的自我体验，自信心是建立在正确自我评价的基础上，在完成任务的过程中体现出来的，如《指南》对中班幼儿的要求是："能按照自己的想法进行游戏或其他活动"，"知道自己的一些优点和长处，并对此感到满意"等。

#### 3. 自我调节

自我调节是自我意识的意志成分，表现为对自己行为、活动和态度的调节、控制，包括自我检查、自我监督、自我控制等成分。

（1）自我检查

自我检查是把自己的活动结果与活动目的加以比较，确保活动目的顺利实现的过程，如幼儿自己检查活动作品完成的情况。

（2）自我监督

自我监督是自己以良心或内在的行为准则对自己的言行实行监督的过程，是真正的自觉意志行动的表现。如幼儿知道了随地扔垃圾的行为是不对的，便在生活中注意监督自己的行为，即使手中有垃圾，也不随地扔。

（3）自我控制

自我控制是对自身心理与行为的主动调控，如幼儿看到自己喜欢的玩具，即使爸爸妈妈不能满足自己的愿望，也能够控制自己不满意的情绪和行为。

### （二）学前儿童自我意识发展的意义

自我意识是个性结构中的重要组成部分，对个性发展具有重要的调节作用。幼儿自我意识的充分发展，能够保证个体正确地认识自己与外界，并使自己成为与外界环境积极作用的主动个体。

#### 1. 自我意识对学前儿童个体发展的促进作用

（1）自我意识是学前儿童认识客观事物的前提

当幼儿不知道自己是谁，不能把自己与周围世界进行区分的时候，无法实现对客观世界的认识，当幼儿能够区分自己与周围世界，才开始从外界世界中积极获取自己需要的东西。

（2）自我意识是学前儿童调节情绪的保障

幼儿在日常活动中，意识到自己的情绪状态是否符合客观需要，从而不断地进行自我调节，尽力使自己的情绪表现与客观要求保持一致。例如，3 岁的咪咪对老师说："我不哭，妈妈就早来接我。”

（3）自我意识对学前儿童的行为有调控作用

幼儿在意识到自己的行为效果及自己应该有的责任和义务的时候，能够逐渐调整和控制自己的态度和行为，发扬优点，克服缺点，更好地促进自我发展，使行为更加符合客观世界的要求，如大班幼儿在幼儿园打疫苗时，就能以“我是大哥哥，我不能哭”来要求自己和调节自己的行为。

### 2. 自我意识对学前儿童社会发展的促进作用

（1）自我意识是学前儿童同伴关系建立的基础

同伴关系是年龄相同或相近的幼儿在交往的过程中建立起了的相互关系，具有良好自我意识的幼儿更清楚自己的角色，更能调控自己的不良情绪和行为，知道与同伴交往的办法，更容易出现分享、谦让、互助、安慰等亲社会行为，也更容易获得同伴的认可，与同伴建立良好的关系。

（2）自我意识是学前儿童实现社会发展的基础

自我意识能够使人清楚地认识自身价值，促进个体积极认识、适应、改造客观世界。学前期是幼儿自我意识发展的时期，良好的自我意识有助于幼儿形成完整的自我角色，逐渐形成与客观需要相适应的良好品质，实现与客观世界的积极互动，如童年时期的周恩来，就立志奋发图强，报效祖国，所以在随后的一生中都在为这一追求而努力。

## （三）学前儿童自我意识发展的年龄特征

自我意识不是与生俱来的，而是有一个发生、发展的过程，学前期是自我意识发展的关键时期。

### 1. 3 岁前儿童自我意识发展特点

1 岁前，婴儿没有自我意识，认识不到自己的存在，更不能把自己与周围环境区分。

1 岁左右，婴儿产生了对自己动作的意识，能够意识到自己产生的动作，对自己的存在有了朦胧的意识。

1 岁后，随着认识和语言能力的发展，婴儿开始对自己的身体各部位有了意识，能说出自己身体各部位的名称，也能够用名字来表达自己的要求。

2～3 岁，当幼儿对自己的称呼由名字变为“我”的时候，标志着他（她）能够把主体与客体、自我与非我分开了，所以掌握代词“我”是幼儿自我意识形成主要标志。

### 2. 3～6 岁儿童自我意识发展特点

（1）3～4 岁儿童自我意识发展

自我中心倾向明显发展。3～4 岁的幼儿有比较明显的自我中心倾向，独立意识明显发展，格外强调“自我”，如“这个玩具是我的，你不能玩”，“我自己吃饭，不用你帮”等。

自我评价带有主观性。3～4 岁的幼儿自我评价带有非常强的主观性，自我评价往往不考虑具体的实际情况。例如，问 3 岁的乐乐：“谁的舞跳得好啊？”他往往不加思索地脱口说“我啊”。

自我体验容易受生理影响。3～4 岁的幼儿自我体验与生理关系比较密切，容易受暗示，如不高兴往往是由于生理的不舒服或困了、饿了等原因引起的。

自我调节能力弱。自我控制是幼儿对自身的心理与行为的主动掌握，是在没有外界监督的情况下，抵制诱惑、调节自己行为，保证目标实现的能力，3～4 岁幼儿自我控制水平低，往往不能抵制外界诱惑，实现延迟满足。

(2) 4～5 岁儿童自我意识发展

自我认识发展的关键时期。4～5 岁是幼儿自我意识发展的关键期，借助于语言理解能力的发展，幼儿在自我认识、自我体验与自我调节等方面都有快速的发展。

自我评价具有依从性。4～5 岁的幼儿能够进行自我评价，但往往具有依从性，只是对成人评价的重复，如“老师说我是好孩子”。

自我体验发展迅速。4～5 岁的幼儿可以用语言表达自己内心的感受，如“我不高兴”“我不喜欢你”等，自信心发展比较明显。

自我监控能力发展处于过渡时期。4～5 岁的幼儿产生了一定的自我调节能力，由依赖成人的外部调控向逐步能够自我调控发展，能够清晰地认识自己的行为，如正在开小差的幼儿听到老师说“注意了”，自己能够停止其他活动，眼睛看向老师，这一时期，幼儿延迟满足能力也得到一定程度的发展。

(3) 5～6 岁儿童自我意识发展

自我认识发展迅速。5～6 岁的幼儿不仅能够对自己的外在行为有比较清晰的认识，对自己的内心活动也能认识，能主动发起活动或在活动中主动出主意、想办法。

自我评价具有独立性。5～6 岁的幼儿对成人的评价会有自己的态度，如果成人对他的评价不符合实际情况，他往往会提出疑问或申辩。此时期，幼儿的自我评价独立性逐渐发展起来，并逐渐向具体、细致、客观、全面的方向发展。

自我体验逐渐深刻。5～6 岁的幼儿与别人见解不一致的时候，能够坚持自己的意见，并说出理由，会对自己做了不好的事情感到害羞，并希望成人能为自己保守秘密。

自我调控能力明显提高。5～6 岁的幼儿独立性和自主性不断提高，学会了使用简单的控制策略，对自己的行为进行调控，如在活动中遇到困难，能够坚持，而不轻易求助。

### (四) 学前儿童自我意识教育的策略

#### 1. 尊重和培养学前儿童的独立意识

自我意识是幼儿独立性发展的基础，成人要尊重幼儿的独立意识，对他们合理的自主行为不粗暴制止和专制干预，要在尊重、保护幼儿独立性的基础上引导幼儿开展各种活动，从小培养他们独立生活、自我服务的能力。

(1) 开展活动，引导学前儿童克服自我中心倾向

幼儿出现自我意识之后，对自我格外强调，再加上家长溺爱等不良教育方式的影响，使得他们的“自我中心”倾向不断膨胀，为了克服这种现象，要开展多种活动，引导幼儿正确认识自我，如开展“我是谁”“我有什么优点”“我有什么缺点”等活动，逐渐引导幼

儿发现自己的优点和不足。再如，在集体活动中通过开展“大家一起玩一玩”“一起看一看”等活动，引导幼儿逐步学会与他人一同分享图书、玩具等物品；一同分享好吃的食物的；一同分享快乐、伤心等情绪，逐步学会等待、谦让、宽容、合作、同情等良好的心理品质和行为。

（2）充分信任，放手让学前儿童做力所能及的事情

无论在家庭生活还是在幼儿园的一日生活中，成人都要有意识地为幼儿提供自主活动的机会，对他们有足够的信心和耐心，允许他们自己的事情自己做，如自己吃饭、穿衣、上床睡觉、收拾自己的物品等，尽管这个过程可能存在不尽如人意的地方，如可能穿衣服比较慢，可能把饭吃的到处都是，但成人不能包办代替，不能操之过急，更不能求全责备，要及时地进行鼓励，教给他们做事的方法，树立他们的自信心，逐渐引导他们学会独立做事。

（3）提供机会，鼓励学前儿童自己解决问题

独立、自主地解决问题是幼儿独立意识在活动中的具体表现，也是检验发展水平的依据，成人可以有意识地为幼儿创设一定的困难情境，引导幼儿自己想办法解决问题，战胜困难。《指南》要求：“在保证安全的情况下，支持幼儿按照自己的想法做事或提供必要的条件，帮助他实现自己的想法。”在这个过程中，不能因为幼儿在解决问题的过程中，出现了哭闹等行为，就“心软”或“妥协”而导致前功尽弃，要在引导或陪伴他们克服困难的过程中，逐步提高他们的自我服务、自我管理能力。

### 2. 提高学前儿童的自我评价能力

幼儿的自我评价带有依赖性、片面性和主观性的特点，往往不能独立地、全面地、客观地对自己做出恰当的评价，常出现自我评价过高或过低的情况。过高的自我评价，会导致自我膨胀、自高、自大等行为问题；过低的自我评价又会使幼儿自卑，缺乏自尊心和自信心。因而恰当的自我评价是幼儿自我意识发展的基础。幼儿的自我评价往往以教师的评价为参照，因此，教师对幼儿进行评价时要注意从以下几个方面引导，为幼儿形成恰当的自我评价奠定基础。

（1）评价要以鼓励为主

教师要在各项活动中寻找幼儿身上的闪光点，即使是幼儿在活动中表现出不足，也要注意从鼓励的角度提出努力的期望，如“奕奕今天问老师好了，老师真高兴，如果明天声音再大点声就更好了”或者“明天不用妈妈提醒就更好了”等。

（2）评价要客观具体

有的老师在评价孩子的时候，常说“你真棒”“你真聪明”“你真笨”等，这样简单的评价不仅过于笼统，还给孩子贴上了各种的标签，不仅无助于幼儿评价能力的发展，还会带来一些不良影响。由于“我真聪明”，所以，就不用努力了；“我真棒”，我做的比别人都好，所以，容易就骄傲自满；“我真笨”，我什么都做不好，干脆不做了。所以，教师的评价要客观具体，既要对幼儿的优点进行积极的鼓励，还要提出他们进一步努力的方向。

(3) 评价要注重过程

每位孩子都是不同的,《指南》指出:"切忌用一把'尺子'衡量所有的儿童",更不能采用横向比较的方式。"丽丽得了一百分,你为什么没得?""贝贝有礼貌,你怎么就不行?"教师在评价的时候,要关注幼儿在活动中付出的努力和获得的体验,用发展的眼光看待每一位幼儿的成长,让他们自己与自己比,"支持和引导他们从原有水平向更高水平发展"。

(4) 要创造评价和自我评价的机会

教师要通过开展丰富多彩的活动,为幼儿的交往和表现提供机会,在活动中捕捉评价或自我评价的契机,如"乐乐帮小朋友系鞋带,乐乐哪个地方做的好?""刚才画的这幅画,哪些地方画的好,哪些地方没画好?"通过评价与自我评价,引导幼儿明辨是非、好坏,明确自己身上的优点和存在的不足,把外部的行为逐渐内化为优秀的品质。

### 3. 增强学前儿童自我调控能力

(1) 发挥榜样的作用

榜样对自我调控能力能起到强有力的模范作用,教师要善于发现身边的模范典型,及时为幼儿树立模仿的对象,如"明明摔倒了,没哭,真勇敢,小朋友们都要向明明学习"。教师还可以利用文学作品及游戏中的人物事迹感染幼儿,引导他们积极体验,进而把这些良好的体验付诸行动。

(2) 重视同伴交往活动

同伴交往对于幼儿的行为发展具有重要的作用,教师要鼓励幼儿多与同伴交往,及时纠正幼儿在同伴交往中的不恰当的行为,引导他们在交往过程中学会轮流、等待、分享等良好的行为,促进幼儿自我控制水平的提高。

(3) 善用"延迟满足"

"延迟满足"就是当幼儿提出要求的时候,成人不立即满足,而是间隔一定的时间或有条件地满足,这可以培养幼儿抵抗诱惑的能力,在克服困难、战胜自我的过程中,提高自我控制能力。

### 4. 开展有针对性的自我意识教育活动

(1) 利用区域游戏提高学前儿童自我认识能力

在区域游戏中,幼儿有更大的自主性和自由度,能够较好地自我学习、自我体验、自我认识。角色扮演游戏中,幼儿通过扮演各种社会角色,学习承担各种社会职责,遵守各种社会规范,逐渐掌握社会行为准则。如在娃娃家中提供各种角色扮演的材料,幼儿在角色扮演的过程中,实现对不同角色的认知,体验不同角色的情绪、情感需要;再如在建构游戏区域,通过鼓励幼儿与同伴一起合作完成建造活动,让幼儿在共同游戏中认识自己的能力,体会合作的乐趣;幼儿通过操作各种玩具,逐渐将在游戏中获得的行为规则转化为主体意识。在区域游戏活动,幼儿对自己的兴趣、爱好、特长、能力等都会有一定的认识,并逐渐学会自我调节,从而提高自我意识的发展水平。

(2) 利用集体活动提高学前儿童自我体验水平

集体活动是幼儿共同学习与生活的平台。在集体活动中，幼儿的自尊心、自信心等心理品质可以得到有效的锻炼。如针对自信心比较弱的幼儿，教师要多鼓励他们在集体面前发言；艺术活动中，鼓励他们大胆表现，通过讲故事、朗诵诗歌、表演唱等方式，丰富幼儿获得认可的途径，使幼儿获得积极的自我体验，提高活动的自信心。

(3) 利用体育游戏提高学前儿童自我控制能力

幼儿园体育游戏是幼儿喜闻乐见的活动形式，不仅促进幼儿身体、心理等方面和谐发展，也具有较强的集体性和规则性，如在竞赛类的体育游戏中，幼儿想要为集体争取优异的成绩，就要克服胆小、懒惰等障碍，付出一定的努力，战胜恐惧、挑战自我；在遵守体育活动规则的过程中，幼儿要学会忍耐、坚持，延迟满足、自我控制等良好的心理品质也得到发展。

## 二、学前儿童性别意识教育

### (一) 性别意识的含义

性别意识是自我意识的重要内容，幼儿性别意识包括性别辨认、性别角色和性别概念三部分。性别辨认即认识到并辨认出自己或他人所属的性别，知道自己是男性或女性，别人是男性或女性。性别概念是对性别属性在社会层面的认识，即知道世界上有男、女两种性别，男性和女性是不一样的。性别角色是以性别为标准进行角色划分的形式，是社会对男性和女性在行为方式和态度上期望的总称，如要求男孩勇敢、坚强；女孩要听话、乖巧等。幼儿性别角色的发展是以性别概念掌握为前提的，即只有当他知道男孩儿和女孩儿是不同的，才能进一步掌握男孩和女孩不同的行为标准，在对性别角色认识的基础上，逐渐形成的较为稳定的行为习惯。

### (二) 性别意识的年龄特点

男、女两性的差别是由遗传带来的，人类出生的时候，就已经宣布了生理性别，但性别意识的形成，则是后天环境和教育的结果，幼儿性别意识的发展经历了五个发展阶段：

#### 1. 基本性别意识阶段(0～2 岁)

幼儿能够把成人频繁对自己性别的称谓当成自己的认识标签，明白这些语言是指向他们的，6 个月左右，能够区分出男性和女性的声音，1 岁左右，能够区分出男性和女性的照片，并初步将不同性别的声音进行匹配。

#### 2. 性别认同阶段(2～3 岁)

幼儿性别概念的掌握是指既能认识自己的性别，又能认识他人的性别。幼儿对他人性别的认识是 2 岁开始的，但这时，他们还不能准确说出自己是男孩还是女孩，直到 2 岁半，绝大多数幼儿不仅知道了自己的性别，而且也有了关于性别角色的初步知识，如女孩更愿意玩娃娃，男孩更喜欢玩汽车、刀枪等；女孩表现出愿意与女孩一起玩的行为倾向，对父母的要求表现出比男孩多的遵从。但是，这时，他们虽然知道自己是男孩或是女孩，性别的恒常性却没有建立起来，对性别的认识往往受外界情境的影响。例如，妈妈问2岁的女儿："爸爸是男孩还是女孩？"女儿说："男孩。"妈妈又问："那你是男孩还是女孩？"女儿说："女孩，长大了，我就变成男孩啦。"

3. 性别稳定阶段(3～4岁)

随着年龄的增长，幼儿的性别知识逐渐丰富，学会从生理特征、发型、衣着上来辨别男性或女性，对自己或他人性别的认识，能接受与性别习惯不符的行为偏差，如男孩穿裙子，女孩留短发等，对异性比较感兴趣，如互相观察私密部位等。

4. 刻板认识阶段(4～5岁)

这一时期，性别认识具有自我中心的特点，出现了明显的刻板印象，不仅自己愿意遵守社会性别的行为规范，还要求别人也遵守，如认为男孩就要胆大、勇敢，不能哭，谁哭了就会遭到嘲笑；女孩就要文静，可以胆小等。在游戏中也按照这一规则安排角色，不能接受打破刻板印象的行为，如女孩不能扮演爸爸，男孩不能扮演妈妈等。

5. 性别恒常阶段(6～7岁)

性别恒常即懂得了人的性别不会随着服饰、形象或活动的变化而变化，幼儿不仅对男孩和女孩在行为方面的差别越来越清楚，也懂得了性别稳定和恒常的特点，性别恒常性是幼儿性别意识发展的里程碑，他们能够认识到一个人外貌或活动的变化与性别无关，男孩即使穿裙子，也依然是男孩，女孩穿着男孩的衣服也依然是女孩。

### (三) 学前儿童性别意识的教育策略

性别教育是学前教育的组成部分，开展适宜的性别教育对学前儿童身心健康、社关系及社会行为的形成都具有重要的意义。

1. 引导学前儿童正确认识自己的性别

性别认识是性别教育的基础，教师要结合幼儿对性别差异的好奇心，根据不同年龄阶段的具体表现，有针对性地开展各种性别认知教育活动，引导幼儿对男、女性别的生理结构、心理活动、行为表现、社会期待等产生一定的认知，知道自己是从哪里来的，知道自己或他人的性别特点，为性别意识教育奠定基础。

2. 实施性别角色认同教育

要在日常生活中潜移默化地对幼儿进行性别认同教育，把性别角色教育贯穿于家庭和幼儿园的一日生活中。如在环境布置、物品选择上，体现幼儿的性别差异、角色特点，创设有利于性别教育发展的物质环境，同时，成人也要为幼儿树立良好的行为榜样，在生活中提供清晰的性别导向，如妈妈要温柔、体贴，爸爸要勇敢、有担当等。同时，在幼儿与异性的交往过程中，注意营造和谐的性别文化氛围，帮助他们理解性别的差异，学会平等学习、平等交流，促进男孩与女孩之间的交往与合作，正确认同性别角色，为幼儿塑造健全人格奠定的基础。

3. 注意性别角色的互补

虽然男、女存在性别差异，但是把男、女性别角色固定化，要求男孩、女孩必须怎样做，也是不合理的，要转变传统观念，给男孩、女孩创造平等的发展机会，在活动中，挖掘男孩、女孩各自的特长，让他们充分、自由、全面地发展，同时，还要从幼儿的心理差异出发，鼓励男孩的细心、友爱的品质，引导他们动静结合；鼓励女孩勇敢、坚强，帮助她们树立女孩也能“当警察”“当战士”的愿望。在阅读、游戏等活动中要注意通过对阅读材料的选择和游戏材料的投放，建立平衡的、多元的男、女性别形象，相互取长补短，引导幼儿获得不同社会角色的体验，促进性别角色健康发展。

4. 采取一致的评价标准和奖惩措施

现实生活中，教师往往采用不同的评价标准评价不同性别的幼儿，如男孩自控能力较弱，在活动中遵守规则没有女孩好，教师对男孩评价时，通常会比较严厉，而对女孩则相对宽容，这种评价差异无意中强化了男、女性别角色的对立，对幼儿性别角色的形成往往具有不良的导向作用。不同的性别表现是男、女性别差异导致的，而非主观行为，所以，在活动中对男孩的淘气可以少控制、多引导；对女孩的怯懦，少否定、多鼓励，不能因为是男孩或是女孩就给予不同的待遇，而应采取一致的评价标准和奖惩措施。

## 岗位对接

### 幼儿园自我意识教育主题活动：独特的我

【活动背景】

在这个世界上，每个人都是独一无二的。每个生命都有属于自己的生命轨迹。我是谁？我有哪些优点与缺点？我觉得自己还可以是……一个又一个的问题，将促使孩子们不断追问与思考，在现实层面与心理层面对自己有更加清晰与完整的认识。

在主题活动“独特的我”中，孩子们从了解自己的外貌特征入手，描绘出“我的样子”，了解“我的身体”，通过对自己优、缺点的认识，了解与接纳真实的自己，最后，发挥想象力与创造力，对自我再描述与再认识，最终，在追寻心中的“千面英雄”的活动中，完成自我梦想的塑造。

【主题目标】

1. 知道每个人都是不一样的，知道自己与众不同的地方。

2. 能大胆说出自己的优点与缺点，并倾听他人描述的“自我”形象，客观地认识自己。

3. 体验与众不同的自我给自己带来的喜悦，感受与同伴分享自我的快乐。

【活动策略】

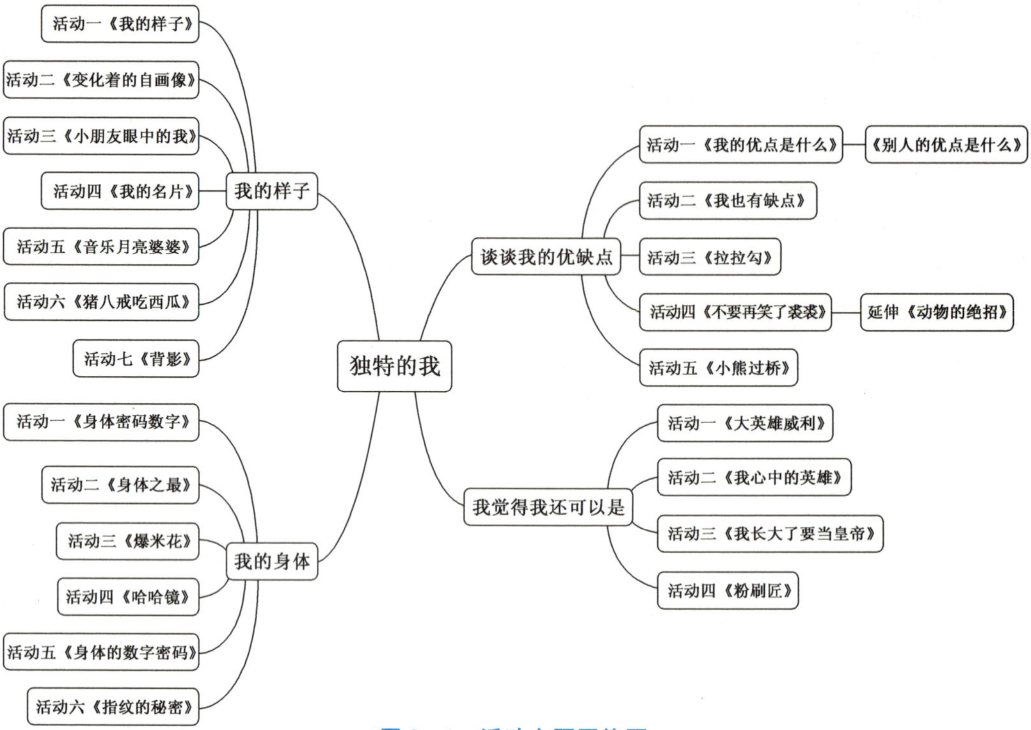


图 3－1　活动主题网络图

**情景一:我的样子**

在这一周里,孩子们通过“我的自画像”“变化着的自画像”“小朋友眼中的我”“我的名片”四个活动,初步了解自己,对自己的典型特点有了整体的了解和认知。在此基础上,通过畅游活动“我是谁”“我很重要”感受自我的力量。

活动 1　我的自画像

有的孩子把真实的自己画了出来,有的孩子把想象中的自己画了出来,孩子们对自己的认识拥有不同的视角。

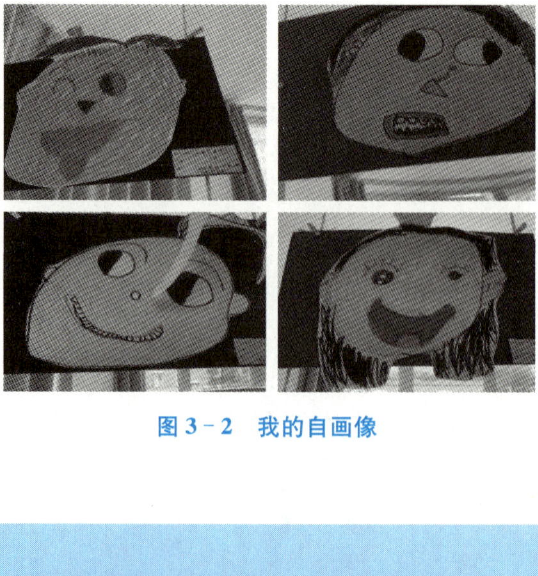

图 3－2　我的自画像

活动 2　变化着的自画像

通过观察，对比现在的自己和小班阶段的自己身体的变化，真实感受自己的成长带来的变化，发现藏在时间里的秘密。

图 3-3　变化着的自画像

活动 3　我的名片

制作名片看似简单，但实际上是对前几个活动的整合。教师以制作名片为契机，引导幼儿对“我是谁?”“我有什么优、缺点?”进行全面的思考。

图 3-4　我的名片

活动 4　我的背影

朱自清先生的《背影》深深地打动着每一位读者，很多时候，我们往往只关注了自己的正面形象，如五官、身高、体重，而忽视各自的背影，但从背影中，我们也可以发现独特的自己。

图 3-5　我的背影

**情景二：我的身体**

活动 1　身体里的数字密码

孩子们在讨论操作的过程中，探索蕴藏在自己身体中的数字，知道每个数字背后包含的身体秘密。

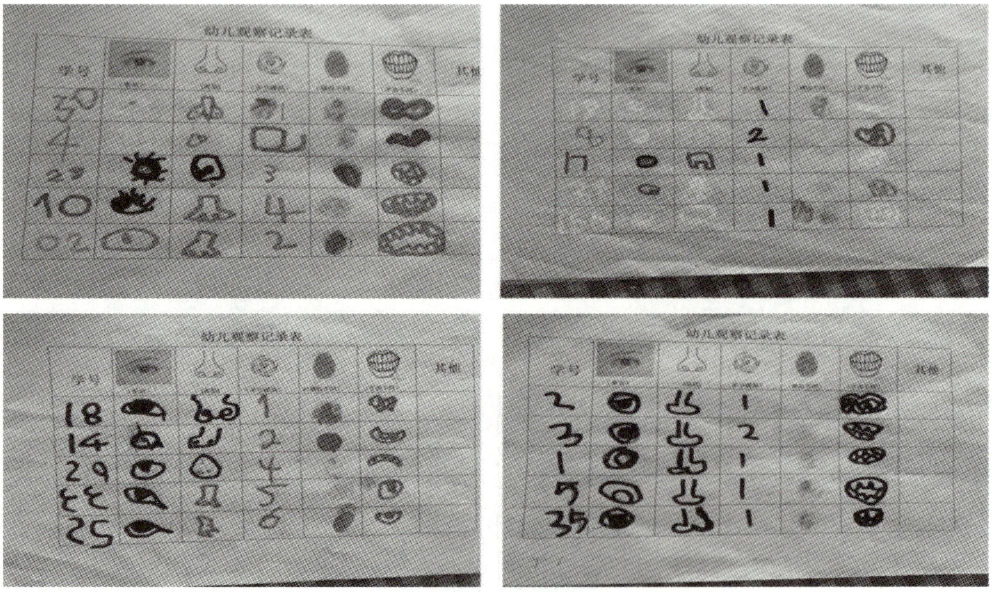


图 3-6　身体的数字密码

活动 2　身体之最

本次活动中，幼儿通过游戏的方式，对“身体之最”进行了探索，知道了人体最薄的皮肤——眼皮；人体最小的骨——听小骨；人体最高级的神经中枢——大脑皮层；人体最厚的皮肤——手掌和足底的皮肤等“身体之最”，体验了不同的比较方式，发现了一些有趣的现象，更加客观地认识了自己，懂得了“我们的身体很重要，我们要好好爱护它”的道理，也明确了为了让自己的身体更强壮、更健康，需要努力的地方和具体的做法。

**情景三：谈谈我的优缺点**

活动 1　谈谈我的优点

在“我的优点是什么”的话题讨论中，幼儿表达了自己对“优点”的认识。有的孩子从内在的品质方面来表达自己对优点的认识，有的孩子从自己掌握的技能方面来表达自己的思想，也有的孩子从自己的兴趣爱好方面来进行阐述。通过这样的探讨，孩子们不仅发现了自己的优点，还增进了同伴间的了解。

同时，教师进一步延伸：自己身上有优点，那别人身上有哪些优点呢？围绕这个话题继续进行探讨，引导孩子们把关注点从自己身上转移到了他人身上，在夸别人和被别人夸的过程中，形成恰当的自我评价。

图 3－7　我的优点有哪些

活动 2　绘本阅读：《不要再笑了裘裘》

这是一个充满着悬念和惊奇的故事，主要讲了负鼠妈妈教小负鼠——裘裘学习一项躲避敌人追击“装死”的本领，但听故事的过程中，裘裘却一直在笑，总也学不会，后来森林里真的来了一头大熊，在紧急时刻，裘裘终于成功装死，保护了自己。

在对故事情节的讨论中，孩子们知道了自然界的动植物都有自己独特的生活方式，都有可以保护自己的本领，也像我们每个人身上都有闪光点一样，由此，话题也衍生出一节有趣的科学活动——与众不同的动植物。

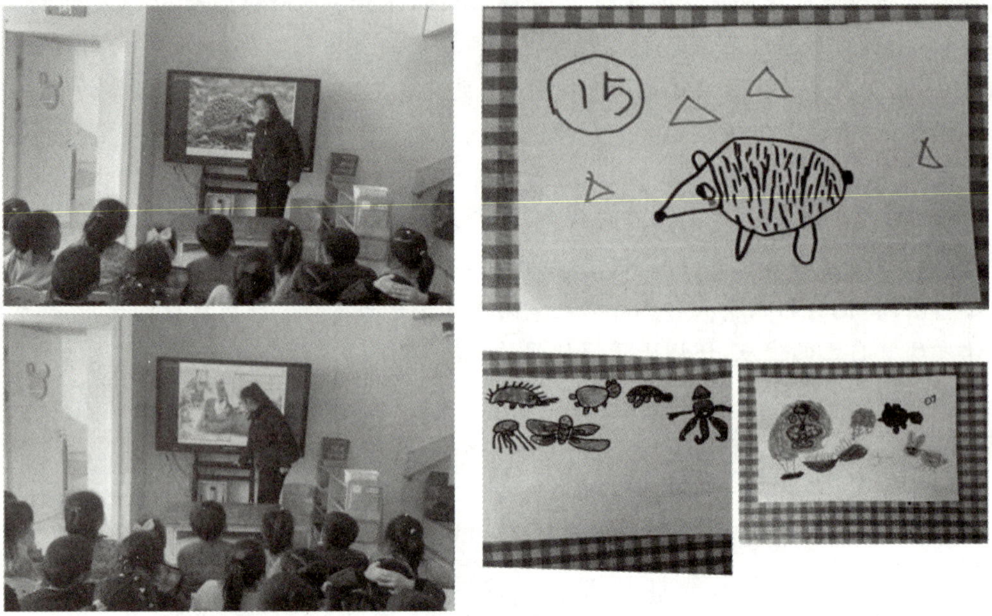


图 3-8　与众不同的动植物

**情景四：我觉得我还可以是……**

活动 1　绘本阅读：《大英雄威利》

在成长历程中每个人的经历不同，擅长的本领也不同，但只要你愿意，就一定能在自己擅长的领域中做出轰轰烈烈的事。绘本故事《大英雄威利》中的威利是一个普通的大猩猩，但是后来却成为朋友们心目中的大英雄，这到底是怎么回事呢？通过阅读绘本，孩子们了解了威利被称为英雄的原因，在表达自己对英雄的敬意的同时，他们的思维也开阔了，体验更深刻了。有的孩子说："每个人都是英雄，因为英雄是各种各样的，每位英雄的本领也不一样。"大猩猩威利成为英雄之路，也让孩子们的内心变得越来越强大，越来越有力量。

活动 2　谈话：我心中的英雄

你想成为英雄吗？你心目中的英雄是谁？他做了什么事情成为英雄？我们要怎样做，长大了才能成为英雄？通过谈话活动"我心中的英雄"，幼儿对英雄的形象产生了敬慕之心，对英雄的事迹产生了学习的动力，激励他们在一日生活中不断鞭策自己，努力完善自己。

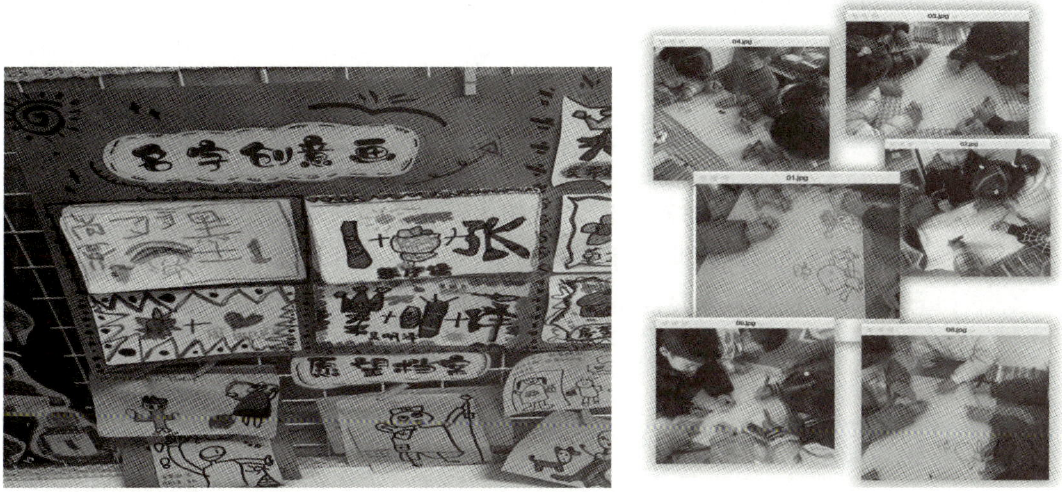


图 3－9　我心中的英雄

【案例反思】

自我意识的形成是幼儿社会化进程中非常重要的内容，也是幼儿个性形成的重要条件。因此，帮助幼儿清晰地认识自己和他人，了解自己在幼儿园、社区、家庭中的表现，是一件非常重要的事情。通过开展“我的自画像”“变化着的自画像”“小朋友眼中的我”“我的名片”“我心中的英雄”等活动，孩子们不仅对自己的外在特点有了完整的认知，对自己的内心活动也有了一定的体验，对“我是谁”“我的重要性”有了深刻的感知，也感受到了自我成长的力量，同时，对“自己未来要成为什么样的人？应该怎样做？”进行了朦胧的思考，通过活动在幼儿的内心深处，播种了真、善、美的种子。

# 任务二　学前儿童自我意识教育活动的设计与实施

## 学习情境

自我意识对学前儿童个性的发展具有重要调节作用，自我意识教育可以帮助学前儿童正确认识自我，产生积极的自我体验，学会自我调节和自我控制，促进学前儿童更好地自我教育、自我完善。本任务主要依托《幼儿园教育指导纲要（试行）》和《3—6 岁儿童学习与发展指南》中关于自我意识发展的要求，重点阐述学前儿童自我意识教育活动设计及实施的基本要求。

## 学习目标

1. 掌握自我意识教育活动各环节设计、组织及实施的基本要求。
2. 能够设计完整的自我意识教育活动方案，并开展教育活动。
3. 愿意参加研讨活动，体验合作组织自我意识教育活动的乐趣。

## 任务书

请根据故事《我喜欢我自己》为中班幼儿设计相关的社会教育活动。

1. 个人学习：请为中班幼儿设计一个完整的自我意识教育活动方案。
2. 小组学习：小组讨论，选出最佳活动方案并拍摄成微视频。

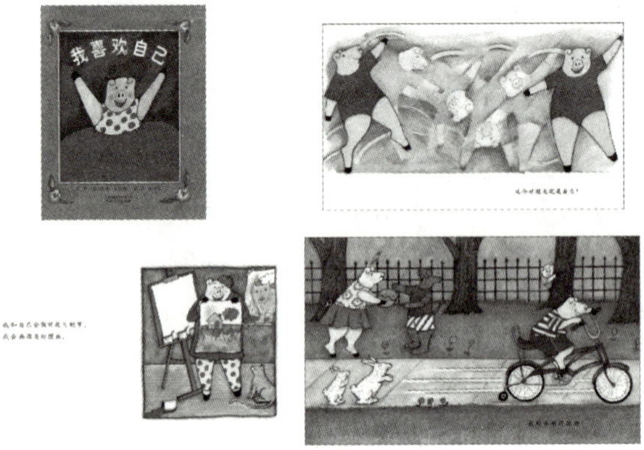


图 3－10　绘本《我喜欢我自己》

扫码查看
参考答案

## 工作实施

### 3.2.1　自我意识教育活动的目标

引导问题 1：《纲要》中提出的幼儿自我意识教育活动的要求有哪些？

______________________________________________

______________________________________________

______________________________________________

扫码阅读《纲要》
《指南》中相关内容

引导问题 2:总结《指南》中小、中、大班幼儿自我意识教育的年龄阶段目标。

引导问题 3:请小组讨论下列目标中存在的问题。

活动名称:我喜欢我自己(中班)

活动目标:

1. 知道自己外貌或服装的主要特点。
2. 让幼儿产生主动表达的积极性,能说出自己的主要特点。
3. 愿意在集体面前大胆表达自己的想法。

**小提示**

目标的表述要体现学前教育的专业性要求:

1. 表述要适宜,体现对学前儿童发展的促进。
2. 要突出重点,体现自我意识教育活动的特点。
3. 表述的角度要统一,体现幼儿的主体地位。

引导问题 4:完成中班社会教育活动“我喜欢我自己”的目标设定。

引导问题 5:开展“我喜欢我自己”活动前需要具体做好哪些准备?

**小提示**

绘本阅读一定要创设适宜的阅读环境。阅读环境主要包括物质环境和精神环境,精神环境主要体现在阅读氛围要宽松自由。《指南》指出:“应为幼儿提供良好的阅读环境和条件,如提供安静的地方,尽量减少干扰,保证幼儿自主阅读”。

物质环境主要体现在：为幼儿提供充分的阅读时间，确保幼儿能够时间充分地读自己喜欢的读物，并有一定的阅读空间，确保阅读场所光线充足，宽敞舒适，有适合幼儿身高的书架和桌椅，便于幼儿取放阅读材料。

### 3.2.2 自我意识教育活动的设计流程

引导问题6：请为中班社会活动“我喜欢我自己”设计完整的活动方案。

| | |
|---|---|
| 活动名称 | |
| 活动目标 | |
| 活动准备 | |
| 活动过程 | 导入：<br><br>环节一：<br><br>环节二：<br><br>环节三：<br><br>环节四：<br><br>结束环节：<br><br>活动延伸： |

学前儿童自我意识教育是指教师根据教育目标，通过有目的、有计划、有组织的活动对学前儿童开展多方面的引导，发展学前儿童的自我认知、自我体验和自我调控能力，促进学前儿童学会自我管理和自我服务的教育活动。

## 一、学前儿童自我意识教育活动目标的制定

### （一）自我意识教育目标的制定要以《纲要》《指南》为依据

《纲要》社会领域目标要求："能主动参加各项活动，有责任心"，"能努力做好力所能及的事情，不怕困难，有初步的责任感"，为我们指出了幼儿在自我意识教育方面的培养方向，同时也提出了教育要求："为每一位幼儿提供表现自己长处和获得成功的机会，增强自尊心和自信心"，"提供自由活动的机会，支持幼儿自主选择计划和活动，鼓励他们通过多方面的努力解决问题，不轻易放弃克服困难的尝试"。

《指南》在各领域都渗透着自我意识教育的要求，具体体现在：

健康领域：经常保持愉快情绪，知道引起自己情绪的某种原因并努力缓解；养成能主动参加体育活动的习惯；养成每天按时睡觉和起床的习惯，能根据冷热增添衣物等。

语言领域：愿意表达自己的需要和想法；说话声音自然，大小适中；能依据所处情境，恰当使用语言等。

社会领域：有自己喜欢的好朋友；会用介绍自己、交换玩具等简单技巧加入同伴游戏；知道别人的想法和自己不一样，能倾听和接受别人的意见，不能接受时能说明理由；能根据自己的兴趣选择游戏或其他活动；自己的事情自己做，不会的愿意学；主动承担任务，遇到困难能够坚持而不轻易求助；与别人看法不同时，敢于坚持自己的意见，并说出理由；知道与自己一起生活的家庭成员及与自己的关系，体会到自己是家庭中的一员；喜欢自己所在的幼儿园和班级；知道自己是中国人；知道自己的民族等。

科学领域：对自己感兴趣的事情总是刨根问底；能用自己的方法验证自己的猜测；能感知和体验天气对自己生活和活动的影响；能注意物体比较明显的形状特征，并能用自己的语言描述；能辨别自己的左右等。

艺术领域：艺术欣赏时常常用表情、动作、语言等表达自己的理解；积极参加艺术活动，有自己比较喜欢的活动形式；能用多种工具、材料或不同的表现手法表达自己的感受和想象；能自编自演故事；能用自己制作的美术作品布置环境、美化生活等。

综上，在制定自我意识教育活动目标的时候，要充分理解《纲要》的总目标和《指南》在每个领域、每个年龄阶段中的具体要求。

### （二）自我意识教育目标的制定要结合学前儿童的年龄阶段特点

学前儿童自我意识发展具有鲜明的年龄阶段特点，所以，自我意识教育也要符合学前儿童不同年龄阶段的需要。

#### 1. 小班自我意识教育目标

小班幼儿以动作思维为主，借助于直接感知和实际操作认识事物，在自我意识方面的表现是以自己的身体和动作为中心认识自己和外界事物，不能把自己的思想与他人

区分，认为他人与自己是一样的。因而小班幼儿自我意识教育目标应围绕正确认识自己、有自己的活动意愿及独立自理的生活能力等。

表 3-1　小班幼儿自我意识教育目标

| 自我认识 | 自我体验 | 自我控制 | 性别意识 |
| --- | --- | --- | --- |
| 认识自己，知道自己的姓名、性别、年龄；知道自己与别人不同；知道自己与家庭成员的关系 | 了解自己的情绪，能初步感知他人对自己的关爱；能用简单的语言表达自己的情绪和需要；具有初步的自信心 | 能够自己选择活动，在成人鼓励下能够独立做简单的自我服务；能有始有终地完成简单任务 | 知道自己或别人的性别，能说出不同性别显著的生理或心理特点 |

2. 中班自我意识教育目标

中班幼儿自我意识逐渐发展，从主要对自己生理特征的认识发展到对自己的社会角色与心理活动的意识。中班幼儿自我意识教育的目标应围绕正确认识自己与他人的关系、增强自信心、提高自我服务能力等方面。

表 3-2　中班幼儿自我意识教育目标

| 自我认识 | 自我体验 | 自我控制 | 性别意识 |
| --- | --- | --- | --- |
| 能够按照自己的想法开展活动；自己的事情能够自己做；能说出自己的身体特征；知道自己的性别是不变的；知道自己的喜好；能对自己和他人进行简单评价 | 对自己好的做法感到高兴；能够用较为平和的方式表达情绪，并逐渐控制自己的消极情绪；具有初步的责任心、同情心和责任感，愿意为有需要的人提供帮助，并在帮助别人的过程中产生自豪感 | 能够有始有终地帮助家长做简单的家务，与老师一起完成值日等活动；敢去尝试有一定困难的活动，并坚持到底；能表达自己的想法和感受，具有基本的控制自己的情绪和行为的能力，遇到困难能想办法克服 | 知道不同性别都有优点或不足，喜欢和接纳自己的性别，为自己是男孩（女孩）而感到高兴 |

3. 大班自我意识教育目标

大班幼儿自我意识迅速发展，对自我的认识比较全面，并逐渐形成自己的评价标准，能够对自己及周围的人和事物做出比较全面的评价，独立性及活动能力不断提高。

表 3-3　大班幼儿自我意识教育目标

| 自我认识 | 自我体验 | 自我控制 | 性别意识 |
| --- | --- | --- | --- |
| 能够按照自己的想法开展活动；自己的事情能够自己做好；能具体地评价自己，知道自己的优缺点；能够对他人进行比较客观的评价。 | 具有较强的自尊心和自信心；对自己好的做法感到高兴；做不好的时候，会感到难过或内疚；能够用较为恰当的方式表达自己的情绪或要求。 | 初步学会明辨是非，懂得应当学习好榜样，远离不良行为；能逐渐控制自己的消极情绪；能够独立解决日常生活中遇到的困难。 | 知道自己或他人的性别是不变的，能发挥自己性别的优势，做力所能及的事情。 |

### （三）自我意识教育目标的制定要体现活动的维度要求

通过自我意识教育要在学前儿童原有经验的基础上，实现自我认知、自我体验以及自我调控能力三方面的发展，因此自我意识教育活动目标也要从三个维度进行表述。

#### 1. 认知维度

认知维度的目标主要强调幼儿在自我意识形成与发展过程中的认知层面的要求，如对“我是谁”“我的性别”“自我及自我与客观世界的关系”的认识，对自己应该做什么、不能做什么的了解，对自己及他人的行为及性别进行评价等，如小班社会活动“好听的名字”中，认知目标可以表述为“知道每个人都有属于自己的名字，知道自己名字的由来”。

#### 2. 能力维度

能力维度的目标主要强调幼儿在自我意识发展过程中，动作、技能维度的发展的要求，侧重于幼儿自我服务、自我管理能力，如能够自己的事情自己做，具有一定的生活自理能力；能够发挥性别优势，帮助教师或家长做力所能及的事情；对自己情绪、情感的自我控制等，如小班社会活动“好听的名字”中，能力目标可表述为“能大声说出自己的名字，并能讲述自己名字的由来”。

#### 3. 情感维度

情感维度的目标主要强调幼儿在自我意识发展过程中情绪、情感方面的发展目标，侧重于幼儿自我意识中自我体验的层面，如对积极与消极情绪的自我体验，对自己身为男孩或女孩的体验；在活动中自主、自尊、自信心的表现，获得积极评价后的自豪感等，如小班社会活动“好听的名字”中，情感目标可表述为“喜欢自己的名字，为自己的名字感到自豪，并愿意在集体面前大胆介绍”。

## 二、学前儿童自我意识教育活动内容的选择

学前儿童自我意识教育是引导幼儿对自己的身心发展状况及与周围人际关系形成正确认识，产生积极自我体验，学会自我服务、自我管理的活动，结合自我意识教育活动目标，自我意识教育活动内容也从自我认识、自我体验、自我调控三个方面开展。

### （一）自我认识教育活动

自我认识是在认知层面对自己的意识，是自我体验和自我调控的基础，学前阶段的自我认识教育活动主要包括自我概念教育活动和自我评价教育活动，如通过开展“我是谁”“我有什么爱好”“我喜欢我的好朋友”“我的优点与缺点”等活动，引导幼儿对自己的身体状况、心理状况、自己与周围世界的关系等产生认识，如“我的名字”“我是谁”“我长大了”“妈妈，你别说我小”等。

表 3－4　学前儿童自我认识教育活动的内容

| 教育内容 | 维度 | 具体表现 | 活动内容 |
| --- | --- | --- | --- |
| 自我概念 | 生理自我 | 身高、体重、性别、相貌、健康状况等身体特征 | 我的名字<br>我的性别<br>我是男孩(女孩)<br>我的身高 |
| | 心理自我 | 兴趣、爱好、情绪、能力、性别等方面表现出的心理特征 | 画画我自己<br>我喜欢唱歌<br>我是女孩，我喜欢<br>我能画画<br>我有时候爱发脾气 |
| | 与周围世界的关系 | 哪些物品是我的，自己与同伴、老师的关系，自己在群体中的表现等 | 谁最能干？<br>我有许多好朋友<br>我喜欢我的老师，老师也喜欢我<br>我可以做××事情<br>我爱我的小弟弟 |
| 自我评价 | 对自己的身心发展特点、与周围世界关系及活动中的表现进行评价 | | 评评我自己<br>我的优点，我的缺点<br>女孩的优点与不足<br>我比较胖(瘦)<br>我有一个好习惯<br>我在户外活动中的表现 |

## (二) 自我教育活动

自我体验是自我意识在情绪、情感层面的教育，是幼儿在自我认识、自我评价基础上产生的对自己的生理、认知、意愿的体验。教师可以通过开展故事阅读、戏剧表演、角色游戏、主题活动引导幼儿对自己的优点、在活动中的积极表现产生自尊、自信的体验，对自己在活动中的不良表现产生“不好意思”“愧疚”等体验，引导幼儿既学会悦纳自我，也学会反思自我，如开展“我爱我自己”“我喜欢做女孩”“我的优点有很多”“我做的不好的事情”“我生气的时候”等活动。

表 3－5　学前儿童自我体验教育活动的内容

| 教育内容 | 具体表现 | 活动内容 |
| --- | --- | --- |
| 生理体验 | 饥饿、口渴、尿(便)意、舒服或不舒服等方面的生理体验 | 我有的时候会饿(渴)<br>我不舒服的时候会找老师<br>我感觉冷(热) |
| 认知体验 | 感知、观察、记忆、想象、思维等活动中表现出的自尊、自信、自卑、挫折方面的体验 | 我是男孩，我勇敢<br>我是女孩，我也勇敢<br>我相信我能做好<br>我帮助伙伴的时候，很快乐<br>我会做很多事情 |

（续表）

| 教育内容 | 具体表现 | 活动内容 |
| --- | --- | --- |
| 意愿体验 | 要和不要、喜欢和不喜欢、接受和拒绝、责任感、成就感、羞耻心等意愿方面的体验 | 我喜欢我是男（女）孩<br>我愿意与××一起玩；我爱我自己<br>我要当个勇敢的孩子<br>我喜欢爱我的人<br>我不喜欢与陌生人说话 |

## （三）自我调节教育活动

自我调节教育是自我意识在意志层面的教育，是幼儿自我意识发展的高层次表现，主要体现在"自我发动"和"自我制止"两方面，主要表现为活动中能够坚持到底，遇到困难能够勇敢面对，能在一定时间里延迟满足、抗拒诱惑等。教师可以有针对性地开展"我要""我不要"等活动，提高幼儿自我教育与自我管理能力，如"我不能哭""我自己的事情自己做""我一个人在家的时候要勇敢""我做核酸的时候不害怕"等。

表 3-6　学前儿童自我调节教育活动的内容

| 教育内容 | 具体表现 | 活动内容 |
| --- | --- | --- |
| 自我发动 | 在自觉性、自发性等方面的表现，如"我要……""我应该……""我想……"等。 | 我应该多吃蔬菜<br>我要自己睡觉<br>我主动跟老师问好<br>我坚持锻炼身体 |
| 自我制止 | 在自制力、延迟满足等方面的表现，如"我不能……""我不要……"等 | 我不能多吃糖<br>别人的东西我不要<br>与小朋友一起不大声说话<br>我等奶奶一起吃好吃的<br>我是男孩，我不能胆小 |

## （四）性别意识教育活动

性别教育也要随着幼儿年龄的发展不断社会化，性别教育中主要引导幼儿正确地认识自己的性别，接受自己的性别，依据自己的性别角色产生相应的行为或情绪反应，性别教育内容主要包括认识性别、理解性别角色、形成性别概念三个方面。

表 3-7　学前儿童性别意识教育活动的内容

| 教育内容 | 具体表现 | 活动内容 |
| --- | --- | --- |
| 性别认知 | 认识自己或他人的性别，知道自己身体的结构和名称，能说出男孩或女孩的性别特点 | 我是男（女）孩<br>找一找，谁是男（女）孩<br>我是男（女）孩，我喜欢穿…… |
| 性别角色 | 知道自己身体的哪些地方不能让外人碰，学会保护自己身体；悦纳自己的性别，为自己是男孩或女孩感到自豪，知道哪些事情男孩或女孩不能做 | 我是男（女）孩，我喜欢<br>说一说，男（女）孩的优点<br>男（女）孩应该怎么做<br>我的身体不能碰 |

| 教育内容 | 具体表现 | 活动内容 |
| --- | --- | --- |
| 性别概念 | 知道自己出生的一些知识，有初步的性别道德概念；有基本的性别卫生知识，能接受异性，并对异性有基本的尊重；树立平等的性别意识 | 我是从哪里来的<br>我要学习女(男)孩的××<br>男(女)孩可以帮助我××<br>跟男(女)孩在一起，我应该×× |

## 三、学前儿童自我意识教育活动的组织与实施

### （一）灵活运用多种形式，激发学前儿童参与活动的积极性

教师可以采用谈话、启发性的提问、创设活动情境、使用多媒体手段等方式，创设自我意识教育的活动情境，激发幼儿愉快地投入活动中，如某教师准备了许多幼儿小时候的照片，活动开始的时候，高兴地说："小朋友们，今天我们班级来了许多小宝贝，想知道他们都是谁吗?"教师把照片摆放到桌面上，小朋友们纷纷寻找自己或好朋友的照片，并兴奋地进行介绍："这是我小的时候"，"这是我在奶奶家照的"。教师用了照片做教具，将幼儿迅速引入活动，激发了幼儿愿意介绍自己的兴趣。

### （二）开展丰富多彩的活动，引导学前儿童充分认识自我

幼儿对故事、儿歌、角色扮演、等活动有比较高的热情，教师可以通过讲故事、看动画片，参加游戏活动，扮演一定的角色等方式，引导幼儿了解自己的优点、自己的不足，形成对自己的正确认识。如老师拿出小朋友小时候穿的衣服，请小朋友穿一穿，当小朋友都穿不上了，老师提问："为什么穿不上了呢?""因为长大了。""哪里长大了呢?""手。""脚。""胳膊。"老师继续引导："哦！身体长大了，那本领有没有长大呢?""你们都会做什么呀?"通过幼儿的比较、分析、回忆，对自己的身体、心理变化，自己能做什么、不能做什么，形成比较全面的认识。

### （三）提供评价与自我评价的机会，丰富学前儿童的自我体验

教师在开展活动的过程中要给予充分的实践与锻炼的机会，培养幼儿自理生活能力，并经常组织他们结合自己在活动中的表现，探讨自己的经历和当时的心理感受，评价自己与他人在活动中的表现，增强幼儿评价与自我评价的能力，提高自信心、自尊心和成就感，如中班社会活动"我眼中的你"，教师通过讲述幼儿在幼儿园中的好的或不足的表现，表达自己的期待，帮助他们发现自己的优点，增强自信心和自尊心，引导他们认识自己的不足，增强克服不足的勇气。再如，通过外出参观，观察看别人随手扔垃圾、随地吐痰的行为，教师引导幼儿说说自己当时心理有什么样的感受，自己是否有过这样的行为，感受内疚与抱歉等情绪体验。教师还可以在文学作品欣赏、幼儿歌曲演唱、角色游戏等活动中，组织幼儿在边听、边看、边玩中理解角色喜怒哀乐的心理，与角色产生相适应的情感共鸣，从而丰富幼儿的情绪、情感体验。

### （四）创设游戏情境，提高学前儿童的自我调节能力

幼儿自我调控能力的发展水平比较弱，如果只是单纯提出要求，培养他们的自我调

控能力，有较大的困难。游戏是幼儿的基本活动形式，也是幼儿喜闻乐见的活动，教师要善于运用游戏，发挥游戏在幼儿自我调控能力发展的作用。在游戏过程中，教师通过创设一定的活动情境，人为设置一定的困难，提出合理的要求，提高幼儿克服困难、解决问题的能力，如智力游戏可以培养幼儿遵守规则的意识、坚持到底的精神、抗拒干扰的能力；体育游戏可以激发幼儿热爱集体的情绪、情感，培养勇敢、坚强、自制、抗拒诱惑、延迟满足等优秀品质；建构游戏有助于锻炼幼儿对大、小肌肉的控制能力，在对活动作品的期待过程中，学习调控自己的不良情绪进，学会等待、忍耐；角色游戏可以让幼儿与同伴友好合作，体验角色的喜怒哀乐，提高控制自己的主观意愿的能力。

### （五）因人而异，有针对性地开展性别意识教育

性别教育也是自我意识教育的重要组成部分，学前期是性别意识发展的关键时期，良好的性别意识教育，有助于学前儿童身心和谐发展。

#### 1. 根据年龄特点开展性别教育

小班开展性别认识教育。幼儿3岁左右能够知道自己的性别，能从外形上分辨男女，知道男孩留短头发，不能穿裙子，女孩子可以穿裙子、留长头发等。在活动中，可以组织男、女生分组演唱歌曲；娃娃家游戏中，女孩挂“妈妈”或“奶奶”等女性的角色牌，男孩挂“爸爸”或“爷爷”等男性的角色牌；在寿司店游戏中，女孩子戴头巾，男孩戴帽子等，在活动中帮助幼儿区分性别角色的不同特点。

中班开展性别认同教育。引导幼儿正确认识自己和别人的性别，知道每种性别都具有优点，要喜欢和接纳自己的性别，可以开展“我是男孩（女孩），我喜欢”的主题活动，引导幼儿发现自己的性别优势和不同性别的优势，正确认识不同的性别的优点与不足，接纳自己或不同性别的表现。

大班开展性别恒常性教育。帮助幼儿懂得性别不会随着年龄或时间等外在条件的变化而变化，性别教育中可以渗透性教育内容，引导幼儿了解生命是如何繁衍的，如教师可以创设情境，让幼儿模仿妈妈怀孕时候的情形；说说妈妈日夜照顾自己的辛苦；体验爸爸妈妈养育自己的不易。也可以结合大班幼儿的兴趣以及年龄特点，开展“小天使的秘密”的微课程活动，探索自己是从哪里来的，怎么会跑到妈妈肚子里，引导幼儿感受生命的奇妙以及母爱的伟大，学习爱惜自己、感恩他人。

#### 2. 运用多种方式开展性别教育

教师要细心观察、适时引导，在一日生活中寻找教育契机，以幼儿的生活体验为基础，采用游戏、角色扮演、观看动画片、外出参观等方式，引导幼儿在现实生活中，主动发现和接受与性别教育有关的知识，更好地促进幼儿的成长与发展。如教师可以通过《长大后我要娶妈妈》《我的身体》《爱的印记》《不要随便摸我》《小蝌蚪的变化》《妈妈的肚脐》等绘本故事，向幼儿普及性别知识，使其了解自己的生理结构，学会保护自己的隐私部位，保护自己的身体。

#### 3. 发挥家园合作在性别教育中的力量

《纲要》指出：“家庭是幼儿园重要的合作伙伴。性别教育的过程中应本着尊重、平等、合作的原则，争取家长的理解、支持和主动参与，并积极帮助家长提高教育能力。”教

师平时应与家长多沟通、多交流，引导家长树立正确的性别教育观念，通过短信、微信群、智慧平台等多渠道，家长会、家长开放日、家庭教育沙龙等多方式向家长宣传男、女平等的正确观念；通过科学的性别教育的知识，帮助家长了解不同性别幼儿容易出现的问题，并提供有效的解决策略。教师也可以充分发挥家长的职业优势，开展性别教育，例如，请当医生的家长向孩子们讲述生命孕育与诞生的知识，请当警察的家长向孩子们讲述面对陌生人或危险情境的自救方法等。教师和家长要共同努力，帮助幼儿建立正确的性别意识，引导他们悦纳自己的性别，接受别人性别的特点，学会与同性或异性伙伴和谐交往，为幼儿身心和谐发展与更好地融入社会、快乐生活奠定基础。

## 岗位对接

### 小班社会教育活动：我和别人不一样

【活动目标】

1. 知道自己与别人是不一样的。
2. 能在集体面前大胆讲述自己和别人不一样的地方。
3. 喜欢自己，愿意与别人分享自己的特点。

【活动准备】

1. 物质准备：人手一面小镜子和一个玩具娃娃。
2. 经验准备：幼儿认识自己的五官。

【活动过程】

一、播放动画片，创设活动情境

播放动画片《正确认识自己》，组织幼儿认真观看，并提出问题："自己是谁呀？"

二、照一照，引导幼儿认识自己

幼儿拿出小镜子，自己边照镜子边向老师和小朋友介绍自己，包括自己的名字、自己的高、矮、胖、瘦等特点。

三、找一找，开展"找五官"游戏

以小组我单位，开展"找五官"的游戏，引导幼儿说出自己五官的名称，并指出五官的位置。

四、讲一讲，自己跟别人不一样的地方

在集体面前讲出自己与别人不一样的地方，如头发的长短、衣服的颜色、个子的高矮等。

五、活动总结，提升幼儿的自我体验

教师：小朋友，我们每个人都有眼睛、鼻子、嘴巴和耳朵，但是我们每个人长得都是与别人不一样的，我们要好好爱护五官，它们帮助我们看东西，吃好吃的，闻气味，听声音。我们要爱护别人的五官，也要保护我们自己的五官。

六、活动延伸，拓展到艺术领域

组织绘画活动，画一画自己，可以画眼睛、鼻子、嘴巴、手等某一个或某几个器官。

教师：下面我们到美工区，用你喜欢的颜色画一画你自己吧。

【活动评析】

幼儿的自我意识发展具有比较鲜明的年龄特点，开展自我教育活动要以现有水平和经验为基础，促进幼儿在原有基础上的提高。这是一个小班的自我认识教育活动，具有较强的针对性与可操作性，教师通过活动情境创设、照一照、找一找、讲一讲等一系列活动，帮助幼儿正确认识自己的五官、自己的特点，在活动中感受自己的存在及与众不同。

小班幼儿正处于自我意识发生时期，在自我认识教育过程中应该注意：

1. 有正确的教育态度

在活动中，引导幼儿借助于一定的实物（如镜子）或他人，形成"镜像自我"，通过他人对自己的评价和态度形成相应的自我概念。教师在面向全体幼儿的同时要关爱每一个幼儿，促进每一位幼儿形成清晰的自我认知。

2. 引导幼儿分清自我与客体的关系

教师通过开展行之有效的活动，让幼儿对主体自我和客体自我进行了解，对自己与幼儿园的人、事物的关系建立初步的概念，还可以请幼儿将自己喜爱的照片和玩具带到幼儿园来，介绍自己的喜好，使幼儿的情感得到满足，从而进一步悦纳周围的环境。

3. 帮助幼儿树立活动的自信心

教师要抓住日常生活的教育契机，采取具体的方式，表达对幼儿学习或活动效果的鼓励和对其行为表现的肯定，并提出努力的方向，如"你今天吃饭的时候，一点饭粒都没有掉，表现真不错，以后要天天这样哦"。

## 中班社会教育活动：男孩、女孩大不同

【活动目标】

1. 知道男孩、女孩，在身体、打扮等方面不一样的地方，认识公共场所中男、女性别的标记。

2. 能够根据生活经验找出男孩、女孩，按性别标记进入盥洗间等公共场所。

3. 喜欢自己的性别，愿意参加活动，并与大家分享自己的认识。

【活动准备】

1. 男孩、女孩照片若干张，男女性别标记若干个。

2. 男女生活用品若干。

3. 知道男孩与女基本的服饰打扮，有过去公共场所卫生间的经历。

【活动过程】

一、猜一猜：创设游戏情境，激发幼儿学习兴趣

教师：小朋友们，今天我们来玩个猜猜他是谁的游戏。

教师叙述某幼儿穿着的衣服、裤子、裙子、鞋子的特点，请幼儿说出他的名字和性别。

教师：穿着裤子的小朋友是谁？说出他的性别。

教师：穿着裙子的小朋友是谁？说出她的性别。

二、找一找：出示男孩、女孩图片，找一找男孩和女孩有哪些不同

1. 随机出示图片，请幼儿判断他们是男孩还是女孩。

2. 以小组为单位，请幼儿与同伴说一说，手中的图片是男孩还是女孩，男孩、女孩有哪些不一样的地方。

三、说一说：出示男、女标记图片，说一说它们有什么用途

1. 出示男生和女生的标记，说一说在什么地方看到过。

2. 分组活动，在小组内说一说，这些男女性别标记有什么用途，为什么要用它们，小朋友们以后怎么做。

四、做一做：创设不同的情景，请幼儿做一做

创设商场卫生间、试衣间、化妆间等活动情境，分别请幼儿把男、女标记放在对应的门上，并对男性、女性所使用的相应物品进行摆放。

五、活动小结

教师：小朋友们，男孩和女孩是不一样的，但是都有自己的优点，男孩短头发最帅，女孩不爱哭才漂亮，我们在公共场所去卫生间的时候，男孩要去男生的卫生间，女孩要去女生的卫生间，在幼儿园里，虽然卫生间只有一个，但是，我们要轮流去。

【活动延伸】

组织幼儿到娃娃家，选择相应的游戏，扮演自己的性别角色。

【活动评析】

这是一个中班性别教育活动，教师通过猜一猜、找一找、说一说、做一做等活动的开展，引导幼儿正确地分辨男孩、女孩，认知男孩、女孩的不同外貌特征，同时，学会把这些认知运用到公共场所，会对公共场所的性别标识进行辨认，会根据标识的提示做出正确的选择。

中班幼儿处于性别意识发展的刻板认识阶段，对性别差异能够进行辨别，但是性别意识的发展又具有较强的自我中心的特点，自己是女孩，就认为女孩最好，不喜欢与男孩交往；自己是男孩，就认为男孩好，女孩矫情，常常告诉同伴“离她们远一点”，教师通过开展活动，引导幼儿对不同性别的优、缺点进行认识，不仅有助于幼儿掌握性别概念，对幼儿间同伴关系的发展也有一定的帮助。

对中班幼儿进行性别意识教育要注意以下问题：

1. 性别意识教育贯穿于中班幼儿一日生活中

4～5 岁的幼儿，性别意识处于发展的关键时期，虽然中班幼儿已经有了初步的性别意识，但性别意识概念不稳定，因此性别意识教育要贯穿于一日生活的各个环节，尤其是如厕环节，应该男、女分厕，如果条件不允许也应该男女分阶段如厕，从小养成性别区分的意识，为幼儿生理、心理健康发展奠定基础。

2. 创设适宜的性别教育环境

教师的性别期待对幼儿的性别角色的发展有决定作用，教师在一日生活中，往往有

性别暗示，如“你是男子汉，要坚强”，“你是女孩，要乖”等，这些性别期待往往会对孩子产生一定的暗示作用，引导幼儿朝着教师期待的方向发展，但这也容易成为刻板印象的基础。所以，教师要通过环境的创设，引导幼儿认识到男孩和女孩都有优点，要互相学习，男生要学习女孩做事认真、对人有礼貌的优点；女孩要学习男孩勇敢坚强、乐于助人的优点，通过鼓励性别互补，促进幼儿身心平衡和谐发展。

3. 有意识地开展性教育活动

性别教育是性教育的基础，结合中班幼儿对两性差异感兴趣的敏感期，可有意识地开展性教育，如结合“男生、女生不一样”的话题，在健康、科学、语言等领域，开展谈话、绘本阅读、讲述等活动，引导幼儿对自己的身体结构进行充分认识，帮助他们掌握保护自己身体、保护隐私部位的方法。

## 大班社会教育活动：长大了做什么

【活动目标】

1. 知道社会上有不同的职业需要，不同职业有不同的作用。

2. 能大胆、连贯地讲述自己的职业理想。

3. 感受每个人都有不同的理想，体验分享活动带来的快乐。

【活动准备】

经验准备：对不同的职业有所了解。

物质准备：1. 和爸爸妈妈一起讨论并制作学习海报《父母的职业》。

2. 各个职业的服饰、道具。

3. 绘画纸、笔人手一份。

【活动过程】

一、分享我做的海报

教师：小朋友们，我们昨天和爸爸妈妈一起讨论了他们的职业，你们把自己的讨论制作成了学习海报，谁愿意来分享一下？

请幼儿分享前期和父母一起讨论的结果，展示制作的学习海报《父母的职业》，介绍爸爸或妈妈的职业，包括爸爸妈妈工作的场所、工作内容、对社会的贡献等。

二、说说我喜欢的职业

教师：爸爸妈妈有各自不同的职业，小朋友们有喜欢的职业吗？

1. 请几位幼儿说一说自己喜欢的职业。

2. 小组交流我喜欢的职业，并将我喜欢的职业人物画在纸上。教师巡视，个别指导。

3. 请画好的幼儿相互分享。

4. 请个别幼儿上台分享我喜欢的职业，说一说为什么喜欢这个职业，它可以给大家带来什么帮助。

三、谈谈我长大了做什么

教师：小朋友们，你们知道什么是理想吗？（请幼儿解释理想的意义）

教师：你们有没有理想？你们的理想是什么？（请幼儿谈一谈自己的理想，长大以后想做什么？）

教师：我们现在年纪还小，不能做大人做的事情，但是我们可以有理想，为了实现自己的理想，我们需要做哪些努力？

四、角色体验

1. 展示各个职业不同的服装、工具等。

教师：小朋友们都认识这些服装和工具吗？

2. 请幼儿对服装、工具进行介绍，其他幼儿进行补充。

老师：我们今天就来穿上它们，做一回警察、医生、教师、消防员……好不好？

3. 幼儿穿上不同角色的服装，到相应的角色游戏区，进行角色游戏。

【活动延伸】

1. 邀请不同职业的爸爸、妈妈，利用职业便利，开展“家长进课堂”活动，介绍自己的职业情况。

2. 联系相关部门，带领幼儿进行参观活动，感受不同职业的特点以及对社会的贡献（如消防单位、部队、牙科医院等）。

扫码获取更多优秀案例

## 聚焦国考

1. 让脸上抹有红点的婴儿站在镜子面前，观察其行为表现，这个实验测试的婴儿哪方面的发展？（　　）（2019 上半年真题）

A. 自我意识　B. 防御意识　C. 性别意识　D. 道德意识

2. 幼儿如果能够认识到他们的性别不会随年龄的增长而发生改变，说明他们已经具有（　　）。（2015 年上半年真题）

A. 性别倾向　B. 性别差异　C. 性别独立性　D. 性别恒常性

## 单元测试

**一、简答题**

1. 简述小、中、大班学前儿童自我意识发展的特点。

2. 简述学前儿童自我意识教育的策略。

3. 简述学前儿童性别意识发展的年龄阶段特点。

4. 简述学前儿童性别意识教育的策略。

**二、材料分析题**

琳琳是位 4 岁的小女孩，刚来到幼儿园不久，留着一头齐耳短发，据说在上个幼儿园里总是与小朋友发生争执，且会动手打人，反复被家长们投诉。最近，李老师发现，无论琳琳的妈妈还是姥姥，都既不叫琳琳的名字，也不像别的家长那样称呼“宝贝”，而是称呼琳琳为“儿子”或“孙子”，据琳琳妈妈讲，琳琳是家里的第二个孩子，本来以为是男孩，才选择生下的，谁知道又是女孩，所以家长就决定按照男孩养，希望她长大以后也能像男孩那样保护自己和家人。

请分析案例中的现象，并提出相应的教育建议。

**三、活动设计题**

以“我喜欢我自己”为主题，设计中班社会教育活动方案。

扫码查看参考答案

## 学习反思

项目四

# 学前儿童人际交往教育

## 任务一　学前儿童人际交往教育概述

### 学习情境

人际交往是学前儿童社会领域不可或缺的经验。幼儿期的人际交往是儿童获得人际交往能力的重要途径。3～6 岁，儿童表现出交往能力的差异，从最初零散的动作到以言语交往为主要交往形式，互动质量逐渐提高。本任务主要学习学前儿童人际交往的年龄特征和发展规律，并能够提出相应的教育策略。

### 学习目标

1. 理解学前儿童人际交往的内涵、分类及影响因素。
2. 掌握学前儿童人际交往的年龄特征。
3. 掌握学前儿童人际交往的培养策略

### 任务书

1. 个人学习：请结合见实习经历及调查研究，分析小、中、大班幼儿人际交往的年龄特征及规律。

2. 小组学习：请小组讨论完成案例分析。

进入幼儿园后，敏敏对周围的环境极不适应，总是一个人坐在角落发呆，不爱参加集体游戏。其他小朋友们也觉得她是个“怪人”，不愿与她亲近。一个学期就要过去了，她还是交不到朋友，爸爸妈妈为此伤透了脑筋。原来，在敏敏2岁的时候，妈妈因为嫌外面空气污染严重，很少带敏敏出门玩。在外面抱着敏敏的时候，妈妈也不愿意让别人碰孩子，一是怕孩子沾染上细菌，二是怕孩子没有警惕性，被陌生人拐跑。

请同学们思考：如何帮助敏敏开展人际交往活动？

扫码查看
参考答案

## 工作实施

### 4.1.1 学前儿童人际交往教育的含义

引导问题1：学前儿童人际交往活动的含义是什么？

引导问题2：学前儿童人际交往活动的类型有哪些？在学前儿童人际交往能力的发展中，我们需重点关注哪一部分？

**小提示**

幼儿的人际交往包括两个范畴：一是与成人的交往，主要包括幼儿与父母和老师的交往；二是与儿童的交往，主要指幼儿与同伴之间的交往。从幼年起，儿童就表现出强烈的寻找伙伴进行交往活动的倾向，同伴逐渐成为儿童社会化发展与成长过程中的“重要他人”。

引导问题3：学前儿童的人际交往会受到哪些因素影响？请结合任务2中的敏敏谈一谈。

### 4.1.2 学前儿童人际交往教育的意义

引导问题4：学前儿童的人际交往有哪些意义？

### 4.1.3 学前儿童人际交往发展的年龄特征

引导问题 5：3～4 岁的儿童，在人际交往中有何特点？

视频

3～6岁幼儿的人际交往

引导问题 6：4～5 岁的儿童，在人际交往中有何特点？

引导问题 7：5～6 岁的儿童，在人际交往中有何特点？

**小提示**

按照帕顿(Parten)对幼儿游戏的研究：

2 岁以前为非游戏阶段，表现为旁观、无所事事的行为；

2～2.5 岁为独自游戏阶段，表现为单独一个人玩，各自玩不同的游戏，相互之间没有交流；

2.5～3.5 岁为平行游戏阶段，同伴一起各自玩各自的游戏或玩具，彼此之间没有互动；

3.5～4.5 岁为联合游戏阶段，同伴一起玩，有关于共同游戏的交谈，但各自的主题不同；

4.5 岁以后为合作游戏阶段，同伴之间开始进行有组织、角色分明的游戏，彼此的角色和行为互为补充，有共同的主题。

引导问题 8：3～6 岁儿童人际交往发展有什么规律？

微课

幼儿社会交往的年龄特点

**小提示**

同学们可以从以下几方面分析总结：人际交往的主动性；人际交往的言语形式/肢体语言；人际交往的技巧；人际交往解决问题能力等。

### 4.2.1 学前儿童人际交往能力培养的教育策略

引导问题9：《指南》中对于幼儿的交往能力提出哪些建议？

扫码查看《指南》中的相关内容

引导问题10：想一想如何帮助敏敏开展人际交往活动。

微课

幼儿人际交往策略

### 小组决策

## 一、学前儿童人际交往的含义

交往是人的整个社会生活的重要组成部分，学前儿童与他人的交往也构成了他们的基本生活。学前儿童的人际交往是指学前儿童在与成人的接触、交流或与同伴的游戏、学习生活过程中，运用语言或者非语言符号系统相互沟通、进行情感交流的活动，是其学会表达自己的愿望，了解别人的情绪和想法，调节自己的行为，促进相互之间的理解协调，并使这种关系得到延续和保持的活动。社会交往行为是人们在交往活动中对他人或某一事件表现出的态度、语言和行为反应，它在交往中产生，并指向交往中的另一方。

学前儿童的人际交往包括两个范畴：一是与成人的交往，主要包括与父母和老师的交往；二是与儿童的交往，主要指同伴之间的交往。这是两种不同性质的交往。幼儿与成人的交往具有互补性，在传统意义上，这种交往中成人控制较多，幼儿服从较多；成人更多提供帮助，幼儿更多寻求帮助。而幼儿的同伴交往则基本是平等的、互惠的。从幼年起，儿童就表现出强烈的寻找伙伴进行交往活动的倾向，随着年龄的增长与活动场所的转移，幼儿不断扩大交往的空间与范围，他们与同伴接触的时间逐渐增加。同伴逐渐成为幼儿社会化发展与成长过程中的“重要他人”，他们与教师、家长等构成幼儿成长环境中最重要的组成部分。

人际交往对幼儿具有重要意义，交往经验构成了个体成长和发展的一个重要背景。在这一背景中，幼儿获得了大量的影响一生的情绪情感、态度和技能，这些对于幼儿个体发展和社会发展都具有积极影响。

## 二、学前儿童人际交往的意义

人际交往能帮助幼儿形成自己的态度和价值观念，筛选从父母那里获得的价值观念，吸收有益的部分，舍弃无用的部分，有利于幼儿摆脱自我中心，增强幼儿的情感支持，促进其亲社会行为、社会交往能力、社会认知等方面的发展。

### （一）有助于培养学前儿童积极的情绪情感

具备良好人际交往能力有利于幼儿产生归属感、安全感，从而心情愉快、轻松。据观察发现，由于年龄相近、身心发展水平相近，幼儿与同伴在交往时处于相互平等的状态，会表现出更多的、显而易见的喜悦和无拘无束的交谈。具备良好同伴交往能力的幼儿可以积极主动地参加活动、分享快乐、分解烦恼；缺乏同伴交往能力的幼儿，不能和同伴一起游戏，会产生孤独感和不合群行为，沉浸在消极郁闷的情绪中，从而对心理发展产生不利的影响。

### （二）有助于提高学前儿童的社会交往能力

良好的人际交往能力对于幼儿步入社会后有很大影响，而同伴交往能力正是他的基础。形成良好同伴交往能力的过程是幼儿学习规则、掌握交往方式和方法的过程，这就培养了幼儿的社交技能。同时，同伴交往能力形成过程中，幼儿通过观察对方良好的社交行为，进行学习来丰富自己的交往技能，并将自己学会的社交技能进行尝试和运用，使之不断巩固、熟练。

### （三）有助于促进学前儿童亲社会行为的发展

同伴交往能力强的幼儿喜欢与人交往，在交往中积极主动，且常常表现出友好积极的交往行为；而同伴交往能力弱的幼儿会采取不友好的交往行为，如强行加入其他小朋友的活动，抢夺玩具或打骂他人等。在幼儿同伴交往中，你对他人友好，对方就会喜欢你；相反，你争抢玩具，打骂别人，对方就会厌恶你，拒绝你。幼儿对同伴交往行为的这种特殊的、直接坦率的反馈有利于幼儿产生积极、友好的社会交往行为，减少攻击行为和不合群行为，因此，同伴交往能力的形成促进了幼儿亲社会行为的发展。

## 三、学前儿童同伴交往能力的影响因素

### （一）自身因素的影响

#### 1. 行为特征

行为特征是幼儿交往能力的重要体现，幼儿之所以在同伴交往中地位各异，主要是

具有不同的行为特征，受欢迎幼儿对同伴友好，没有明显的攻击行为；被拒绝幼儿不会用恰当的方式加入群体活动，经常表现出攻击性行为；被忽视幼儿因为害羞与胆小，很少表现自己，也不攻击别人，三类幼儿的社会行为特征见表 4-1。

表 4-1 受欢迎幼儿、被拒绝幼儿和被忽视幼儿的社会行为特征

| 受欢迎幼儿 | 被拒绝幼儿 | 被忽视幼儿 |
|---|---|---|
| 积极快乐的性情 | 多破坏行为 | 容易害羞 |
| 外表吸引人 | 好与人争论与反社会 | 很少攻击 |
| 有许多双向交往 | 极度活跃 | 他人攻击表现退缩 |
| 高水平的合作游戏 | 说话过多 | 反社会行为少 |
| 愿意与人分享 | 反复试图与社会接近 | 不敢自我表现 |
| 能坚持交往 | 合作游戏少，不愿意分享 | 许多单独活动 |
| 被看作好领导 | 许多单独互动 | 逃避双向交往 |
| 缺乏攻击性 | 常有不适当行为 | 和群体在一起时间多 |

2. 社交技能与策略

幼儿的社交技能与策略对同伴交往也有影响，当幼儿学会运用协商交换、道歉安慰等交往策略时，他的行为能很好地被同伴认可和接纳，也能与同伴融洽相处。

### （二）家庭因素的影响

良好的家庭人际环境有利于幼儿与同伴交往，而缺乏交往的家庭环境会影响幼儿的同伴交往，父母离异或不合，幼儿因缺少爱而不能有正常的安定情绪，形成了攻击、破坏的行为习惯，造成与人交往的消极影响。有些家长对孩子过于保护，不允许孩子和同龄小伙伴接触，让孩子总是在家里独自玩耍，限制了幼儿同伴交往能力的发展。

### （三）幼儿园因素的影响

幼儿从家庭进入集体环境，对教师有很强的依赖性，建立良好的师生关系是非常重要的。一个幼儿在教师心目中的地位如何，会间接影响到同伴对他的评价。例如：如果教师经常表扬一个幼儿，这个幼儿就会成为受欢迎的孩子，因为其他孩子也想成为老师心目中的好孩子。同年纪的幼儿在各方面的发展是不一样的，有的幼儿可能因为家长或家庭的原因，智力、能力和表现力等各方面都比较好；而有的幼儿可能因为自身的发展比较晚，各方面不如同伴优秀，从而形成了对比。如果教师能发现每个孩子的优点，在一日活动中尽可能地关注到每一个幼儿，创造轻松的环境，会更有利于幼儿同伴间的交往。

## 四、学前儿童人际交往的发展特点

### （一）0～3 岁婴儿人际交往的发展特点

0～3 岁的婴儿很早就能够对同伴的出现和行为做出反应。他们在同伴交往中获

得许多社会行为以及如何与他人交往的相关知识，这既促使他们的社会行为向友好积极的方向发展，又促进他们社交技能及策略的获得，同时还促进其情绪情感和认知能力的发展。

### (二) 3～6岁幼儿人际交往的发展特点

3～6岁阶段，幼儿与同伴交往的频率进一步增加，社会交往的总体水平显著提高。言语交往成为同伴之间主要的交往形式，互动的质量也逐渐提高。幼儿认知能力和言语技能的发展改变着同伴交往的性质。幼儿能够互相交流思想，分享有关活动的知识，参加集体性的角色游戏；能够与同伴共同商议与讨论游戏规则的制定、游戏角色的分配、游戏场地的划分、游戏材料的使用、游戏情节的建构等。

#### 1. 3～4岁幼儿人际交往发展的特征

自我中心是3～4岁幼儿在人际交往中表现出来的最大特征。由于受认知水平的局限和思维发展水平的影响，这阶段的幼儿还不能理解成人或周围环境对他们的要求，往往我行我素。3～4岁幼儿往往表现出喜欢平行游戏或独自玩要，不会主动发出加入游戏或活动的请求。

被动交往是3～4岁幼儿在人际交往中表现出来的另一个特征。该阶段的幼儿喜欢和熟悉的人交往，不会主动与人打招呼。比如：当你问3～4岁幼儿“你的好朋友是谁”时，他们经常会回答“我和××是好朋友”，而不是“我跟××和××是好朋友”；当你问他们“喜欢老师还是家人”时，他们通常会回答“喜欢家人”。这是因为小班幼儿刚刚从家庭踏入幼儿园，需要一段时间来适应新环境。

肢体语言是3～4岁幼儿在交往过程中常常使用的。由于3～4岁幼儿的语言水平不高，他们在交往中往往不会用语言来解决问题，而是用动作来解决问题，因此容易产生类似攻击性行为的动作。在3～6岁幼儿中，3～4岁幼儿出现攻击性行为的频率最高。3～4岁幼儿还不能从他人的角度去看待事物，不能用换位思考的方式去理解他人的想法，因此，他们最容易产生冲突和矛盾，但经历这些冲突从某种意义上又促进了他们人际交往能力的发展。

#### 2. 4～5岁幼儿人际交往发展的特征

喜欢结伴是4～5岁幼儿人际交往的一大特点。他们开始从他人的角度去理解他人的想法，比如从“因为自己生气而去打人”到“知道打人会让对方很疼”，所以会寻求别的方式发泄自己的情绪。与此同时，他们的自信也在逐渐增强，并且习得了参与游戏活动的技能。4～5岁幼儿独自游戏逐渐减少，群体游戏逐渐增加。4～5岁幼儿在与同伴交往中也能彼此体谅与照顾，从而出现了“游戏伙伴”和“小团体”等3～4岁幼儿没有的现象。

主动交往也是4～5岁幼儿的人际交往特点之一。他们开始尝试和自己喜欢的人交往，能主动参与自己感兴趣的活动。幼儿交往的主动性源自他们习得了一些与同伴交往的技能。4～5岁幼儿在人际交往中大多能与同伴合作、互助和分享。这些交往技能有助于幼儿良好同伴关系的维系、社会适应性的增强和优良道德品质的培养。正是因为有了主动交往的行为，幼儿才开始形成自己的伙伴群体。例如，教师可以观察到

4～5岁幼儿开始逐渐固定游戏玩伴，有些幼儿在自由活动时总是在一起玩。

交往技能缺乏仍然是4～5岁幼儿存在的交往问题。他们虽然开始愿意主动交往，但对已有的交往技能的使用不熟练，因此他们在人际交往中总会出现一些问题，如产生矛盾、合作失败、分工不明等。虽然他们开始使用交往技能，但是遇到问题时往往缺乏有效的解决方法，从而常常出现退缩或攻击性行为，或者喜欢告状、寻求成人的帮助等。针对4～5岁幼儿社会交往的上述特征，《指南》对这一阶段幼儿的同伴交往行为提出了如下目标："会运用介绍自己、交换玩具等简单技巧加入同伴游戏"，"对大家都喜欢的东西能轮流、分享"，"与同伴发生冲突时，能在他人帮助下和平解决"等。这些目标具体说明了4～5岁幼儿应具备的交往技能。

3. 5～6岁幼儿人际交往发展的特征

固定玩伴是5～6岁幼儿人际交往的主要特征。与4～5岁幼儿不同，这一阶段的幼儿开始尝试与同伴建立友谊。他们常常会用各种方式和自己喜欢的伙伴建立朋友关系。例如：有的孩子会使用"交换"的方法，"你和我做朋友，我就让你玩这套烹饪玩具"；有的孩子会使用一些威胁的方法，"你如果不让我玩，我就不和你做朋友了"。无论采取哪种方法，他们通常都无恶意，他们的目的都只是为了结交合自己心意的朋友。与此同时，由于5～6岁幼儿的性别意识增强，他们常常按性别聚集在一起活动，即女孩和女孩一起活动，男孩和男孩一起活动，因为同性别的幼儿可能会有共同的喜好，如男孩比较喜欢谈论"打怪兽""开赛车"等话题，而女孩则比较喜欢玩娃娃家、小舞台等角色游戏。

主动发起或加入同伴游戏也是5～6岁幼儿交往能力提升的表现。随着交往能力的增强，他们在交往中已从被动地位转为主动地位。5～6岁幼儿喜欢尝试扮演不同群体中的角色，如领导者、谈判者、追随者等，因此他们发起的基本上都是有组织、有规则、有分工和有"领袖"的共同活动或合作游戏。5～6岁幼儿已能体验到合作带来的快乐。5～6岁幼儿在共同游戏中能与同伴协商、讨论，并发表自己的想法，能耐心倾听同伴的意见和建议，出现矛盾和问题时大多能协商解决。随着认知、动作等能力的发展，5～6岁幼儿习得了越来越多的交往技能，并逐渐脱离成人的帮助，做到自己能够解决的问题自己解决。

总结起来，学前儿童同伴关系发展的基本趋势是：从最初的、零散的相互动作逐步发展到各种复杂的、互惠性的相互作用。在同伴关系发展过程中，同伴之间的相互作用变得越来越持久，越来越复杂，也越来越亲密。

## 四、学前儿童人际交往教育的策略

《指南》对于幼儿人际交往能力的培养提出了若干建议，其着眼点是成人主动构建良好的环境，在环境中创造机会让幼儿发展其人际交往能力。幼儿与家庭成员、同伴和教师之间的互动是他们获得人际交往技能的最主要的途径，在这些互动中，幼儿通过观察学习、模仿和亲身实践获得了人际交往的技能。

### （一）创设良好的人际交往环境

幼儿期的同伴交往是幼儿获得社会交往技能的重要途径，所以在幼儿园一日生活中要为幼儿提供同伴交往的空间与时间。首先重视游戏活动、区域活动等幼儿自主活动，保障游戏活动和区域活动的时间。有部分学者对幼儿园同伴交往发生的环节做过统计，几乎都得到相同结论，即幼儿同伴交往发生最多的环节就是游戏。在游戏中，幼儿之间要相互协调、商议、制定出游戏规则，然后分工合作，遵守共同的规则，努力完成游戏。

另外，在游戏开展过程中，教师需要延迟干预，给予幼儿自主解决人际交往的机会。在同伴交往中，幼儿会遇到各种各样的同伴交往问题，许多教师为防止同伴之间矛盾激化往往急于干涉，其实这种行为反而剥夺了幼儿学习交往技能的机会。

### （二）设计人际交往的具体情境，提供幼儿同伴交往的机会

兴趣是最好的老师，通过情境的创设，如朗诵诗歌、观看图片、听故事、做游戏、猜谜语等，引发幼儿参与交往的兴趣。通过教师创设的人际交往环境，让幼儿在轻松，友好、快乐的交往氛围中，积极与人交往。所以，我们需要充分利用幼儿园一日生活中的每个环节设计活动，促进幼儿交往。

#### 1. 组织各种分享活动，鼓励幼儿大胆交流

分享是健全人格的重要组成部分。从小对幼儿进行分享教育，可以让幼儿学会获得和体验分享后的快乐，为形成健康的心理品质打下良好的基础。特别是小班幼儿，自我为中心的表现比较突出，喜欢独享玩具、食物等且不能体会他人的感受，常为一个玩具而争吵，这不利于幼儿良好心理品质的形成。因此，我们可以设计活动，让幼儿在分享食物等的过程中，体验分享的快乐，从而培养幼儿大方、豁达的良好个性心理品质。

（1）分享食物。为了培养小班幼儿与人交往、乐意与人分享的意识，增进幼儿间的情谊，使他们喜欢幼儿园，喜欢和同伴玩耍、学习，教师可以在小班开展“食物分享日”活动。在分享日这一天，幼儿从家里带来一些好吃的点心、水果、零食等。在教师的组织引导下，幼儿在班内和同伴互相介绍自己的食物，大家一起吃、一起玩。此项活动可以使幼儿相亲相爱地一起学习和生活，能增进幼儿之间的情感，培养幼儿“好东西与大家分享更快乐”的意识。

（2）分享玩具。幼儿最喜欢玩玩具，教师可以让幼儿每人从家里带一两样玩具来，开个“玩具店”，大家轮流当“营业员”，进行礼貌语言交往。有时某个幼儿带来了新颖的玩具，大家往往会争着玩，遇到这种现象，教师可以建议孩子们共同讨论，使他们学会“轮流”“让一让”“等一等”友好交往的技能。

（3）分享快乐。每逢游艺会、运动会、生日庆祝会，教师可鼓励幼儿参与表演节目、分享蛋糕、点蜡烛、说贺词、送自制的礼物等。这些活动促进了幼儿同伴之间融洽的关系，使幼儿更加关心同伴，喜爱同伴，觉得生活在集体中很温暖、很愉快，感到自己真正是集体的一分子。

#### 2. 学会分工与合作

让幼儿在“做”上进行实践，将互助、合作的精神贯穿在幼儿的日常生活和各项活动中去，可组织小组或全班幼儿进行合作互助，感受到伙伴和集体的温暖。

（1）合作建造。如在参观公园后，建议幼儿用空心积木在地面上搭建公园。公园

里有围墙、亭子、桥、花草树木等。全班幼儿可以按照自己的意愿进行分工，有的组搭围墙，有的组建亭子，等建成以后，大家一起欣赏合作的成果。

(2) 合作布置教室。如全班幼儿和教师一起设计美化教室，布置“春天来了”主题墙。

(3) 合作绘画。如画主题画“快乐的春节”，教师倡议各人把印象最深的过年景象画出来，贴成一张大画。

此外，还有经常发生的，由幼儿自己倡导发动的互助联合活动，主要是两三个人一起的小型、短暂、不需要较高技能的互助联合活动，如日常生活中互相帮助梳头、收拾玩具、搬桌椅、摆餐具和共同解决游戏中所需要的东西等。

### (三) 培养幼儿人际交往技巧

人际交往教育活动的主要目标就是帮助幼儿掌握一定的人际交往技巧。因此教师向幼儿介绍人际交往技巧是非常重要的环节。介绍人际交往技巧可以采用两种方法：一是直接呈现法，就是让幼儿直接接触人际交往技巧，如面带微笑，使用礼貌用语，并让幼儿感受到这种交往技巧能够给人带来快乐，从而使他们愿意使用交往技能；二是间接呈现法，这是指教师通过呈现一些反面事例，让幼儿进行讨论，逐步引出人际交往技巧。例如教师请幼儿观看一个短片：幼儿 A 想参与其他几个幼儿的游戏，但是他们不同意，于是 A 开始捣乱，其结果是不但没能和大家一起玩，还引起了争执和冲突。观看短片后，教师组织幼儿讨论：短片中哪些孩子做得好？哪些孩子做得不好？最后引出人际交往技巧——学会与人协商。

幼儿在接触人际交往技能后，教师要结合具体情境，指导幼儿学习交往的基本规则和技能，这是人际交往活动的核心环节，其主要目的在于帮助幼儿掌握所学的人际交往技巧在哪些场合可以使用，对什么人群可以使用等。在这一环节中，教师可以采用角色扮演法，如设计一些需要运用技巧的交往情景让幼儿进行角色表演；也可以采用讨论法，利用相关的图书、故事，结合幼儿的交往经验，和他们讨论什么样的行为受大家欢迎，想要得到别人的接纳应该怎么做。

### (四) 改善幼儿亲子交往关系

社会交往对幼儿的心理健康发展以及社会化的顺利实现具有十分重要的作用。早期社会交往能力的发展将影响幼儿今后对人的态度和人际关系，影响其认知及人格的发展。帮助家长关注幼儿的人际交往，并建立融洽的亲子交往关系在提高幼儿的人际交往能力上有着事半功倍的作用。

幼儿的学习多是观察模仿所得，因此家长在与他人的交往中，应展现亲社会行为，如助人、分享、合作、友善、同情等。具体可以展示幼儿可模仿的友好行为，如向别人微笑问好、主动交谈、给伙伴支持与赞赏等。

教师在和家长做沟通时，可以提供一些建设性的意见：

(1) 学会倾听，对孩子的主动交流给予支持性回应。

(2) 平等交流，学会引导孩子主动表达。

(3) 认真观察,支持孩子用喜欢或擅长的方式沟通表达。

(4) 用心体会,读懂孩子的弦外之音。

## 岗位对接

### 幼儿园一日生活中的社会交往

【案例背景】

小班下学期,经过上一个学期的适应、相处,幼儿开始从陌生、相识逐步走向熟悉,交流越来越丰富,交往越来越频繁,三三两两的好朋友越来越多,但随之而来的,矛盾与问题也越来越多,每天教室里时不时会传来小朋友的争吵、争抢和告状的声音。

游戏时间,小美跑过来告诉老师:"老师,小鹿和开心她们两个总是不愿意跟我玩!"随后,小鹿连忙走过来,解释道:"不是的,她刚拿走了我拼的小花,那是我送给开心的,被她抢走了。"小美撅起小嘴:"那是我从地上捡的!"说完气呼呼地转身走了……

运动结束后,孩子们陆续自主排队洗手、喝水,只见队伍里帅帅和一一争抢起来,两人互不相让:"我先来的,我先来的!"旁边的青腾从队伍里探出头来,对一一说:"哎,一一,你应该站我后面,先来后到。"

小班幼儿在教师与家长的引导下,初步掌握了人际交往的礼仪与要求,开始具有初步的规则意识和行为规范,但是由于年龄特点的限制,在与人交往过程中,容易出现矛盾。教师在幼儿一日生活当中,要充分发挥各个环节的教育价值,不断启发、引导幼儿,为幼儿营造一个良好的交往氛围,才能更好地促进其交往能力的发展。

【策略】

一、入园签到:关怀的开始

自从我园开始"晨跑活动"(每天入园前,幼儿在班级老师和家长的带领在幼儿园隔壁的公园里先晨跑锻炼后再入园)以来,我们班就将早晨入园签到与"晨跑活动"结合起来。周一的早晨,许久没来的琛琛入园了,他之前因为腿部骨折一直请假,最近刚好,走路有些慢,今天来得也比较晚。梓辰在他之前进了教室,得意地说:"老师,我在楼下就看到琛琛了,我跑得比他快!"

琛琛来到教室,他依然没有忘记签到,只见他拿起自己的签到牌,放在了没有跑步的小火车上。梓辰看见了,问他:"你怎么没有跑步?""因为我受伤了,妈妈说还不能跑步。"梓辰吐着舌头,做着鬼脸说:"我今天跑步了!"老师觉得这是一个很好的教育契机,于是在所有小朋友签到完之后,邀请小朋友们观察今天的签到墙,看看今天谁没有跑步。大家七嘴八舌地说了起来:小可爱、壮壮和琛琛三位小朋友都没有跑步,老师请他们到前面来讲一讲没有跑步的原因,请到琛琛的时候,他说自己腿骨折了,骨头刚刚长好,妈妈说还不能剧烈运动。

老师摸着他受伤的地方,关心地问他:"腿现在还疼吗?"

"不疼了,就是不能多运动,走路会有点慢。"他不好意思地笑笑。

“琛琛的腿骨折受伤了，做很多事情会不方便，我们可以怎么帮助他呢？”老师问道。

“对不起，下次我不跟你比赛跑步了。”本来还有些得意的梓辰有些歉意地说。

“上楼梯的时候，我扶着他。”热心肠的久久说。

“妈妈说受伤了要涂碘伏，明天我把家里碘伏拿来！”帅帅说。

全班小朋友你一言我一语地说着。

于是，在那几天，琛琛成了大家的中心，他走到哪里，总有小朋友围在他身边，帮他穿鞋子，帮他端饭，上下楼梯扶着他，运动的时候陪着他坐在休息区……他们的举动被老师拍了下来，并于展示给孩子们看，得到肯定的孩子们，脸上露出了开心的表情，同时也激发了他们更想帮助别人的愿望，大家再也不会因为谁没有参加晨跑而笑话谁，取而代之的是关心与帮助。小小签到，蕴藏着大大的教育价值，为孩子之间的交往搭建了互帮互助的平台。

二、晨间劳动：培养幼儿自尊自信

早晨，孩子们都已经陆续入园，看看时钟，已经八点半了，到了早餐时间，一一还是没有来。这时，保安师傅着急地跑上来：“李老师，你们班一一来了，在楼下哭呢，你去看看吧！”听到保安师傅这么说，老师赶紧跑下楼，只见一一拉着奶奶的衣角把自己藏在里面。“一一在跟我们玩捉迷藏吗，老师看到你啦！”“你知道我们今天早上吃什么好吃的吗，走，带你去看看！”说着，老师就把一一抱上了楼。

到了教室，老师坐下来，轻轻把他搂在怀里，给他擦眼泪。这时，一一妈妈的电话打过来了，解释了孩子哭闹的原因：昨天放学一一就不开心，说是昨天在幼儿园玩游戏，别人不愿意跟他玩，他有些难过，而且前段时间在小区楼下跟小朋友玩，因为一一说话不清楚，被其他小朋友笑话，一直模仿他，伤他自尊了。本身一一说话就晚，到三岁才开始慢慢学会说话，家里人也着急，有时忍不住责备孩子，时间久了，孩子就有些自卑，现在就更加敏感……听完妈妈的解释，老师有些心酸，突然回想到昨天玩“邮递员”游戏时，没有小朋友送信给一一，他有些失落。老师关注到了他的情绪，在最后一次寄信时把老师的信寄给了他，收到信的一一终于露出一丝笑容，但这件事情还是给敏感的他留下了阴影……

这时班里保育老师开始摆放餐盘，做餐前准备，为了鼓励一一，同时转移他的注意力，老师灵机一动：“一一，梁老师正在摆放餐盘，但是勺子还没来得及摆呢，咱们去给梁老师帮帮忙吧！”听到老师这么说，一一从老师怀里坐起来，看看餐桌，看看勺子，轻轻点点头，老师带他去洗了手，然后走到餐桌旁，一边讲解一边示范摆放勺子，到第二桌，小家伙主动拿起勺子开始摆了起来，第三桌，第四桌……没过一会，他把勺子全部摆好了，虽然放得不是那么整齐，但是每桌摆放的数量却是正正好好，老师非常欣喜，对他竖起大拇指：“一一，你真能干！勺子摆得正正好好，真是太谢谢你了！”随后在全班小朋友面前特别表扬了他。受到老师的表扬，一一嘴角终于露出开心的笑容，用不太清楚的话说：“我在家里——会！”接着，老师又请一一帮忙摆放小分隔盘、擦手毛巾，他干得越来越起劲！这次劳动的机会，大大增强了一一的自信，转移了他的注意力，又充分发挥了一一数学方面的优势，让孩子体验到了成功的喜悦。从那以后，我们班就多了一个劳动小能手，在小朋友、老师需要帮助的时候，他一定是第一个高高把手举起来的小朋友：在老师不方便的时候帮老师开门，帮小朋友找东西，帮助没来的值日生做值日，照顾植物角……因为他的热心与帮助，班里小朋友也慢慢接纳了一一，越来越喜欢一一，越来越多的人和他做好朋友，一一的性格慢慢阳光起来。

幼儿在与成人、同伴交往的过程中，不仅学习如何与人友好相处，也在学习如何看待自己，培养幼儿初步的自尊、自信、自主的性格，也促进幼儿社会性发展。每一个孩子都有自己的成长规律与节奏，老师要看到孩子的不同，尊重孩子的差异，从幼儿特点出发，巧用方法，提升幼儿的自尊心、自信心，化解孩子的心结，让原本自卑、敏感的幼儿慢慢有了成就感，从而更好地与人交往，更好地适应集体生活。

三、区角游戏：遵守游戏规则，更友好地玩

区角游戏时间，建构区如火如荼地开始他们的"大桥"计划，只见青腾和帅帅找来很多圆柱体一个个立起来，排成一行，上面平放着许多长方体，连在一起。祥瑾听说要搭"大桥"，也非常感兴趣，站在旁边问："我可以和你们一起搭桥吗，青腾？""可以！"青腾爽快地答应了。这时，青腾突然注意到材料柜下面还有一个圆柱体，他开心地跑过去拿，却发现这根圆柱体被塞在一个正方体的洞里，拿不出来，他尝试了几次，圆柱体却纹丝不动，这时他喊来帅帅："帅帅，快来！帮我把他拽出来！"只见，帅帅双手抱着正方体，青腾双手抱着圆柱体，他们撅着屁股往后拽，可能是塞得太紧了，圆柱体还是没有拽出来，这时在一旁的祥瑾也跑过来："我的力气大，看我的！"说着，祥瑾拿过积木就使劲地拔，可是还是没成功。虽然失败了，但这引起了三人浓厚的兴趣，这时祥瑾提议，把正方体放地上，一脚踩着，一手拔，他自己试了试，还是不行，最终，青腾和帅帅两人用力把正方体按在地上，祥瑾拽着圆柱体往上拔，这一次，成功了！三个人开心地欢呼起来。这一幕被已经关注很久的老师，全过程拍摄了下来。

在区角游戏结束后，老师将拍摄下来的视频播放给孩子们看，"哇，他们好厉害！""好棒呀！"小朋友们看完后情不自禁地赞叹起来。随后，老师请小朋友们讨论：他们最后为什么能成功？他们哪些地方做得好？"他们是一起完成的，力量大！""互相帮忙。""一个人不能打开，人多才行。"首次观看视频后，孩子们最直观的印象是他们三个人互相合作、互相帮忙才成功的。为了让幼儿更全面、更细致地认识成功背后的原因，老师引导幼儿带着问题再次观看视频，这次小朋友给出了不同的答案："祥瑾想玩玩具，没有争抢，而是先问问别人。""青腾分享了他的玩具，是好孩子。""他们刚开始拿不出来，用了很多办法，他们很爱动脑筋。"……

"你们说得都非常好，祥瑾进入游戏之前先询问了别人，很有——礼貌；在游戏时，他们玩具一起玩，懂得——分享；在遇到困难时，他们没有放弃，而是一起想办法——商量讨论，最终成功了，特别棒！"最后，老师请小朋友们分组讨论，说一说，画一画，在区角游戏时，该注意什么呢？

• 西瓜组：和小朋友一起玩，要有礼貌。

西瓜组的婧怡介绍到："我画的是小朋友在一起搭积木，没有争吵，都很有礼貌。""对，想和别人一起玩，得问问别人，别人同意了才行。""想让别人帮忙，要说魔法

‘请’字。”“别人帮助你，你得说‘谢谢。’”西瓜组小朋友争先恐后地说。

• 苹果组：有玩具大家一起玩。

苹果组的满满大方地介绍说：“在幼儿园玩具是大家的，我画的是我和久久，瑶瑶一起玩娃娃家。”“玩玩具，要互相帮忙。”“不能争抢玩具，玩具会疼的。”其他小朋友补充道。

• 菠萝组：遇到问题大家一起想办法。

菠萝组帅帅说：“我们刚才搭积木的时候，总是拿不出来，想了很多办法才拿出来，所以，我想画一个像那个一样的，但是不会画。”说着，帅帅指出墙上我们的“班级公约”，最后一个就是遇到问题要想办法。

有了菠萝组小朋友的提示，在讨论结束后，大家都建议把自己组的作品展示在“班级公约”上，这样每天都可以看见，每天都提醒自己要遵守游戏规则，与同伴友好地游戏。

游戏是幼儿园的基本活动，游戏中的交往也是幼儿园一日生活当中最频繁最常见的互动，而遵守游戏规则、友好地玩就显得尤为重要。教师坚持正面教育原则，将在幼儿园真实发生的具有代表性的交往行为拍摄下来，再播放给孩子们看，有的放矢，一方面，激励了参与的幼儿，提升了他们的自豪感和荣誉感，强化了他们遵守规则的行为，同时，也为其他幼儿树立了榜样。另一方面，使其他未参与的幼儿更加关注在游戏中与同伴的交往，以调整自己的交往行为来达到榜样的标准。在整个过程中，教师通过视频，引发幼儿主动思考，深入讨论：游戏规则是什么，如何友好地玩？最终形成了以礼貌、分享、合作、协商为主线的交往规则，并通过绘画记录的方式具体、形象地呈现在幼儿面前，深化了幼儿“友好地玩”的概念，为幼儿交往营造了良好的氛围。

四、小人国游戏：混龄游戏，更广阔地交往

俊熙和浩浩说好去租车馆租车，路过建筑工地时，浩浩突然改变了主意，想去建筑工地，而俊熙指着租车馆：“咱不是说好的吗，去骑车。”“我就玩一会，一会再去找你！”“行，好的！一会没车了，我得先去了！”俊熙看到租车馆的车所剩不多，赶紧跑了过去，恰巧在租车馆遇到了天天，两人约定租了一辆大车，开心地“兜风”去了。而浩浩也很快加入了建筑工地队伍，和同伴一起建造属于他们的“奥特曼博物馆”。

小班的苒苒站在人行道上寻找着什么东西，最后着急地哭了，她的哭声引来了几个大班姐姐的围观：“小妹妹，你怎么了？”“我的小兔子没有了……”她指着自己小人国包上的扣环，原来她包上的小兔子挂件丢了，于是大班姐姐耐心地问她去过哪儿，在哪里不见的，几个小朋友拉着她的手挨个场馆寻找，最终在生活馆售票处找到了小兔子，苒苒特别开心。中班姐姐还专门带着苒苒在生活馆吃了好吃的三明治，苒苒开心地吃着三明治，还把自己手中的火腿片塞到姐姐嘴里……

今天电影院外排起了长长的购票队伍，小班的浩领看到那么多人排队，也凑过去看，他绕过长长的队伍，直接来到门口歪着头想看个究竟，旁边正在排队的中班诺诺拍拍他的肩膀，说：“小弟弟，你想看电影吗？你得排队。”浩领看看他，又看看队伍，自言自语说：“我得排队。”然后插在了诺诺后面，诺诺告诉他：“不是排在我后面，是在队伍最后面。”浩领挠挠头，有些没明白，诺诺拉着他的手，带他走到队伍最后面，告诉他：“你应该站在这里排队，买票，才能看电影。”说着，又蹲下来打开浩领的小人国包，帮他掏出两元钱递到浩领手里：“看电影需要两元钱，一会把这个交给前面售票员就行了。”

小人国游戏，是我园打破班级界限而进行的混龄游戏，在这里，幼儿可以根据自己的兴趣和需要，自主选择，自由结伴进行游戏。另外，小人国游戏让幼儿有了更多接触不同群体的机会，也为“大带小”提供了充足的条件，不仅可以看到小班弟弟妹妹依偎着哥哥姐姐，享受着他们的关心与照顾，同时也大大满足了中大班哥哥姐姐被赋予责任与使命的愿望，大大增强了幼儿的自尊心和自信心，为幼儿交往打开了更宽阔的大门。

五、离园：做客，让我们成为更好的朋友

在幼儿园，经常能看到两个小朋友形影不离，做什么事情都要结伴而行，放学了甚至还有些依依不舍，于是老师倡议小朋友们可以用“做客”的方式，更加深入地交往，发出倡议后，越来越多的小朋友加入其中，通过家长的反馈，老师也更全面了解幼儿的交往以及家长面对孩子交往的态度。

婧怡妈妈说，婧怡性格有些内向，以前问她在幼儿园吃了什么好吃的，学了什么本领，她都不愿意说，自从结识了小可爱这个好朋友，有了“做客”的倡议，每周她都会邀请小可爱到家里来，两个人在一起，婧怡就像变了一个孩子，两人争着表现在幼儿园学习的本领，学着老师的模样带小朋友游戏，表演着在幼儿园的一日生活……通过“做客”，在好朋友的带领下，婧怡变得越来越活泼，在与同伴交往中越来越主动，越来越放得开，家里人喜出望外！

霖霖是一个小汽车迷，他从家里带到幼儿园的汽车玩具都如视珍宝，很少与人分享。但在霖霖去壮壮家做客，参观了壮壮的“小车库”后，也迫不及待地分享他的汽车宝贝。于是第二天霖霖就邀请壮壮去他家做客，作为主人的他，既友善又大方，拿出自己心爱的汽车，逐一介绍，并邀请壮壮一起玩赛车比赛游戏……

梦初和小美刚上幼儿园，因为一次集体活动两人不小心的碰撞，产生了矛盾，两家人有些隔阂。但在幼儿园里，两人仍是好朋友，并且梦初、小美和心心三个好朋友约定好，周末都去心心家玩，当梦初和小美两家人再次见面时，看到孩子亲密无间的样子，家长也就放下心中的担忧，在三个孩子交往过程中，家长也客观地看到了自己孩子在与人交往方面比较强势，容易引发矛盾。随后在与老师的沟通中，也坦诚地承认自己对于孩子交往方面教育的疏忽。

做客，是幼儿园交往的延伸与补充，同时也是家园共育中一个很好的着力点。通过做客，让幼儿在更加宽松自由真实的情境中，尝试、运用交往的基本规则和技能，学习与人交往的方法，体验有朋友一起玩的快乐。通过互相做客、轮流做主人，幼儿可以体验到“主人”“客人”两种不同身份，从而更好地学会“换位思考”，尝试站在别人的角度思考问题。同时，“做客”活动也让家长更好地参与到幼儿交往中来，更真实、全面地了解幼儿交往现状，发现问题与不足，以便家园携手，共同促进幼儿社会交往，让幼儿收获更多朋友与友谊，更好地融入集体生活。

【案例反思】

社会领域的教育具有潜移默化的特点，幼儿社会态度和社会情感的培养应渗透在多种活动和一日生活的各个环节之中，教师利用一日生活中的签到、进餐、区角游戏、小人国、离园等各个环节，充分发挥它们蕴藏的教育价值，为幼儿营造良好的交往氛围。

一、同伴互助促交往

幼儿园一日生活中交往主体是幼儿，幼儿在日常生活中也会主动寻找、试探交往的方法，并不断调整自己的行为。同伴，是幼儿交往的对象，同时也是幼儿行为的影响者、引导者，他们会因为同伴之间互相关心、帮助而相互亲近，获得朋友和友谊，相反，也会因为自己的不当行为而不受大家欢迎。在小人国游戏中，中大班哥哥姐姐在经历过小班（中班）阶段后，慢慢掌握了交往的技能，能够更好地照顾弟弟妹妹，通过自己遵守游戏规则潜移默化地影响小班幼儿，成为小班幼儿模仿的对象。

二、师幼互动促交往

生活处处是教育，教师要善于关注幼儿日常生活中的随机事件，及时抓住教育契机促进幼儿社会性发展。在幼儿一日生活当中，教师将入园签到、晨间劳动、区角游戏、离园等各个环节赋予了社会教育的价值，通过观察讨论、鼓励表扬、情景再现等方式，挖掘各个环节随机事件中的教育资源，引导幼儿主动思考，如何关心尊重他人，如何友好地与同伴游戏，并与幼儿一起总结归纳了交往的规则与技巧，让幼儿更好地享受与同伴交往的快乐。

三、家园携手促交往

社会学习是一个漫长的积累过程，需要幼儿园、家庭密切合作，协调一致，共同促进幼儿良好社会性品质的形成。幼儿良好的交往品质，离不开家庭的指导。通过真实的做客活动，让家长真实、客观地了解到幼儿交往发展水平与现状，从而有利于家园携手，更有针对性地帮助幼儿解决交往中的问题，促进幼儿社会交往能力的发展。

## 任务二 学前儿童人际交往教育活动的设计与实施

### 学习情境

人际交往是儿童参与社会生活的基本方式，是儿童社会化的基本途径。集体教学活动是有效提升学前儿童人际交往能力的重要途径。幼儿在与成人和同伴交往的过程中，不仅学习如何与人友好相处，也在学习如何看待自己、对待他人，不断发展适应社会生活的能力。

## 学习目标

1. 掌握学前儿童人际交往教育活动的目标要求及设计流程
2. 能够设计一个完整的人际交往教育活动方案。
3. 开展小组讨论并拍摄微型课视频。

## 任务书

请根据故事《小熊的气球》为小班幼儿设计相关的社会活动。

1. 个人学习：请为小班幼儿设计一个完整的人际交往教育活动方案。
2. 小组学习：小组讨论，选最佳方案并拍摄成微型课视频。

扫码查看
参考答案

图 4-1 《小熊的气球》

## 工作实施

### 4.2.1 学前儿童人际交往教育活动的目标

引导问题 1：《纲要》中提出的幼儿人际交往活动的要求有哪些？

扫码阅读《纲要》
《指南》中相关内容

引导问题 2：总结《指南》中小、中、大班幼儿人际交往的年龄阶段目标。

引导问题 3：请小组讨论下列目标中存在的问题，并尝试修改目标。

活动名称：提出请求（小班）

活动目标：1. 在希望获得别人帮助时，愿意提出请求。

2. 能够用语言提出恰当请求。

**小提示**

人际交往活动目标制定时需重点注意：(1) 符合幼儿年龄特点；(2) 目标具体可操作；(3) 目标全面，包含认知、技能、情感。

引导问题 4：为小班社会教育活动“小熊的气球”设定目标。

引动问题 5：在开展“小熊的气球”活动前需要具体做好哪些准备？

**小提示**

活动准备主要包括经验准备和物质准备两个方面。

### 4.2.2　学前儿童人际交往教育活动的内容

引导问题 6：人际交往活动主要涉及人与人之间的关系，人际交往的内容又可以进一步分为________和________两部分。

引导问题 7:下列哪些内容属于人际交往活动?

① 我喜欢的玩具

② 我升中班了

③ 合作力量大

④ 我会交朋友

### 4.2.3 学前儿童人际交往教育活动的设计流程

引导问题 8:请为以下几个环节排序。

① 运用人际交往技巧

② 创设人际交往情景

③ 学习人际交往技巧

引导问题 9:请完成任务一,为小班幼儿设计一个完整的社会活动方案。

| | |
|---|---|
| 活动名称 | |
| 活动目标 | |
| 活动准备 | |
| 活动过程 | 导入:<br><br>环节一:<br><br>环节二:<br><br>环节三: |

| | |
|---|---|
| | 环节四：<br><br><br>结束环节：<br><br><br>活动延伸： |

## 一、学前儿童人际交往教育活动目标的制定

### （一）目标要全面

#### 1. 认知维度

在人际交往方面，幼儿认知维度的目标有：交往规则的认知（如人际交往规范、待人接物的礼仪，相互理解、尊重与支持，平等、合作、分享、协商、包容、忍让、妥协和诚实守信等规则力），幼儿观点采择能力、自我认识等社会认知能力的发展等。

#### 2. 动作技能维度

在人际交往方面，动作技能维度的目标包括分享、关心、同情和合作等积极的亲社会行为。

#### 3. 情感维度

在人际交往方面，情感维度的目标包括归属感、责任感、同情心和自尊心，理解、尊重和赞赏他人的积极态度等。

在实际的工作中，教师比较容易出现重视知识的传授，忽视情感的激发和能力的培养，从而导致儿童发展失衡的现象。因此，在教学活动过程中，教师要关注幼儿情感的变化，培养幼儿人际交往的积极行为并强化（例如，发现幼儿有分享和合作行为时，要及时表扬他们），以促进幼儿人际交往能力的提高。

### （二）目标要符合学前儿童年龄特点

在设计幼儿人际交往教育活动的目标时，教师需要紧贴本班幼儿的人际交往现状，注意观察幼儿之间是否经常发生矛盾，幼儿和教师的交往现状如何等。有的幼儿不善于和教师交往，教师要积极关注他们，设计专门的教育活动促进教师和幼儿的亲密交往，培养幼儿的安全感和归属感。除了关注幼儿人际交往中的消极行为，也要关注幼儿展现出来的积极、友好行为。教师观察和记录下来的案例，一方面有助于教师了解本班

幼儿的交往现状，另一方面可以作为以后教育活动的素材使用在相关教育活动的目标设计上，教师要注意促进幼儿改善不良行为，强化积极的行为。

### （三）目标要具体可操作

教师在制定人际交往教育活动的目标时，除了要注意以上两点之外，还要注意目标的具体性和操作性。尤其是认知、技能两个领域的目标制定，一定是在本次活动中可以掌握的知识和技能。例如，在大班合作活动中，具体目标可以设计为：活动中能与同伴分工，遇到困难能一起克服。合作能力的提升并非一蹴而就，能够积极地分工，是大班合作的关键，也是提升合作能力的具体抓手，操作性更强。

## 二、学前儿童人际交往教育活动内容的选择

学前儿童人际交往活动涉及的是人及人与人之间的关系，人际关系的内容又可以进一步分为自我意识和人际交往两个部分。

### （一）自我意识

自我意识指幼儿对自我及自我与周围关系的认识，主要包括自我认知、自我评价和自我行为调控三个方面的内容。核心问题有：我是谁？我与别人的相同与不同之处是什么？我在别人心目中的印象和地位如何？我如何看待我自己？别人眼中的我是怎样的？我高兴、悲伤、愤怒、害怕时会怎样？我遇到困难与挑战时会怎样？

### （二）人际交往

人际交往主要涉及人与人之间的关系，对各类不同社会成员的认知，对社会中不同他人之情感的感受及相互交往的行为技能的培养与练习。主要包括与同伴的交往和与成人的交往，例如，知道同伴的姓名、年龄、性别、简单的外部和内心特征以及与他们相处的技能与态度；知道父母、长辈、老师等其他相关人员的姓名、职业、生活，与自己的关系以及和他们交往的技能等。核心问题有：他是谁？他与我有什么关系？我要怎样与他相处？我可以怎样帮助他？

## 三、学前儿童人际交往教育活动的组织与实施

幼儿园要为幼儿提供人际交往的机会和条件，促进幼儿人际交往能力的健康发展。幼儿的人际交往活动类型多种多样，但由于其拥有共同的特点，其活动设计的基本环节如下。

### （一）多种途径，感受同伴交往

《指南》指出，幼儿的社会性主要是在日常生活和游戏中通过观察和模仿潜移默化地发展起来的。所以，幼儿教师要开展多种活动，如讲故事、出示日常生活视频片段、开展游戏活动等，引导幼儿通过多种途径，感受同伴交往。为了帮助幼儿更深入地感受同伴交往带来的快乐，幼儿教师可以提出问题引导幼儿表达自己的心情。通过提问，感受同伴交往的快乐。

### （二）联系实际，掌握交往技能

幼儿在对同伴交往有了更直观的感受和体验后，有了想要开展同伴交往的意识，此时，掌握交往技能成为重中之重。幼儿园教师要结合具体情境，指导幼儿学习交往的基本规则和技能。例如，当幼儿不知怎样加入同伴游戏时，或提出请求不被接受时，可建议他拿出玩具邀请大家一起玩；或者扮成某种角色加入同伴的游戏。当幼儿与同伴发生矛盾或冲突时，指导他尝试用协商、交换、轮流玩、合作等方式解决冲突。可以利用图书、故事结合幼儿的交往经验，请他们讨论什么样的行为受大家欢迎，想要得到别人的接纳该怎样做。

### （三）结合游戏，实践交往技能

交往技能需要在实践中得到提升和巩固。因此，在有了同伴交往的意识，掌握了交往技能之后，通过幼儿再次合作玩耍，体验一起玩的快乐。感受—了解—实践，是学前儿童认知发展的顺序，也是学前儿童社会交往活动设计的主要环节。幼儿教师通过层层递进的环节设计，帮助幼儿逐步完成情感、认知和技能目标。

## 岗位对接

### 小班社会教育活动：一起玩更快乐

【活动目标】

1. 知道要与同伴分享玩具。
2. 学习与同伴分享的方法并能乐意分享。
3. 在尝试中体验一起玩的快乐。

【活动准备】

1. 物质准备

（1）幼儿自带玩具。

（2）合作分享方法图例：A. 一起玩；B. 交换玩；C. 等待着玩。

2. 经验准备

知道什么是分享，有过分享的经历。

【活动过程】

一、在自由玩耍中重温玩具带来的快乐

教师引导幼儿介绍玩具的名称和玩法。

教师：小朋友，今天你们带玩具来了吗？是什么玩具，怎么玩，能告诉大家吗？

二、在讨论中萌生一起玩的意识

教师引导幼儿展开讨论，激发幼儿萌生与同伴一起玩玩具的意识，并表达出自己的分享愿望。

教师：小朋友，你们玩得开心吗？（引导幼儿表达自己的心情）

教师：小朋友，有什么办法让没有参与游戏的小朋友也高兴起来呢？

三、在与同伴的玩乐中探究一起玩的方法

1. 教师引导幼儿用简单的语句讲述自己和同伴的玩乐过程。

教师：真奇怪，一个玩具两个人玩，能告诉我你们是怎么一起玩的吗？

2. 教师出示一起玩的图例，让幼儿在看看说说中了解一起玩的各种方法。

教师：原来你们是这么玩的，那怎样起玩更快乐呢，让我们来看看小动物们是怎么做的吧。

四、再次体验一起玩的快乐

教师：原来一起玩有这么多好方法，那就请小朋友再来试试，和你的好朋友玩得更快乐些，好吗？

老师指导幼儿再次合作玩耍，在尝试中体验一起玩的快乐。

【活动延伸】

教师：小朋友，一个人玩很开心，大家一起玩会更快乐，现在让我们找更多的朋友一起玩，好吗？（带领幼儿继续到户外进行分享合作玩耍，让快乐持续）

【活动评析】

这次活动主要针对小班幼儿经常出现的交往问题而设计。学会分享是小班幼儿需要获得的经验。而小班幼儿因为自身的身心发展特点，自我意识较强，不会考虑到他人感受，交往较被动，交往的动机和能力都较为缺失。为此，教师采用巧妙的活动形式，让他们在玩乐中萌生与同伴分享的意识，习得交往的技能，在玩乐中感受到：一个人玩得快乐，一起玩更快乐。

## 中班社会教育活动：好朋友

【活动目标】

1. 理解故事内容，知道有朋友是一件快乐的事情。

2. 使用文明的语言和肢体动作交朋友。

3. 喜欢和朋友一起游戏，体验与同伴友好相处的乐趣。

【活动准备】

物质准备：绘本《好朋友》，魔法箱，老鼠、小猪、公鸡的毛绒玩具。

经验准备：听过歌曲《找朋友》。

【活动过程】

一、魔法导入，引发兴趣

1. 教师化身魔法师表演魔术，引导幼儿猜测魔法箱内有什么。

教师：小朋友们，今天老师带来了一个神奇的魔法箱，里面有三位好朋友，请小朋友们伸手进去摸一摸，猜一猜，里面都有谁呢？

二、欣赏绘本，知道与朋友相处的方法

1. 幼儿集体阅读绘本内容，了解有朋友是一件快乐的事。

教师：故事里的三位小主人公在一起做了些什么呢？（骑脚踏车、兜风、一起扮成海盗破浪冒险）

教师：他们在一起的时候心情是什么样呢？（高兴、快乐）

总结：只要他们三个在一起，做什么都兴致勃勃的，非常快乐，有好朋友可真好呀！

2. 故事转折，了解与同伴相处的正确方法。

教师：为什么小猪生气了？（公鸡抢走了它的脚踏车，他们吵架了）

教师：他们还是好朋友吗？为什么？（公鸡拥抱了小猪，和他道了歉，他们还是好朋友）

教师：你们也想有好朋友吗？有什么好办法可以结交新朋友？（使用礼貌用语，和同伴问好，不争抢玩具，争吵后要及时道歉，多与同伴拥抱）

总结：认识新朋友时，不仅要有礼貌地打招呼，进行自我介绍，还可以用握握手、抱一抱等方法。希望每一个小朋友都能勇敢地认识新朋友！

三、游戏找朋友，体验与同伴相处的乐趣

1. 教师介绍游戏规则：小朋友听着《找朋友》的音乐，用礼貌的语言和动作向其他小朋友问好，音乐结束后和向你问好的伙伴相互拥抱。

2. 组织幼儿进行游戏，教师及时进行表扬。

【活动延伸】

区角活动时间，请小朋友在美工区制作爱心卡片，送给自己的好朋友。

## 大班社会教育活动：合作快乐多

【活动目标】

1. 通过音乐、游戏、实践等活动，了解合作的重要性。

2. 能共同探索，尝试协商、分工，提高与同伴合作的能力。

3. 体验团结协作、战胜困难带来的快乐，产生进一步合作的意识。

【活动准备】

物质准备：《八只小狗抬花轿》音乐、绳子、气球、绘本、记录表、笔、合作小奖牌。

经验准备：参加过小组搭建游戏。

【活动过程】

一、音乐导入，感受合作带来的快乐

师生共同演唱《八只小狗抬花轿》。

教师：有几只小狗抬花轿？花轿里坐着的是谁？老虎欺负小狗，怎么办？要几只小狗一起才能对付打老虎？（老虎很大很凶猛，要想对付大老虎，小狗们就要互相合作）

小结：小狗们一起合作，惩罚了大老虎，心里真开心。人们之间互相帮助，团结合作，本领才会更大。

二、合作游戏，初步体验两人合作的快乐

游戏：小心头顶。规则：先用绳子将空地一分为二，教师出示气球，要求幼儿两两组合，在游戏过程中只能用头来顶气球，哪一组球先落地为输。

小结：两个人相互配合，共同合作，才不会让气球很快落地。

三、创设情境，多人自主分工合作

1. 游戏：小小统计员。

教师（出示绘本）：书店里新进了很多好看的新绘本，但是由于装卸不慎，绘本的包装散掉了，变成了这样一堆，乱糟糟的，现在书店管理员要进行统计，可是他很苦恼，小朋友们愿意来帮忙吗？

教师出示记录表，请幼儿将统计的绘本画下来（或用不同的颜色表示），并相应的统计出数量。

2. 分组尝试统计。

要求幼儿相互协商，想出好办法，比比哪一组统计的速度最快。

教师：为什么有的快有的慢？

请统计速度快和速度慢的幼儿分别介绍自己的统计方法，发现问题。

小结：合作时分工要明确、合理。

3. 再次尝试，体验合作的快乐。

小结：大家合作的时候，每个人都很重要。

四、交流讨论，感受合作的重要性

教师：在我们日常生活中，还有哪些事情需要相互合作才能完成？哪些事情大家一起合作会完成得更快更顺利？（如冬天里互相穿脱衣物、活动结束整理物品、两人三足游戏等）

小结：在日常生活中，有些事情是一个人可以完成的，但还有很多事情是需要大家一起做才能完成的，学会和别人合作才能更好更快地完成事情。小朋友们一起合作完成事情的时候也能感觉到非常快乐。

五、结束游戏，体验合作的快乐

教师：经过你们的合作，成功整理了这些散落的绘本，恭喜大家经过合作成功帮助了书店的管理员，快和你的小伙伴们击掌庆祝吧！为了感谢小朋友们的帮助，并赞扬你们互相合作的精神，管理员叔叔阿姨们为小朋友送来了“合作小能手”的奖牌呢！快佩戴上，我们一起去找更多的小伙伴玩合作的游戏吧。

【活动延伸】

区角游戏：在班级区角开设“小小统计员”的游戏。

家园共育：家长和幼儿一起玩“两人三足”，学习如何合作。

扫码获取更多优秀案例

## 聚焦国考

1. 在角色游戏中，教师观察幼儿能否主动协商处理玩伴关系，主要考察的是（　　）。（2018上半年真题）

A. 幼儿的情绪表达能力

B. 幼儿的社会交往能力

C. 幼儿的规则意识

D. 幼儿的思维发展水平

2. 简答：影响在园幼儿同伴交往的因素有哪些？（2016 年上半年真题）

## 单元测试

**一、简答题**

1. 简述小、中、大班幼儿人际交往的发展特点。

2. 简述学前儿童人际交往的策略。

**二、材料分析题**

洋洋，男孩，5 岁，长得又高又壮，幼儿园中班。洋洋在幼儿园里属于小霸王型的，无论做什么事，只要其他小朋友不顺着自己的意，就会动粗，处处显得非常强势。洋洋妈妈隔三岔五会被老师提醒，要好好管管自己的孩子，不要动不动就打人。平时洋洋父母工作很忙，洋洋主要跟着爷爷奶奶，只要不顺心就会大哭大闹，一闹腾爷爷奶奶就得满足他的要求。在妈妈面前洋洋一般不敢这样，有几次闹腾被痛打了一顿，事后明显老实多了。但是看到孩子在幼儿园有这样的行为，洋洋妈妈担心以后孩子在与小伙伴交往中会受排挤，不被人欢迎。

请你对案例中洋洋的行为进行分析，并提出合理的教育策略。

**三、活动设计题**

以“朋友”为主题，为中班幼儿设计一个社会教育活动方案。

扫码查看
参考答案

## 学习反思

项目五

# 学前儿童社会环境与社会规范教育

## 任务一　学前儿童社会环境与社会规范教育概述

### 学习情境

学前儿童生活在具体的社会环境中，其所处的社会群体和机构具有一定的组织结构、行为规范和文化特征，通过行为规范等方式影响儿童。幼儿园社会活动涉及幼儿园一日生活的每个方面，幼儿时期的社会环境及社会规范教育能够使学前儿童真切体验到公民的责任和义务，它是一种陶冶情操的教育、做人的教育和生活的教育，可以让儿童通过不断适应生活和学习环境的变化，积极地适应社会。

### 学习目标

1. 了解学前儿童社会环境与社会规范教育的内涵及影响因素。
2. 掌握学前儿童社会认知发展的特点，能够根据特点合理设计教学。
3. 激发对学前儿童的喜爱之情，努力成为学前儿童终身发展的引路人。

### 任务书

1. 个人学习：请结合见实习经历及调查研究，分析小、中、大班幼儿社会规范认知发展的年龄特征及规律。

2. 小组学习：请小组讨论完成案例分析。

早晨，妞妞一来到活动室就高兴地说："今天我是乘公交车来的。"其他孩子听了，便七嘴八舌地议论开了："我也坐过公交车，坐公交车要买票。""我跑得快，总能抢到座位。""我上次坐公交车还给老奶奶让座的呢。"

请小组讨论：如何帮助幼儿掌握社会规范、遵守社会规则？

扫码查看
参考答案

## 工作实施

### 5.1.1　了解社会环境与社会规范的内涵

引导问题 1：学前儿童社会环境与社会规范教育的含义是什么？

引导问题 2：学前儿童社会认知发展的相关理论有哪些？你比较赞同哪一种理论？

扫码查看
学前儿童
社会认知发展
相关理论

引导问题 3：学前儿童的社会环境与社会规范教育的内容有哪些？

### 5.1.2　学前儿童的社会环境与社会规范学习的年龄特征

视频
幼儿外出
参观片段

引导问题 4：3～6 岁儿童社会环境学习有何特征？

引导问题 5：3～6 岁儿童社会规范学习有何特点？

**小提示**

同学们可以从以下两个方面分析：对社会角色的认知过程、对社会规范的学习过程。巴克指出，周围的环境常会引起人们对其一定社会行为的联想，从而影响我们的社会认知。幼儿也不例外，如在图书馆、影剧院、车站等公众场所，人们一定要遵守行为规则和社会行为规范，如文明乘车，保持安静，尽量不要大声喧哗，以免影响他人。

### 5.1.3 学前儿童社会环境与社会规范教育策略

引导问题6：如何在幼儿园开展有效的社会环境与社会规范教育？

社会环境与社会规范教育主题环境创设图片

小组决策（小组讨论并形成决策）

微课

幼儿园班级规则的建立

## 一、学前儿童社会环境与社会规范教育的含义

### （一）学前儿童社会环境教育的含义

学前儿童社会环境教育主要是指引导学前儿童了解自己所接触到的周围社会环境，包括机构的名称、外形、功能、相关设施和工作人员，培养学前儿童爱护周围社会环境的教育。其目的是通过幼儿园教师创设良好的环境，组织活动或者游戏来不断提高幼儿社会认知水平，改变社会行为，逐步适应社会生活。其内容主要如下：

1. 人际关系的认知

（1）学前儿童对父母长辈的关系的认知。幼儿从出生起就生活在家庭中，最初的人际关系就是同父母之间的关系。幼儿与父母之间的关系是与其他人关系的基础，影响着幼儿与其他人的关系。《指南》也要求成人主动亲近和关心幼儿，经常和他们一起游戏和活动，让幼儿感受到与成人交往的快乐，建立亲密的亲子关系。

（2）学前儿童对同伴关系的认知。同伴关系是指幼儿与自己年龄相仿的儿童之间的关系。在这种关系里，幼儿是平等的个体，享有平等的权利，可以充分地展现自我。《指南》要求教师应创造交往的机会，让幼儿体验交往的乐趣。例如：鼓励幼儿参加小朋友的游戏，邀请小朋友到家里玩，感受有朋友一起玩的快乐，幼儿园应多为幼儿提供自由交往和游戏的机会。鼓励他们自主选择，自由结伴开展活动。

(3) 学前儿童对师生关系的认知。幼儿在进入幼儿园以后，大部分时间都和教师生活在一起，教师的一举一动、一言一行都影响着幼儿，教师是幼儿生活中的重要他人，也是他们心目中的权威人物。

### 2. 社会环境的认知

社会环境是指人类生存及活动范围内的社会物质、精神条件的总和。学前儿童生活在一定的社会环境中，社会环境中的各种因素总以这样那样的方式与幼儿发生着互动，影响幼儿各方面的发展，幼儿也在与环境的互动中形成自己对社会环境的认知。

(1) 对家庭的认知。幼儿对家庭的认识是逐步发展的，从对父母及家庭成员的认知到对家用物品的认知，从基本的日常生活规范认知到家庭中社会规范的认知。比如知道家庭的主要成员的称谓、姓名、职业、出生年月和属相等；知道家庭地址、电话号码、家庭中的主要设施；知道家中常见的一些生活用品和家用电器的名称、用途或功能，；知道热爱、尊重和关心父母及长辈，为他们做一些力所能及的家务劳动等。幼儿园应组织一些以家庭为认识内容的社会教育活动，从小培养幼儿对家庭的责任感和对父母应尽的义务。

(2) 对托儿所、幼儿园的认知。托儿所、幼儿园是幼儿进入的第一个集体教育机构，也是需要他们充分认知的一个重要社会环境。主要包括知道自己幼儿园、班级的名称及所在班级教师的姓名；认识园内其他教师和工作人员，以及他们所从事的主要工作，知道他们的劳动与自己的关系等；知道幼儿园内外部的主要环境、主要设施和相关的行为规范等。

(3) 对社会机构的认知。幼儿的生活离不开一定的社会机构，如医院、邮局、商场、超市、餐厅、理发店、银行、消防站、动物园、公园、影院、博物馆等。幼儿通常会在幼儿园角色游戏活动中再现这些机构的情景和情节。此外，幼儿应认识飞机、火车、公共汽车、出租车、地铁、轮渡等公共交通工具，认识清洁车、洒水车、救护车、消防车、车站、机场、码头等公用设施及工具；参观工厂、农村、城市、学校等，了解各种职业人群的主要工作以及与自己的关系等。

(4) 对家乡、国家与民族的认知。从小建立幼儿对家乡、民族与国家的初步认知，激发幼儿爱家乡、爱祖国的情感，培养幼儿一定的民族荣誉感。这主要包括知道自己家乡、民族、祖国的名称，以及在地图上的大致方位；知道首都、国旗、国徽、国歌等；知道家乡以及祖国的风景名胜、著名建筑、风土人情、风俗习惯，以及主要的生活方式等；了解国家和民族的重大节日，如春节、清明节、端午节、中秋节、重阳节等；知道与自己关系密切的主要节日，如三八妇女节、五一劳动节、六一儿童节、国庆节、教师节、父亲节、母亲节等。

### 3. 社会角色的认知

对社会角色的认知是指幼儿对社会角色，如教师、妈妈、警察、工人等所享有的权利、履行的义务以及所遵循的社会规范的认知。大班幼儿的生活经验丰富，对社会角色的认知也更加细腻深刻，他们在角色游戏中会把角色的一系列复杂行为展现出来。如某大班幼儿在娃娃家玩扮演妈妈的游戏，将宝宝从起床、穿衣、吃饭、换尿布、检查身体到带宝宝玩等一系列复杂行为全部展现出来，且表现得惟妙惟肖。

#### 4. 对重大社会事件的认知

对重大社会事件的认知，是幼儿了解社会、关心社会的一个重要途径，这包括了解社区、家乡和国家以及世界近期的一些重大活动，如二十大的召开、关爱地球活动、家乡的环境治理和环境保护活动等，了解国家和世界上发生的一些战争或重大灾害等。

### （二）学前儿童社会规范教育的含义

幼儿园社会规范教育是指幼儿园与家庭合作，综合运用多种方法引导幼儿遵守社会的基本规则和规范，目的是帮助幼儿了解日常生活规范和规则，为日后遵守社会公共规范和规则，做一名合格的社会公民，打下一个良好的基础。学前儿童社会规范认知包括基本道德规范、文明礼貌行为规范、公共场所行为规范、社会群体规范、人际交往规范等。其内容主要如下：

基本道德规范的认知，包括对是与非、对与错、爱与憎等道德问题的认知和判断。

文明礼貌行为规范的认知，包括个体自身的素质修养、与人交往时的礼仪等，以及文明的言谈举止、使用礼貌用语、不随意打断别人讲话、集中注意力听他人讲话等。

公共场所行为规范的认知，指对全社会都应该共同遵守的各种规则的认识，主要包括公共卫生规则、公共交通规则、公共财产保护和爱惜规则等。

群体活动规范的认知，即个体对自身所处的某一社会群体活动的规范的认知。对幼儿来说，主要是对幼儿园集体活动规则的认知，这包括两个方面：一是对幼儿园日常活动规则的认知，如排队公平等待规则、轮流规则、集体服务规则等；二是学习、娱乐、游戏等活动的规则。

人际交往规范的认知，即在社会系统内对社会互动起结构性作用的行为规范，这主要是指人际交往中待人接物的一些礼仪与规则，如接待客人或到别人家里做客的礼仪，以及不同的民族和国家的一些习俗规则等。

此外还有一种类型的社会规范认知——谨慎规范。由于幼儿年龄较小，缺乏社会生活经验，这种类型的社会规范认知不可缺少。所谓谨慎规范是指那些经常遇到的用以调节安全的行为规则，如“危险的地方不能去”，“危险的事儿不能干”，“不给陌生人开门”，“外出要切断一切电源水源和煤气”，“不要触摸电插座、开煤气、玩打火机”等。我们要通过各种途径让幼儿充分认知这些防止消极后果的行为规则。

## 二、学前儿童社会环境与社会规范教育的意义

幼儿园是幼儿人生旅途中第一个正式的社会规范组织。幼儿入园进行集体生活，就标志着从家庭生活中走向社会，开始接受社会环境中群体规范的约束，从自然人逐步向社会人过渡，适应社会生活。幼儿正处于发展的敏感期，也是学习做人的奠基期，这一时期幼儿园开展的社会环境与社会规范教育活动，能够帮助幼儿在个体社会化的初级阶段逐步认识、理解和遵守社会规则，从而更好地适应幼儿园环境和集体生活。

## 三、学前儿童社会认知发展的特点

### 1. 学前儿童社会认知发展是一个逐步区分认识社会性客体的过程

儿童社会认知的发展是一个逐步区分认识社会性客体的过程，即区分认识人类客体与非人类客体、一个体与另一个体、自我与非我的过程。儿童出生不久就逐渐在不同方面表现出社会认知的萌芽。新生儿对人脸的偏爱反映了儿童最早对人类客体与非人类客体的区分。婴儿约4个月时能对主要照顾者与陌生人做出不同的反应。6个月时能对特定抚养者形成依恋，这标志着婴儿能将不同的个体区分开，婴儿在9～10个月时出现自我认识，表明婴儿能把自己看作一个不同于其他人的个体，能像认识其他人一样认识自己。

同时，这一过程还表现在儿童对不同情绪情感、行为意图及社会规则的认识。研究表明，婴儿能对成人的不同表情做出不同的反应，出生10个星期的婴儿看到母亲高兴、生气、悲伤的表情，能分别做出高兴、生气、伤心等表情。有关行为意图认知的研究表明，儿童很早就能辨别有意导致和偶然发生的事件。

### 2. 观点采择能力是学前儿童社会认知发展的关键

塞尔曼认为，儿童认知自己和他人的能力是以对其观点的假设或采择为前提的。要认识一个人，就必须理解他的观点并了解他的思想、情感、动机和意图等影响和决定其外部行为的内部因素。也就是说，观点采择在儿童社会认知发展中处于核心地位。同时，儿童对不同观点的理解认同和协调能力的发展标志着其摆脱自我中心思维方式以及认识社会关系方式的重新建构。

在儿童情绪情感认知的发展过程中，观点采择能力起着重要作用，移情是儿童观点采择能力在情绪情感发展中的集中体现。研究指出：4岁幼儿往往以自己的感受代替他人的感受。而6岁幼儿不仅能摆脱“自我中心”倾向，而且能较客观地多维度地理解他人的情感体验，这是由于他们具备了一定的观点采择能力。

### 3. 学前儿童社会认知各方面的发展不是同步、等速的

儿童对自我、他人、社会关系、社会规则以及对人的情绪情感、行为意图、态度动机、个性品质等的认识不是同时开始，也不是等速发展。其发生发展的总趋势是从认识他人到自我，再到相互关系；从认知情绪到行为，再到心理状态；从认知身体到心理然后再到社会。在同一时期，儿童各方面的发展水平也是不同的。

已有研究表明，儿童对他人的认知先于对自我的认知。婴儿4个月时能将照顾者与其他人分开，而对主体我的认知在9～10个月出现，对客体我的认知则要到15～24个月。10岁左右的儿童已能基本完整地对他人进行讲述，而自我认知达到这一水平则要到十三四岁。虽然儿童对他人和自我的认知是在人与人的相互关系中进行的，但儿童能明确认识到这种相互关系则在二者之后。儿童对行为的认知要比情绪晚，对他人行为意图和原因的认识一般要到3岁后开始。4岁半左右的幼儿开始摆脱自我中心，能够站在他人角度认识理解他人的观点。

4. 学前儿童社会认知的发展基本遵循认知发展的普遍规律，但不完全受其影响

社会认知是认知发展的一个方面，具有认知发展的普遍规律和特点。皮亚杰认为，认知他人的发展与认知其他方面的发展是平行的，反映了认知能力发展的普遍规律。儿童在各个发展阶段所形成的思维结构为儿童社会意识和道德意识的发展奠定了基础。

然而，儿童社会认知发展与一般认知发展并非完全平行，它并不完全受认知发展的影响。不少研究发现，儿童智商与其观点采择能力之间的相关系数一般是中等或偏下。儿童的社会认知受其一般认知的影响，年龄越小，这种影响越大。当儿童的一般认知达到一定水平后，个体社会认知能力就更多地受社会、文化、教育等因素的影响和制约。如生活在不同国家、地区的儿童，其社会认知的发展有显著差异；家庭经济状况、父母受教育程度、同伴关系、社区氛围等都会对儿童的社会认知发展产生不同程度的影响。随着儿童年龄的增长，其社会交往范围会逐渐扩大，社会经验会不断丰富，这些社会因素的影响作用也会日益增大，且变得更加复杂。此时，虽然一般认知水平对儿童的社会认知仍有影响，但其在社会认知发展中的作用在下降。

5. 学前儿童社会认知的发展水平与社会交往密切相关

首先，儿童同伴互动对社会认知有促进作用。皮亚杰认为，儿童的同伴交往和互动能够促进其去自我中心和观点采择能力的发展。因为同伴互动为他们更好地认识自己的观点与他人观点间的差异提供了机会，使他们能够了解自己和他人对活动内容和相关问题可能存在不同的观点。其次，交往的需要和动机与儿童社会认知的水平有密切关系。费尔德曼认为，儿童认识他人的经验少，不能意识到对他人形成整体印象的重要性，缺乏更深刻理解他人的动机，会导致其对他人认知与描述的表面化。

## 岗位对接

### 入园小故事：暖心点滴，让宝宝爱上幼儿园

靓靓小朋友是入园比较晚的小女生，在刚进幼儿园的时候几乎不说话，早上入园时总是哭闹不让父母走，游戏活动时也只是坐在角落里看别人玩。她不愿意吃点心，午餐勉强吃一点，中午也不愿意睡觉，总是找借口不上床。她总是观察别人，她看到别的小朋友拿杯子排队喝水，她也拿杯子排在小朋友后面接水，但就是不愿意讲话。老师帮助她取衣服、领她认识自己的床铺时，靓靓会小心翼翼地说“谢谢”，但她不愿意入园“问好”，也不愿意离园说“再见”。

这是一个有入园焦虑的孩子。靓靓语言发展很好，表达能力很强，也很善于表达，但由于对新环境的不适应，靓靓感到紧张和缺少安全感，使她不愿意表达，不喜欢幼儿园里的活动规则，害怕做错事。面对陌生的小朋友，她怯生且不敢主动接触。于是靓靓只能默默地观察周围，观察老师和小朋友，做什么事都小心翼翼。家长和老师要基于孩子的特点，创造主动交往的机会，让幼儿尽快适应幼儿园生活。

## 户外自主游戏:椿象虫

户外自主游戏时间,祺惠小朋友在幼儿园种植区发现了一只椿象虫,我们把它带到了班级的科学区。今天早上区域活动她选择了科学区,她拿起放大镜对着盒子看了看,说:“老师,椿象虫死了。”老师和小朋友听到声音后,都走过来看。老师问:“你怎么知道椿象虫死了呢?她有哪些特征?”祺惠说:“我看到它的腿和我以前观察的样子不一样了。”“怎么不一样的?”老师追问。祺惠接着说:“以前它的腿不是缩在一起的,现在它的腿和身体都是缩在一起的。”“它是不是饿死的?”旁边的小朋友问。彭祺惠说:“它好几天没吃东西了,可能就是因为太饿了,所以饿死的。”老师说:“我们一起回家找找资料,明天我们一起分享一下,椿象虫为什么死了。”大家纷纷点头,祺惠在记录单上记录了椿象虫今天的情况。

图 5－1 户外自主游戏:椿象虫

幼儿在科学区发现椿象虫不动了,身体蜷缩在一起了,知道椿象虫死了。根据相关的特征,幼儿根据一定的经验来进行判断,说明幼儿有观察和判断的能力,具有一定的探究兴趣和探究欲望,教师再进一步引导,支持幼儿的探究,丰富幼儿的经验。教师要真诚地接纳、多方面支持和鼓励幼儿的探索行为,认真对待幼儿的问题,引导他们猜一猜、想一想,有条件时和幼儿一起做一些简易的调查,和幼儿一起发现并分享周围新奇、有趣的事物或现象,一起寻找问题的答案,让幼儿在原有生活经验的基础上提升经验。

## 自主游戏:打疫苗啦!

每周一次的大厅游戏开始了。晗语穿上了护士的服装开始忙碌起来(我站在旁边默默观察,并没有看见有小朋友走过去找她)。这时晗语开始喊了起来:“打疫苗啦!打疫苗啦!没打新冠疫苗的快到我这里来排队哦!”这时橙子走了过来说:“我要打疫苗!”晗语一边准备着“针管”一边说:“快坐下,把你的胳膊伸过来,我来帮你打疫苗!”橙子按照晗语要求的做了,晗语开始给橙子打起疫苗来。这时旁边

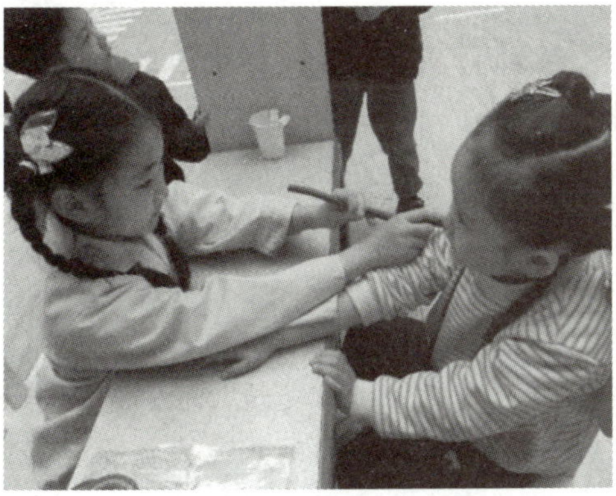
图 5－2 自主游戏:打疫苗啦!

陆陆续续来了几个小朋友围观，也准备接种疫苗了！

最近一段时间，幼儿园、社区一直在提倡接种新型冠状病毒疫苗，晗语耳濡目染，得到了启发。游戏开始时，并没有小朋友参与晗语的游戏，但是，晗语却自己想到了办法，让同伴加入自己的游戏中，让游戏有趣地进行下去。然后晗语用木棍当针管，以物代物来进行游戏，说明她的思维正向具体形象思维发展，游戏水平也在向高质量、复杂的游戏行为转变。建议游戏分享时，教师可以推荐晗语小朋友跟大家分享自己的游戏故事，培养幼儿的自信心，同时鼓励其他孩子大胆开展自己的游戏活动。

## 区域游戏：我们一起玩

杰杰在图书区活动时，拿了一本图书到自己的座位上看。看了大概五分钟，杰杰便拿起书斜立起来，靠在椅背上，接着把小手放到书和椅背之间构成的“小屋”里，同时还哈哈笑起来，俨然和绘本做起了游戏。旁边的平平看到了，也把自己正在阅读的绘本立直，又把杰杰的书打开放到自己的书上，他们俩一起建起了“小房子”，非常开心。

小班的幼儿刚入园不久，和同伴相处时还是保持了在家里时的原生状态，自我为中心的行为表现也很明显。杰杰刚入园时，缺少和同伴主动相处的经验，平常老师会特别关注他。

《3—6岁儿童学习与发展指南》社会领域里提道：人际交往和社会适应是幼儿社会学习的主要内容。幼儿的社会性主要是在日常生活和游戏中通过观察和模仿潜移默化地发展起来的。

以往，对杰杰来说，只能他拿别人的东西，别人不能触碰他的任何东西，否则他就会挥舞“小拳头”。可这次，他和平平能友好地拿着书一起“盖房子”，我们看到了孩子的改变，也更加坚定了教师观察、理解和支持幼儿发展的重要性。

当教师发现杰杰小朋友和绘本“做游戏”时，没有按照成人的意愿（图书不能玩）去制止杰杰的行为，而是安静地观察，发现杰杰和之前有很大的改变，愿意和同伴分享游戏的快乐，也愿意同伴拿自己的“玩具”一起玩了，这是孩子社会适应能力的进步。针对不同发展特点的孩子，幼儿园应多提供自由交往和游戏的机会，鼓励他们自主选择、自主结伴开展活动。

## 离园小插曲

离园时间快到了，孩子们已经熟悉了幼儿园的生活，也有了自己“生物钟”。临近离园时，老师还是一如既往地跟孩子讲绘本故事或者请小朋友分享自己一天在幼儿园最开心的事情，可是，每次总有孩子在念叨：“妈妈怎么还不来接我？爸爸能不能早点来接我？我都不想听故事了……”有的孩子们在离园活动时，已经没有了耐心，也会影响其他孩子听故事的情绪。

夏季白天的时间较长，幼儿在幼儿园虽然有丰富的活动，但一天没有见到自己的爸爸妈妈，离园时的心情是迫切的。因此，如何安抚幼儿离园的焦急情绪，成为一个新的研究话题。通过反思，幼儿园决定改革离园活动形式。首先，把自主权交给孩子，调查一下：孩子在快要离园的时候喜欢做哪些工作？师幼一起研讨，决定离园活动的形式和内容，相信通过幼儿自主讨论和决定的离园活动，他们一定会很喜欢，不会在离园时心神不宁了，能够专注自己的活动，耐心等候家长来接。

【案例反思】

幼儿一日生活中的每一个环节，都倾注了教师的爱心和责任，同时教师也努力支持着幼儿的发展。生活化、游戏化是幼儿园课程的主要特征，因此，帮助幼儿过好一天的生活，乐在其中，学在其中，创造在其中，是教师们义不容辞的责任。

一、了解幼儿心理特点，让规则生活化

《3—6岁儿童学习与发展指南》的教育建议提出：创造交往的机会，让幼儿体会交往的乐趣。给家长建议：利用走亲戚、到朋友家做客或有客人来访的时机，鼓励幼儿与他人接触和交谈；鼓励幼儿参加小朋友的游戏，邀请小朋友来家里来玩，感受有朋友一起玩的快乐。作为幼儿园，应多为幼儿提供自由交往和游戏的机会，鼓励他们自主选择、自由结伴开展活动。例如，多开展小班幼儿喜欢的游戏区，娃娃家、玩水、玩沙、玩具大家一起玩等游戏，促使幼儿主动交流和交往；作为老师，多表扬鼓励，帮助靓靓树立自信心，对于靓靓的每一点进步和改变，及时表扬她，使孩子知道老师喜欢她，在集体面前鼓励她独立分享自己的游戏，树立自信心；将活动室布置得温馨可爱，转移孩子的焦虑情绪；教师也可以抚摸孩子的头、小脸等，早上入园时拥抱孩子，让孩子从老师那里找到妈妈一般的温暖感觉，从而尽快建立师幼的依恋关系，帮助孩子及时适应幼儿园生活。经过两周的家园携手，目前，靓靓已经在离园时和老师主动说“再见”了，也愿意跟小朋友一起玩游戏了，孩子不再焦虑，真是可喜的转变。

二、观察支持，避免重复说教

幼儿的自控能力较弱，随意性强，在游戏时，不免遇到这样那样的问题，老师们就是幼儿的支架，在观察、解读、陪伴幼儿时，要提供适宜的支持。例如，游戏材料的提供、问题的解答、游戏环境的改变等，让幼儿进入深度游戏、深度学习，在游戏中享受他们原有的快乐。例如，幼儿园玩具区，有位幼儿将一筐塑料积木倒在活动地面，紧接着其他幼儿也去争先恐后的模仿。在这一时刻，教师没有立即训斥幼儿，而是询问幼儿大家都想扔吗？幼儿表示想去这样做，教师于是说道：那你们尽情地扔，尽情玩吧！小朋友们炸开了锅，尽情地去大喊大叫和扔玩具。几分钟后一片狼藉，教师说道：玩的特开心吧，好极了，我们该捡玩具了。小朋友们只好自己收拾玩具，在过程中教师不断引导幼儿讨论“不乱扔玩具”这一规则。这位教师教育过程就是不说教，让幼儿自己去体会规则，自我约束。

# 任务二　学前儿童社会环境与社会规范教育活动的设计与实施

## 学习情境

幼儿不是简单地接受成人的理念或记住社会的规则，而是在掌握这些规则基础上做出自己的判断，从而形成自己的认识。对于幼儿园这个集体活动场所，每个幼儿都有一个逐步适应的过程，教师要了解社会环境与社会规范教育活动的目标，因材施教，合理运用方法，才能有效地开展教育活动。

## 学习目标

1. 掌握学前儿童社会环境与社会规范教育活动的目标要求及设计流程。
2. 能够设计一个完整的社会环境与社会规范教育活动方案。
3. 开展小组讨论并进行模拟授课。

## 任务书

请根据故事《大卫惹麻烦》为中班幼儿设计相关的社会活动。

1. 个人学习：请为中班幼儿设计一个完整的社会环境与社会规范教育活动方案。
2. 小组学习：小组讨论，选出最佳方案并拍摄成微型课视频。

扫码查看
参考答案

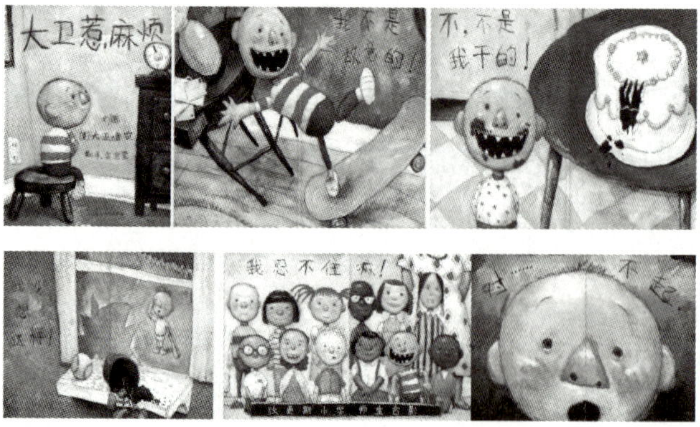


图 5-3　《大卫惹麻烦》

## 工作实施

### 5.2.1　社会环境与社会规范教育活动的目标

引导问题1:《纲要》中提出的幼儿社会环境与社会规范教育活动的要求有哪些?

扫码阅读《纲要》《指南》中的相关内容

引导问题2:总结《指南》中小、中、大班幼儿社会环境与社会规范教育的年龄阶段目标。

引导问题3:请小组讨论下列目标中存在的问题,并尝试修改目标。

活动名称:大街上的标志(中班)

活动目标:

1. 引导幼儿关心大街上的标志。
2. 认识几种常见的标志。
3. 发展初步的运用标志的能力。

**小提示**

**环境与社会规则**

设定社会教育活动目标时需重点注意:(1) 符合幼儿对社会环境的经验水平;(2) 目标应具体化、可操作性强;(3) 目标全面,包含认知、技能、情感;(4) 目标要突出重点,以幼儿认识并遵守社会规则为主要目标。

引导问题4:为中班社会教育活动"大卫惹麻烦"设定目标。

引动问题 5：在开展中班社会教育活动“大卫惹麻烦”前需要具体做好哪些准备？

### 5.2.2 社会环境与社会规范教育活动的设计流程

引问题 6：请为中班社会教育活动“大卫惹麻烦”设计完整的活动方案。

| | |
|---|---|
| 活动名称 | |
| 活动目标 | |
| 活动准备 | |
| 活动过程 | 导入：<br><br>环节一：<br><br>环节二：<br><br>环节三：<br><br>环节四：<br><br>结束环节：<br><br>活动延伸： |

## 一、学前儿童社会环境与社会规范教育活动目标的制定

### （一）学前儿童社会环境与社会规范教育目标

1. 能够清楚自己与家人之间的关系，感谢父母及其他长辈对自己的养育和培育之恩。

2. 初步了解家庭和幼儿园的地理位置和结构，认识与自己生活密切联系的人员的关系，尊重他人的劳动成果，培养热爱劳动的情感。

3. 初步了解并掌握生活中的一些基本规则，如交通规则、幼儿园一日行为规范、公共行为规范等。

4. 初步了解并且逐步掌握生活中的基本公共卫生规则，要有环境保护意识，争当环保小卫士，注意饮食卫生安全，摒弃不良习惯。

5. 树立正确的价值观念，能够明辨是非，有初步的是非观和爱憎感。

### （二）具体目标制定注意事项

学前儿童社会环境与社会规范学习与内化需要长时间的实践积累，在一次教育活动中如果涉及的社会规范过多，容易导致幼儿认知混乱，难以消化，这会降低教学效率。相反，如果在一次教育活动中仅涉及一两个简单的行为规范，将有助于幼儿获得清晰的知识经验，有效指导自己的行为，将规范内化，由他律发展为自律。因此设计活动目标时，应简单易达到以使活动更具有针对性。如中班幼儿想在区角开个超市，为了让幼儿了解售货员与顾客各自的角色规范和行为准则，教师开展“参观超市”活动，目标制定如下：(1) 了解超市工作人员的主要职责；(2) 能够按照超市购物规则进行购物；(3) 体验购物的乐趣。这样的活动安排使幼儿对超市的认识更为直观，知识获取更有效。

## 二、学前儿童社会环境与社会规范教育内容的选择

### （一）内容符合幼儿年龄特点

幼儿每时每刻都会接触到丰富复杂的社会环境中的各种事物，教师应当选择那些符合幼儿认识特点和发展水平的最必须、最生动、最易于幼儿接受的教育内容，有计划、有目的地开展活动，让幼儿去体验、去感受、去了解，并有针对性地提高幼儿观察、搜集、调查、讨论、操作、探究的积极性。家庭和幼儿园是幼儿最熟悉、接触最多的社会环境，其中蕴藏着丰富的教育资源。教师可以通过引导幼儿了解自己的成长过程、父母的职业与工作，来培养幼儿对父母的情感，引导他们关心父母，为父母做力所能及的事。幼儿在社会化发展的进程中，会因所处环境的变化而产生心理上的冲突与矛盾，同时也激发出新的学习需求，这使他们的学习和发展具有渐进性和阶段性的特点。教师要能准确理解并把握幼儿发展阶段的主要矛盾，按各年龄段幼儿的发展特点、接受水平及社会化的基本发展需求，制定幼儿社会环境与社会规范教育的内容与任务，有效促进幼儿社会认知的全面发展。

### （二）内容选择依据幼儿的兴趣和关注点

在社会环境与社会规范教育过程中，教师在选择教育主题或内容时，首先应充分考虑本班幼儿的兴趣和关注点，选择那些对幼儿有吸引力的主题与内容。要了解本班幼儿的兴趣与关注点，首先要求教师善于观察幼儿，能够把握住幼儿的行为特点和活动细节，熟悉幼儿的心理。以“标志”主题为例，幼儿对“标志”与“规则”产生了兴趣，教师就可以抓住这个契机在环境中增加“标志”因素，更多地以标志来引导幼儿认识和遵守规则。与此同时，还可以调动家庭教育的力量，请家长引导幼儿关注日常生活中不同的标志，并向幼儿讲解标志的规则含义。在此基础上，开展“标志与规则”的相关活动——“谈自己找到的标志”“我设计的标志”等，将能获得较好的教育效果。其次，受家长和教师潜移默化的影响，幼儿也会关注重大节日和社会突发事件，选择这些作为社会认知教育的内容，同样能引起幼儿的兴趣，提高幼儿的社会认知水平。可以选择的题材包括地震灾害、奥运会、国庆节、中秋节等。

### （三）选取正面的社会现象作为社会规范认知的案例

现实生活中既有很多诚实、勇敢、勤劳、守信、关心他人、舍己为人的好榜样，也有酗酒、赌博、打架、说粗话、欺诈、损人利己等很多消极丑恶现象。教师在设计活动时，应尽量选择正面的社会现象作为案例，一是避免幼儿因好奇而模仿、尝试消极行为；二是避免消极行为引起幼儿对他人与社会的过度恐惧。当许多幼儿因关注某些负面行为并产生困惑时，教师可以在教育活动中少量涉及社会消极现象，但应将活动目的放在通过对比帮助幼儿分辨是非好坏，支持正确行为，反对错误行为。

## 二、学前儿童社会环境与社会规范教育活动的组织与实施

学前儿童社会环境与社会规范教育活动的目标、对象、方式的特殊性，在活动的组织与实施中都有所反映。一般说来，有以下四个环节。

### （一）运用多种方式引出活动主题

所谓引出活动主题，是指教师在活动开始时，让幼儿知道本次活动中究竟要做什么，是参观某一社会环境，还是观看图片、影片，或者是通过讲故事，来认识社会环境，学习相关的社会规范。在引出活动主题时，教师要灵活地采用多种方式，如唱相关的儿歌、直接告知等方式，激起幼儿对活动主题的好奇心和参与活动的积极性。

### （二）引导幼儿充分观察认知对象

此环节的主要目的是在教师的指导下，让幼儿对新的认知对象如社会环境和社会规范进行初步的认识。外出参观、实地观察等，都是幼儿社会认知和社会学习的主要途径。因此，在社会环境和社会规范教育活动中，教师要充分发挥观察的重要作用，让幼儿在自己细致的观察中认识新的观察对象。例如，在活动“参观超市”中，教师要带领幼儿到超市进行实地观察，观察商店里有哪些工作人员，有哪些种类的商品，是怎样摆放的，顾客又是如何购物的，在超市购物应遵守哪些社会规范等。

### （三）组织幼儿自由表达、表现自己的认知体验

通过前面的活动，幼儿对新的认知对象已有初步的认识和了解。这时，教师有必要给幼儿提供一个交流、讨论、对话的平台。以“参观超市”的活动为例，参观结束后，教师可以组织幼儿对话交流：“我在超市里看到了什么？它放在哪个货架上？”“我在超市里看到顾客是如何买东西的？”“在超市中看到哪些不文明的行为？应该怎样做才是文明的行为？”此外，教师也可以让幼儿把自己在超市里看到的不文明现象画出来和说出来，供大家交流评价，这样的表达、表现，有助于加深幼儿对新的认知对象的认识。

在幼儿社会认知的过程中，对话是一种适宜的方式和途径。“课堂教学不是教师的独白，而应当是智慧的对话。”正如弗莱雷所言，没有了对话，就没有了交流，也就没有了真正的教育。在对话中，我们不是相互对抗而是共同合作对话，并且能够在群体中萌生新的理解和共识，如在我国传统故事《铁杵磨针》的教学活动中，在欣赏故事之前教师出示一根大铁棒，问幼儿：“可以把这根铁棒磨成一根缝衣针吗？”结果 16 名参加活动的大班幼儿中有 6 名儿童选择“可以”，6 名选择“不可以”。这是幼儿的第一次选择。讲完故事后，老师再次提出刚才的问题，幼儿的选择发生了改变，有 10 名幼儿选择“可以”，6 名选择“不可以”。两次选择之后，教师和幼儿开展了交流与对话。“老奶奶这样磨针合适不合适？有没有必要一辈子磨针？有没有其他更好的办法来代替？如果你是古代人，你会怎么做？如果你是现代人，你会怎样做？”结果，大班幼儿提出古代人的方法可以是用牛角、用尖的草、用树枝、用动物的细骨头等来代替。中班幼儿想出现代人的做法是去商店、超市买，向别人借一根针。这样的社会教育活动魅力无穷，既保留与发扬故事中的传统美德，又敢于打破传统故事中不合理的价值观，将过去那种“我说你听”“我讲你记”的价值主宰式教学方式变为价值引导式教学方式，让幼儿在对话、讨论、思考和体验中心情愉悦地建构适应现代社会生活的社会认知和价值观。

### （四）引导幼儿正确认知社会环境和社会规范

在教育关系上，教师与幼儿是平等的。按后现代教育理论的观点，教师是“平等中的首席”，应与幼儿共同参与学习、思考、探究、体验。在这一环节中，教师与幼儿共同沉浸在对话、交流与游戏之中。教师应用符合时代要求的社会规范来引导幼儿，用自己对社会环境的认识来影响幼儿，当幼儿对社会环境和社会规范的认知发生冲突时，教师应对幼儿进行合理而积极的引导。如对“在超市中不想购买的物品可不可以随手乱放？”“图书馆里可不可以拨打和接听手机？”等问题，当幼儿争论不休的时候，教师要对幼儿合理引导，启发幼儿思考，从而找到真正的答案，正确认识社会环境与社会规范。

## 岗位对接

### 小班社会教育活动:红灯停,绿灯行

【活动目标】

1. 知道在马路上要遵守“红灯停,绿灯行”的交通规则。

2. 理解“红灯停,绿灯行”的重要性,强化幼儿的安全意识和遵守规则的意识。

3. 体验游戏的快乐。

【活动准备】

经验准备:幼儿有“过马路”的经验。

材料准备:红绿灯信号牌、PPT 课件。

【活动过程】

一、游戏“我是小司机”

教师:今天,我们来做个游戏——我是小司机。

播放《我是小司机》的音乐,幼儿双手做握方向盘动作在十字路口自由开车,发生冲撞后停止音乐,游戏结束。请幼儿到座位上坐好。

二、自主讨论

1. 请幼儿说一说刚才小司机为什么会发生冲撞。

2. 请幼儿说一说十字路口的汽车为什么不会发生冲撞。

三、观看课件

提问:这是什么?你在哪里见过?它有什么用途?

引导幼儿说出“红灯停,绿灯行”的交通规则。

讨论:如果没有红绿灯会怎么样?

引导幼儿说出“没有红绿灯就会像开始我们小朋友扮小司机乱撞那样,容易发生交通事故”。

教师引导幼儿讨论:汽车和行,人什么时候停下?什么时候才能走?红灯亮了,行人会怎样?绿灯亮了,行人又会怎样?

四、教师小结

马路上有很多的车和行人,因此在十字路口设置了红绿灯,不管是车还是行人,看见红灯都要停下,看见绿灯才能走,这样才不会发生碰撞。

五、幼儿游戏

教师讲解游戏玩法:请 2～3 名幼儿当小司机,其余幼儿当乘客,乘客愿意上谁的车就把手搭在谁的肩膀上。教师用红绿灯指挥交通。

开始游戏:红灯亮了,汽车停下;绿灯亮了,汽车前行。看一看小司机是不是遵守交通规则。

变换角色,反复玩游戏:幼儿轮流当小司机,不限制汽车数量,让幼儿当信号员用红

绿灯指挥交通。

【活动延伸】

家园合作：建议家长在带领幼儿过马路时，观察红绿灯的变化以及交通警察是如何指挥交通的。

## 中班社会教育活动：等一等

【活动目标】

1. 懂得做事情要遵守规则，了解生活中各种需要等一等的事情。

2. 感受等一等可以让我们的生活更美好。

3. 在特定的情境中学会等一等，在游戏情境中主动使用礼貌用语。

【活动重难点】

活动重点：学习耐心等待。

活动难点：在情境体验中主动地、有秩序地参与活动。

活动准备：

经验准备：引导幼儿观察生活中人多拥挤的现象。

物质准备：拱形门、小平衡木、教学 PPT、自制小礼品、糖果、饮料、盘子、布置好的黑板、幼儿操作图片等。

环境创设：将活动现场布置成狮子的家，摆放有礼物的桌子，有成人扮演的狮子。

【活动过程】

一、情景导入

教师：小朋友，今天狮子过生日，邀请我们去做客，但是去狮子的家需要经过山洞，走过窄桥，大家要多加小心，我们出发吧！

教师：你们是怎样过来的？（引导幼儿说出一个接一个、排排队等）

教师：狮子今天过生日，我们可以和她说什么？（引导幼儿使用礼貌用语，将小礼品送给狮子）

二、播放 PPT，师幼共同讲述故事

当出现小动物时教师引导幼儿主动打招呼：××你好！依次进行。

教师：小乌龟还没来，你的心情怎么样？

讨论在等待的过程中怎样缓解焦急的心情。

教师：等待的时候我们可以做些什么呢？（聊天、看书、做游戏等）

教师带领幼儿做游戏“木头人”，刚开始时大家自由玩，然后鼓励幼儿合作游戏。

游戏结束后，教师带领幼儿呼喊小乌龟，给小乌龟加油鼓劲。

狮子邀请大家吃糖果。教师提醒幼儿有序取放，并将糖果纸放到纸篓里。

三、集体讨论，拓展幼儿等一等的经验

教师：生活中哪里需要等一等？（等车、超市结账、幼儿园接水的地方等）

教师：等一等有哪些好处？

出示图片，教师引导幼儿观察讨论。（引导幼儿谈谈图片中的场景及人的行为，帮

助幼儿明确是非，理解等一等的重要性）

幼儿操作，将图片进行分类摆放。

教师小结：生活中有很多公共场所需要我们等一等，比如商场、超市、学校的门口，幼儿园里，公交站台等。在人多的地方我们一定要注意排队，有秩序地一个一个地做事情，如果大家都挤在一起，很容易发生危险的事情，给自己或者他人带来伤害。

四、鼓励幼儿主动排队做事情

教师：狮子邀请大家再喝一杯饮料，这么多的小朋友都来取饮料，谁是能等一等、注意安全的小朋友呢？

幼儿排队领取饮料，教师随机指导。

教师：回家的路上你会怎样和大家安全地过山洞和窄桥呢？

【活动延伸】

1. 一日生活：在幼儿园的一日生活中，教师有意识地引导幼儿在晨检、洗手、如厕、选择区域游戏、户外活动等环节中能主动地等待；在接送的高峰时，教师提醒幼儿有序入离园。

2. 家园合作：鼓励幼儿在家、在马路上和社区中能够注意安全；开展家园合作，进一步延伸此活动的后续作用。

扫码观看
优质课视频

## 大班社会教育活动：我居住的社区

【活动目标】

1. 乐于观察自己居住的社区环境，积极争做文明的社区居民。

2. 能够大胆讲述对社区环境的观察发现。

3. 认识社区常见公共设施及其作用，初步建立对社区的整体印象感受。

【活动重难点】

重点：认识社区常见公共设施及其作用。

难点：初步建立对社区的整体感受。

【活动准备】

物质准备：展板4个、文明与不文明行为的图片每人一张、课件、社区调查表。

经验准备：家长带幼儿观察自己家周围的环境，初步了解常见的公共设施及其作用。

【活动过程】

一、游戏导入，激发幼儿小组学习兴趣

教师：今天，我们一起来玩“桃花朵朵开”的游戏，大家围成一个圆，我说“桃花朵朵开”，小朋友们问“开几朵”，我说开几朵，小朋友几个就抱起。

教师：当开“6”朵的时候，小朋友们就自然分成了四组，快和你们抱在一起的“家人”坐在一起吧。

二、分享观察记录，了解社区公共设施及其作用

1. 分享绘画记录，回顾已有经验。

教师：这几天，我们班的小朋友开展了一次小调查，小朋友们认真观察了自己家周围有什么，并用画笔记录了自己的发现，哪位小朋友跟大家介绍一下你的绘画记录？说一说你家在哪里，周围有什么。

个别幼儿介绍。

教师：请小朋友们把自己的绘画贴在小组的展板上，和小组的小伙伴互相介绍。

小组内互相介绍。

2. 了解公共设施及其作用，分享照片记录。

教师：许多小朋友们不仅用画笔记录了自己的发现，还用照片的形式进行了记录。

(1) 欢迎小朋友介绍他拍的照片。

(2) 集体分享交流，了解公共设施。

教师：就像小朋友介绍的，他们家周围有吃饭、健身、娱乐的地方。

三、出示课件

教师：这些照片都是小朋友们拍摄的，我们一起来认识一下有什么。（课件：快餐店、学校、药店、社区医院、垃圾桶、超市、银行）

提问：你想介绍第几张？这是哪里？它就在我们家附近有什么好处？

提问：你想介绍第几张？这是什么？你喜欢它在家附近吗？为什么？

提问：这是什么？你们见过吗？它有什么作用？

教师：看来小朋友们都非常了解自己居住的社区呢，社区里的设施作用很大，给我们生活带来了很多便利。来，给自己鼓鼓掌，小朋友们真棒呢！

扫码获取
更多优秀案例

【活动延伸】

组织幼儿开展“社区文明志愿者”活动，我来做“社区文明志愿者”，走出幼儿园，走向社区，爱护社区，为维护社区贡献自己的力量。

## 聚焦国考

1. 班杜拉的社会认知理论认为（　　）。（2015 年真题）

A. 儿童通过观察和模仿身边人的行为学会分享

B. 操作性条件反射是儿童学会分享最重要的学习形式

C. 儿童能够学会分享是因为儿童天性本善

D. 儿童学会分享是因为成人采取了有效的奖惩措施

2. 活动设计题：请根据下列素材，设计一个大班的涉及多个领域的系列活动。要求写出 3 个活动的名称、目标、准备以及主要的活动环节。（2017 年真题）

大班教室里收集了纸板箱、鞋盒、牙膏盒、药品盒等数量众多的盒子，这些大小的盒子吸引了幼儿。教师发现很多幼儿利用盒子自发产生了很多活动，涉及各个领域，于是决定围绕纸箱、纸盒设计出系列活动来满足、推进幼儿的发展。教案设计思路：可依据对社会环境方面的相关知识，设计主题教案。

## 单元测试

1. 简述小、中、大班学前儿童社会规范认知发展的特点。

2. 从幼儿教育者的角度，分小组讨论社会环境与社会规范教育对幼儿发展的价值及落实到教育教学实践的方法与措施，并把讨论内容整理成一篇小论文。

3. 结合本章主要知识点，领会社会环境与社会规范教学设计的基本要求，选择一个感兴趣的内容，设计一个活动方案，同伴互评，并进行模拟教学。

扫码查看参考答案

## 学习反思

项目六

# 学前儿童社会文化教育

## 任务一　学前儿童社会文化教育概述

### 学习情境

国际社会日益成为一个你中有我、我中有你的“命运共同体”。社会信息化和文化多样化潮流不可逆转，各国文化联系和依存日益加深。近年来，习近平总书记围绕“文化自信”做出系列重要论述，强调“坚持文化自信是更基础、更广泛、更深厚的自信，是更基本、更深沉、更持久的力量”。社会文化教育，是学前儿童社会适应性的一种重要途径，对学前儿童的成长有着极其重要的意义，对学前儿童进行社会文化教育就是引导学前儿童感受中国和世界的优秀文化，萌发热爱民族文化、尊重世界文化的情感。同时，社会文化教育对社会文化的传承与发展也有着积极的影响。本任务主要学习学前儿童社会文化教育的内涵，了解社会文化教育对学前儿童发展的价值。

### 学习目标

1. 理解学前儿童社会文化教育的内涵及意义。
2. 形成对学前儿童社会文化教育重要性的正确认识。
3. 掌握学前儿童社会文化教育的类型和特点。
4. 完成传统节日教育主题网络图绘制。

## 任务书

1. 个人学习：结合见实习经历思考幼儿园社会文化教育的现状。

2. 小组学习：请小组合作完成传统节日活动主题网络图的绘制，年龄班自选，主题自拟。

中国传统节日蕴含着深邃丰富的文化内涵，是传承优秀历史文化的重要载体。在学前儿童进入幼儿园开始集体生活之前，他们主要是通过参与家庭、社会的一些活动来学习，因此在幼儿园阶段，在传统节日、传统文化与学前儿童之间建立起联结，逐步培养学前儿童对中国传统节日与传统文化的文化自觉和文化自信，使其获得稳定的归属感具有十分重要的意义。

请以传统节日为线索，开启本次任务。

## 工作实施

### 6.1.1　学前儿童社会文化教育的内涵

引导问题 1：学前儿童社会文化教育的含义是什么？（请同学们查阅资料完成）

### 6.1.2　学前儿童社会文化活动的类型

引导问题 2：请根据学前儿童社会文化的类型将以下思维导图补充完整。（请同学们结合《指南》相关内容完成）

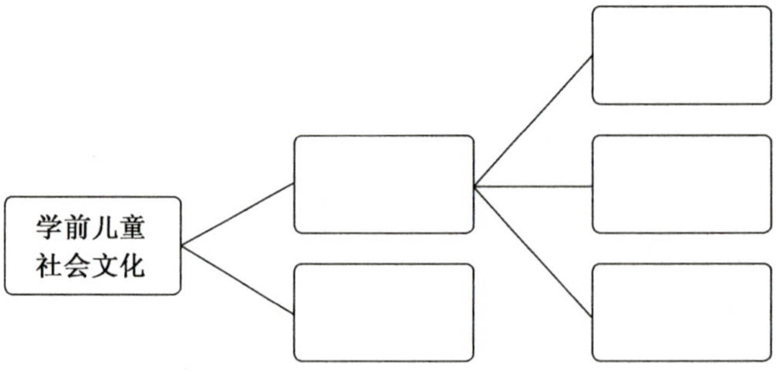


### 6.1.3　学前儿童社会文化教育的意义

引导问题 3：你如何理解学前儿童社会文化教育的意义？

**小提示**

当今世界面临着百年未有之大变局，政治多极化、经济全球化、文化多样化和社会信息化潮流不可逆转，各国间的联系和依存日益加深，但也面临诸多共同挑战。其中，全球范围内不同文化、不同文明之间的冲突与碰撞，是引发诸多民族矛盾、族群纠葛、区域纠纷的重要因素之一。在当前推动构建人类命运共同体的时代背景下，积极推动跨文化交流，具有十分重要的现实意义。

（摘自人民网《构建人类命运共同体，一带一路与跨文化交流》）

### 6.1.4　学前儿童社会文化认知的年龄特点

引导问题5：结合见实习经验谈谈小、中、大班幼儿社会文化认知的典型表现。

引导问题6：观看视频，小组讨论：适合在幼儿园开展的传统文化活动有哪些？

视频

做好这几点，让传统文化浸润孩子的心灵

**小提示**

**中国传统节日**

中国传统节日（均按农历）中，以人们参与节日的广泛性、对节日的认知程度和节日的影响力等因素为参照，以适宜儿童活动为标准，较有影响的有：

春节：正月初一，一年的开始。

元宵节：正月十五，张灯为戏，又叫“灯节”。

清明：四月初，扫墓，祭祀（纪念介子推）。

端午：五月初五，吃粽子，划龙舟（纪念屈原）。

七夕：七月初七，妇女乞巧（牛郎织女）。

中秋：八月十五，赏月，思乡（嫦娥玉兔）。

重阳：九月初九，登高，插茱萸免灾。

冬至：又叫“至日”，节气的起点。

腊日：腊月初八，喝"腊八粥"，
除夕：一年的最后一天的晚上，辞旧迎新。

引导问题 6：小组合作，选择一个传统节日，讨论并尝试梳理该节日适合开展的活动。

视频

主题活动设计：洁白的哈达

小组决策（小组合作完成传统节日活动主题网络图的绘制）

## 一、学前儿童社会文化教育的含义及类型

### （一）学前儿童社会文化教育的含义

#### 1. 社会文化教育

社会文化教育是20世纪六七十年代西方国家民族复兴的产物，它起源于西方对人的尊严与平等自由的理想和争论。在人类文明和文化的发展初期，任何一个社会、群体都处于没有联系的状态中，各自的文化没有交流、碰撞。随着人类文明的不断发展，文化逐渐在不同群体之间打破地区界限，进而产生了交流与联系，不同民族、种族、文化间的交流日益增强，社会文化多元化现象越来越突出。

社会文化教育，是在初步了解、认同本民族文化的基础上，从小就树立平等、包容、理解、尊重和珍惜其他民族的文化，并从中吸取精华部分以便获得参与未来多元文化社会所必需的价值观念、情感态度、知识与技能，以及有和平共处、维护文化平等和社会公平的最粗浅的意识和信念。

#### 2. 学前儿童社会文化教育

学前儿童社会文化教育，是通过对民族传统文化教育和爱国主义教育让学前儿童感受民族文化的丰富性，培养民族文化的尊严，帮助儿童认识和了解本民族文化的根基和内涵。学前儿童社会文化教育是让幼儿逐渐在把握本民族文化，形成对本民族文化归属感的同时，能够以客观公正的态度去对待其他各民族文化和外来文化，培养其对文化的初步认知与价值判断。例如，知道我国是由多民族组成的，知道我们传统的节日，了解我国传统节日的习俗，了解我国的民间乐器等。同时，通过面向世界文化的教育帮助幼儿了解人类文化的多样性，学会尊重其他各民族、各国文化的多样性，认同其他文化与本民族文化的差异性，从而理解文化之间的共生共存。

### (二)学前儿童社会文化教育的类型

社会文化一般分为民族文化和世界文化。

#### 1. 民族文化

(1) 社区文化。包括社区环境文化,如小区内的如荫绿树、画廊报亭等;社区文化活动,如社区舞会歌会、家庭运动会等。

(2) 传统文化。主要指整个中华民族的传统文化。传统文化主要包括传统节日、传统工艺、传统习俗、传统艺术等。

传统节日是展现传统文化的重要形式,我国人民不仅对节日怀有很深的情感,而且把它看成自己生活中的华彩乐章。比如,过春节时要贴春联、舞龙舞狮;八月十五的晚上要品尝月饼,或吟诵“但愿人长久,千里共婵娟”的千古诗句;端午节赛龙舟、吃粽子和重阳节的“登高思亲”等,这些节日都被赋予了浓厚的文化色彩,寄托了一代代中国人最美好的期望。传统节日以活动的载体而涉及了社会生活的方方面面,其代表性与活动性是传统文化中的其他内容所不具备的。

(3) 少数民族文化。是指我国除汉族以外的其他少数民族特有的传统文化,如蒙古族、回族、藏族、维吾尔族、哈萨克族、苗族、彝族、壮族、布依族、朝鲜族、满族等民族的名称、风俗习惯、历史传说、服饰等。少数民族虽然人口比例小,但是却有着深厚的民族民间文化传统,许多少数民族以能歌善舞闻名,一些民族地区被誉为“歌的海洋,舞的故乡”。

#### 2. 世界文化

世界文化主要指除中国之外,世界其他国家、民族、地区的文化。学前阶段开展的世界文化教育活动,目的是使幼儿学会了解、尊重、包容、理解和接纳各种不同的文化。

教育要解决问题,应从序论养,加强国际视野,帮助幼儿了解世界文化,引导幼儿主动接触和了解不同国家、不同种族的外国人,感受他们的风俗习惯、衣食住行方式,体验他们的环境,如使用不同国家餐具(筷子、刀叉),制作和品尝不同国家的食物(汉堡、比萨、饺子、汤圆)等。我们的教育要引导幼儿知道其他民族和国家的文化与自己民族有所不同,逐步产生尊重其他文化和维护文化平等的粗浅意识,了解人类文化的多样性,认同文化的差异性,并从中发现文化的共同性,这样相互借鉴,随时了解国际动态,使本土化与国际化接轨。

## 二、学前儿童社会文化教育的意义

### (一)社会文化教育能够使学前儿童对本民族文化形成认同感和归属感

《纲要》明确指出:“充分利用社会资源,引导幼儿实际感受祖国文化的丰富与优秀,感受家乡的变化和发展,激发幼儿爱家乡、爱祖国的情感。”《指南》也在社会领域目标中提出,让幼儿“能感受到家乡的发展变化并为此感到高兴”,“知道自己的民族,知道中国是一个多民族的大家庭,各民族之间要互相尊重,团结友爱”。这些文件体现了本民族文化与幼儿园课程结合的重要性。

社会文化教育可以使学前儿童了解本民族的文化背景,只有在了解本民族文化基础之上才能认同该文化背景，并且为本民族的文化传统感到骄傲和自豪，从而加深对本民族文化的认同感和归属感。

### （二）社会文化教育是学前儿童文化性与社会性生成的根基

社会文化教育是学前儿童文化性生成的根基。学前儿童社会化的进程就是对本民族社会物质文化和精神文化认同的过程。儿童个体生活的历史中，首要的就是对他所属的那个社群传承下来的那些模式和准则的适应，落地伊始，社群的习俗开始塑造他的经验和行为，到咿呀学语时，他已是所属文化的造物，而到他长大成人并能参加这种活动时，社群的习惯便已是他的习惯，社群的信仰便已是他的信仰，社群的戒律亦已是他的戒律。

所以，作为生活于特定的文化中的儿童而言，从其出生之始，他的身体、心理的发展都要受到其所属群族自身文化的影响，中国的物质文化（如汉字、文房四宝、琵琶二胡等）、精神文化（如儒家思想、尊老爱幼等），幼儿通过日常生活中的耳濡目染，认同其文化特质。

社会文化教育能促使学前儿童成为社会人，是学前儿童社会性生成的根基。社会文化教育是社会文化与幼儿之间相互作用的过程，是社会的教化和幼儿自身的内化相结合的过程。人有高级神经系统进而形成语言和意识，这是人的社会化的基础。在此基础上，人进行学习与交往，进而获得社会生活所必需的知识技能和价值规范。幼儿因其自身的主体能动性不同，会对社会文化有其独特的解读视角，这样就形成了独具特色的活生生的个体。

### （三）社会文化教育有助于帮助学前儿童形成粗浅的多元文化意识

当今世界，任何民族都不可能单纯地生活在自己的民族文化中，而是生活在世界多元文化背景之下。社会的全球化趋势不仅拓宽了人们的视野，国家之间的交流互动也越来越频繁，社会日益多元化。李生兰在《学前儿童多元文化教育初探》中指出，多元文化教育能扩大儿童地方性和全球性的视野，当儿童从各种多元文化观点中学到有关自己国家和世界的知识时，他们就更有可能成为多元化国家和世界的公民。学前儿童社会文化教育是在教师的引领下，幼儿在这种经过精心选择的多元文化体系中受到文化熏陶和洗礼，感受各国、各民族的优秀文化，体验中西文化的差异，增强民族认同感。在此基础上，幼儿能够逐步形成粗浅的多元文化意识，并初步形成对各种文化的尊重和宽容的态度。

总而言之，社会文化教育对幼儿的成长有着极其重要的意义，对幼儿进行社会文化教育也是培养幼儿社会适应性的一种重要途径，对社会文化的传承与发展有着积极的影响。

## 三、学前儿童社会文化认知的年龄特点

学前儿童的社会文化认知与其他方面的社会认知一样，呈现出由近及远、由表及里、由具体到概括、由不稳定到恒常性的特点。社会文化教育必须遵循适宜性原则，充分尊重各年龄段幼儿的认知特点，引导幼儿在充分感知的基础上，对本民族文化产生认

同感和归属感，并对其他文化形成客观公正、开放接纳的态度，在本民族文化与世界文化之间达成和谐。

### （一）小班

小班幼儿对社会文化开始有了初步的认知，受认知水平的影响，小班幼儿对社会文化的感知局限在距离自身生活较近的范围内，侧重于对文化氛围的感知和典型活动的参与，具体表现如：在“我是中国娃”活动中能说出自己是中国人，有黄皮肤、黑头发；在“过年啦”活动中能感受到热闹喜庆的春节氛围，乐意与同伴一起唱歌跳舞庆祝新年。

### （二）中班

中班幼儿处于观点采择能力的转折期，开始对社会文化包括正在发生的实践产生更浓厚的兴趣，侧重于对特定社会文化内涵的体验与理解，认知范围也逐步扩大至远离自身的范围。具体表现如：中班幼儿对自己的家乡已有基本的认识，了解家乡特产或景观，具有初步的热爱家乡的情感；知道自己是中国人，升旗时能自动站好，会跟唱国歌；初步感知我国民间艺术和传统文化作品；喜欢过节，能说出春节、中秋节等典型传统节日，并对节日的由来、传说感兴趣。

### （三）大班

随着社会参与程度的不断提升，大班幼儿在社会文化认知的广度和深度上都有了一定的拓展，对特定社会文化内涵的理解和体验也更加深刻，并乐于表达和展现自己对特定社会文化的理解和创造。具体表现如：知道中国在地图上的大致位置，了解祖国的主要物产和文化，关心家乡的变化和祖国取得的重大成就，为自己是中国人感到骄傲；开始对民族文化产生浓厚兴趣，知道自己的民族和藏族、维吾尔族、朝鲜族、蒙古族等主要少数民族的风俗习惯；主动参与传统节日，对世界文化感兴趣。

## 岗位对接

1. 幼儿园社会文化活动视频三则
2. 幼儿园节气活动课程故事一则——小暑

夏至活动　端午节活动　中秋节活动　幼儿园课程故事“小暑”

# 任务二　学前儿童社会文化教育活动的设计与实施

## 学习情境

幼儿园实施社会文化教育的实质是让学前儿童在逐渐把握本民族文化特色，形成对本民族文化的归属感的同时，能以尊重、包容、开放、客观的态度对待其他文化，培养其初步的文化认知感与判断力。本任务主要学习社会文化教育活动目标制定的要求和内容选择的要领，明确社会文化教育活动过程组织与实施的思路，掌握社会文化教育活动的评价要点。

## 学习目标

1. 掌握学前儿童社会文化教育活动的目标要求及设计流程。
2. 能够设计一个完整的学前儿童社会文化教育活动方案。
3. 小组合作完成活动方案评优及实施。

## 任务书

1. 个人学习：请自选年龄班设计一个完整的社会文化教育活动方案。
2. 小组学习：小组合作完成活动方案评优并在见实习中实施。

## 工作实施

### 6.2.1　学前儿童社会文化教育活动的目标

引导问题 1：《纲要》中提出的幼儿社会文化活动的要求有哪些？

________________________________________

________________________________________

________________________________________

扫码阅读《纲要》《指南》中的相关内容

引导问题2：总结《指南》中小、中、大班幼儿社会文化认知的年龄阶段目标。

引导问题3：请小组讨论下列目标中存在的问题，并尝试修改目标。

活动名称：中秋节（大班）

活动目标：1. 知道中秋节，了解中秋节的时间和传说故事。

2. 能通过多种途径收集资料，与同伴交流中秋节。

**小提示**

设定社会文化活动目标时需重点注意：

| 总目标 | | |
|---|---|---|
| 培养幼儿热爱本民族的传统节日，感受传统文化的精华与美丽，并能理解传统节日的价值，尊重自己的民族文化，进而理解其他民族的文化，尊重其他不同民族的人。 | | |
| 各年龄段的不同目标 | 感知—意义—创造 | |
| 小班（文化感知） | 中班（理解意义） | 大班（创造表现） |
| 侧重于节日氛围和典型活动的参与、感知 | 侧重于节日内涵的体验与理解 | 侧重于孩子自己对节日展现与丰富 |
| 活动的呈现形式 | 以核心意蕴为主题的系列活动 | |
| 小班 | 中班 | 大班 |
| 通过班级的走廊、墙壁、教室、屋顶等进行传统节日元素的装饰，如已经放过的礼花筒、漂亮的花灯笼、龙舟模型、牛郎织女鹊桥相会的画像、端午节用来辟邪的五毒香囊、财神门神的年画、精巧的剪纸窗花、漂亮的月饼盒等。 | 通过有组织的教学活动，如“中秋节的传说”“年的故事”等，引导幼儿观摩学习、操作探索，进一步体验、感受和理解每一种文化的独特魅力。注意要体现选择内容的代表性和探索操作的趣味性，让幼儿在尽情欣赏、自由操作的同时，尽量能够做到“想一想”“说一说”。 | 通过创设情境的角色扮演游戏，为幼儿提供传统节日场景，如“月饼作坊”“年画画廊”“舞龙舞狮大舞台”等场景，提供相关的道具，让孩子们自由发挥，通过自主的游戏，激发幼儿的想象力和创造力。如果条件允许，可以组织幼儿亲自参加观花灯、赛龙舟等真实场景的活动。 |

引导问题 4:完成社会文化活动方案的目标设定。

引导问题 5:在你设计的社会文化活动方案中可以运用的方法有哪些?

**小提示**

幼儿园节日文化活动常用方法:

1. 环境熏陶法,烘托节日氛围。

2. 实践操作法,如:画京剧脸谱、扎风筝、包饺子等。

3. 亲子活动,如:亲子阅读、亲子游戏、家庭参观、家庭旅游等。

扫码阅读虞永平《幼儿园社会教育的方法》

### 6.2.2 学前儿童社会文化教育活动的设计流程

引导问题 6:请为以下几个环节排序。

① 联系实际,掌握节日内容

② 多种途径,感受节日氛围

③ 游戏操作,实践节日活动

引导问题 7:请设计一个完整的学前儿童社会文化教育活动方案。

| | |
|---|---|
| 活动名称 | |
| 活动目标 | |
| 活动准备 | |
| 活动过程 | 导入: |

| | |
|---|---|
| | 环节一：<br><br><br>环节二：<br><br><br>环节三：<br><br><br>环节四：<br><br><br>结束环节：<br><br><br>活动延伸： |

## 一、学前儿童社会文化教育活动目标的制定

### (一)《纲要》和《指南》中有关社会文化教育的总目标

#### 1.《纲要》中有关学前儿童社会文化教育的目标

《纲要》中社会领域的第5条目标为“爱父母长辈、老师和同伴，爱集体、爱家乡、爱祖国。”同时《纲要》的内容与要求指出，“要充分利用社会资源引导幼儿实际感受祖国文化的丰富与优秀，感受家乡的变化和发展，激发幼儿爱家乡、爱祖国的情感。”“适当向幼儿介绍我国各民族和世界其他国家民族的文化，使其感知人类文化的多样性和差异性，培养理解、尊重、平等的态度。”

#### 2.《指南》中有关学前儿童社会文化教育的目标

《指南》在讲述社会适应方面的目标时，特别提出对幼儿社会文化方面的要求，见表6-1。

表 6－1　各年龄段幼儿社会文化“应知应会”的典型表现

| 3～4 岁 | 4～5 岁 | 5～6 岁 |
|---|---|---|
| 1. 能说出自己家所在街道(小区、乡镇、村)的名称。<br>2. 认识国旗,知道国歌。 | 1. 能说出自己家所在地的省、市、县(区)名称,知道当地的有代表性的物产或景观。<br>2. 知道自己是中国人。<br>3. 奏国歌、升国旗时能自动站好。 | 1. 能感受到家乡的发展变化并为此感到高兴。<br>2. 知道自己的民族,知道中国是一个多民族的大家庭,各民族之间要互相尊重,团结友爱。<br>3. 知道一些国家的重大成就,爱祖国,为自己是中国人感到自豪。 |

《指南》还在教育建议中指出:“运用幼儿喜闻乐见和能够理解的方式激发幼儿爱家乡、爱祖国的情感。”具体而言,可以包括以下几点:

(1) 和幼儿说一说或在地图上找一找自己家所在的省、市、县名称。

(2) 利用外出游览收集到的信息资料、电视节目或画报、图片等,向幼儿介绍家乡、祖国各地的风景名胜、著名的建筑、独特的物产等,激发幼儿的自豪感和热爱之情。

(3) 利用电视节目或参加升旗等活动,向幼儿介绍国旗、国歌以及观看升旗、奏国歌的礼仪。

(4) 向幼儿介绍反映中国人聪明才智的发明和创造,激发幼儿的民族自豪感。

#### 3. 学前儿童社会文化教育的总目标

根据《纲要》和《指南》的精神,我们提出学前儿童社会文化教育的总目标有以下五点:

(1) 初步了解家庭、幼儿园,初步认识主要的生活机构和设施及其与人们生活的关系,初步感受具有代表性的家乡人文景观,初步了解家乡特产及家乡风味小吃,激发幼儿喜爱家乡的情感。

(2) 感知我国国名、国旗、国徽、国歌,初步了解我国的著名风景名胜及特产,激发幼儿喜爱祖国的情感。

(3) 初步了解本民族的习俗、民间艺术和民间文学,初步知道其他民族和国家的风俗习惯与自己民族有所不同,逐步有尊重其他文化和维护文化平等的粗浅意识。

(4) 初步感受本民族与国家的传统节日和了解其他民族与国家的重大节日,初步了解重大的社会事件,激发幼儿的民族自豪感。

(5) 初步感受世界著名的人文景观和优秀的文化艺术作品,激发幼儿对世界文化的兴趣,初步具有爱好和平的情感。

### (二) 学前儿童社会文化教育活动的年龄阶段目标

根据上述学前儿童社会教育的总目标及小、中、大班儿童的年龄特征,各年龄班学前儿童社会文化教育活动的目标见表 6－2。

表 6-2 各年龄班社会文化教育活动的目标

| 小班(3～4 岁) | 中班(4～5 岁) | 大班(5～6 岁) |
| --- | --- | --- |
| 1. 能说出自己家所在的街道、小区、乡镇、村的名称。<br>2. 认识我国的国旗，知道国歌。 | 1. 知道父母的职业，能体会到父母为养育自己所付出的辛劳。<br>2. 愿意并主动参加群体活动，愿意与家长一起参加社区的一些群体活动。<br>3. 喜欢自己所在的幼儿园和班级，积极参加集体活动。<br>4. 了解周围成人的劳动，能够做一些力所能及的事，初步养成爱劳动、爱惜劳动成果的习惯。<br>5. 了解周围生活主要的社会机构、社区设施，知道它们与人们生活的关系，能说出自己家所在地的省、市、县、区名称，知道当地有代表性的物产或景观，具有初步的爱家乡的情感。<br>6. 知道自己是中国人，奏国歌、升国旗时能自动站好。<br>7. 初步了解重大的节日，感受和体验节日的快乐。<br>8. 初步感知我国的民间艺术和传统文化精品。 | 1. 喜欢从事力所能及的劳动，懂得爱惜自己的劳动成果，爱惜公物，尊重为大家提供服务的人，珍惜他们的劳动成果。<br>2. 了解周围的社会生活，初步了解各社会阶层成员的劳动及其与人们生活的关系，拥有尊敬、热爱劳动者的情感。<br>3. 爱护身边的环境，注意节约资源。<br>4. 初步感知家乡的社会环境和人文景观，了解我国主要的自然景观和人文景观。<br>5. 对民族文化感兴趣，具有保护自然、社会环境的初步意识。<br>6. 认识和了解我国的国旗、国徽和国歌。<br>7. 初步了解我国主要的民族文化、主要的物产等，知道国家一些重大成就，为自己是中国人感到自豪，具有爱祖国的情感。<br>8. 初步感知世界著名的人文景观和优秀艺术精品，对世界文化感兴趣，初步认识和了解世界，具有粗浅的多元文化意识与爱好和平的情感。 |

## 二、学前儿童社会文化教育活动内容的选择

根据幼儿社会文化教育的目标，我们将幼儿社会文化教育的内容分为认识家乡、认识祖国、了解民族文化、了解民族节日、了解重大社会事件、了解世界文化等六大部分。

### (一) 认识家乡

认识家乡的内容主要包括以下几点：

#### 1. 幼儿生活的周边环境

家庭、幼儿园和社区的设施设备、生活机构等及其与人们生活的关系。

#### 2. 家乡人文景观

幼儿教师应该结合本地有代表性的人文景观，开展相应的爱家乡、爱家园的社会文化教育活动。例如，重庆的朝天门、渣滓洞，南京的紫金山、中山陵、总统府、夫子庙，北京的故宫、天坛、天安门等。在给幼儿介绍家乡的人文景观时，教师可以根据本园实际

情况，适度采取参观游览的方式开展活动。

3. 家乡特产和风味小吃

民以食为天，食物已经不是单纯地为了满足温饱，而是通过不同的烹饪方式，给人带来精神上的享受。例如，重庆的小面、火锅、豆干、脐橙，武汉的热干面、鸭脖，南京的鸭血粉丝汤、桂花鸭、小笼包，西安的羊肉泡馍、肉夹馍等。所以通过认识和品尝家乡特产和风味小吃，可以进一步增进幼儿爱家乡的情感。

家乡特产资源作为乡土资源的重要组成部分，对培养幼儿热爱家乡的情感具有独特的优势和重要的价值意义。教师可根据自己所在地的家乡特产，结合本园实际情况进行内容选取。因为是介绍本地的家乡特产，一般来说，比较容易找到特产的实物。教师在引导幼儿观察了解特产，尝试制作特产，甚至在品尝特产时，幼儿可以自然生发出热爱家乡的情感。

## （二）认识祖国

1. 国旗、国歌、国徽

对幼儿进行爱国启蒙教育，从小培养他们热爱祖国的情感，也是社会文化教育的重要内容。但是对于幼儿来说，"爱国"是一个非常抽象的概念。因此《指南》在教育建议中指出，"利用电视节目或参加升旗等活动，向幼儿介绍国旗、国歌以及观看升旗、奏国歌的礼仪。"认识祖国的国名、国旗、国歌、国徽以及版图，这个主题活动可以放在国庆节前几天进行，结合即将来临的国庆节，讲述国旗、国歌等，让幼儿生发出爱国情怀。

2. 国家著名的风景名胜

《指南》提出，要"运用幼儿喜闻乐见和能够理解的方式激发幼儿爱家乡、爱祖国的情感"。例如，和幼儿一起外出游玩，一起看有关电视节目或画报等，和他们一起收集有关家乡、祖国各地的风景名胜、独特物产的图片等，在观看和欣赏的过程中激发幼儿的自豪感和热爱之情。

教师可以根据幼儿的特点，让幼儿感知和了解国家著名的人文景观的名称、特征。如北京的故宫、长城、天坛、圆明园，南京的夫子庙、秦淮河、中山陵、总统府，江西的庐山、井冈山，杭州的西湖、灵隐寺，西安的兵马俑、大雁塔、古城墙等。

3. 国家的特产

国家的特产是指我国所特有的物产，例如，北方的饺子、南方的馄饨、元宵节的汤圆、端午节的粽子、中秋节的月饼，以及瓷器、茶叶、丝绸、刺绣、熊猫，等等。在了解国家的特产后，幼儿会为自己是中国人而感到自豪。对我国特产的介绍，可以通过专门的教育活动，也可以在自主游戏活动中进行。

## （三）了解民族文化

1. 民族习俗

民族习俗主要包括服饰、饮食、居住、节日、婚丧、禁忌礼仪民俗等六个方面。文化学者认为，民俗是一种文化，即民俗文化。民俗文化是一个地域、民族或族群经过长的积累、传播、汲取和改造后，形成的相对稳定的生活方式或表达方式，能够体现文化的物质层面或精神层面的所有内容，如饮食、节日、服饰、建筑、艺术、生活习惯、宗教信仰、价值观念和世界观等。民俗文化是以传统的、非官方或非正式的形式（如口头、风俗或行为）流传和保存的文化，包括这些文化传统的内容、形式、风格及传播过程与方式。民俗文化是人类文化多样性的体现，也是鉴别不同民族、文化群之间的标志，每个民族或文化群都有自己的语言，特别是方言、习俗仪式、传统节日等民俗文化表达体系。所以，我们很容易从一个人的生活方式和习俗判断出他是哪里人、哪个民族。可以说，民俗文化是某个民族或某地域文化群体的一种约定俗成的带有普遍意义和典型意义的文化现象，具有强烈的地域特征。民俗文化具有相对稳定的表达方式与生活方式，具有一定的传统性，没有特殊原因，民俗文化是不会轻易改变的。民俗文化还有其相对稳定的传播方式，具有很强的生命力和动态特征。人们往往通过生活中的耳濡目染、亲身经历和参与，以及观察和模仿来接受和传播民俗文化，并在不觉间成为民俗文化的载体与传播者。民俗，通常可以分为物质民俗和精神民俗两大类。物质民俗主要是指在各民族的日常生活中，那些可感的、有形的居住、服饰、饮食、生产、交通、工艺等文化传承。精神民俗（或社会民俗）主要是指那些无形的文化现象以及与家族、村落结构、社会集团有关的，旨在维护人与人之间相互关系的社会文化传承，如宗教、信仰、道德、礼仪、禁忌、节庆、乡规民约、家规族规等。

民俗的教育功能包括知识的教化、道德的教化和审美娱乐三大方面，民俗的功能与民俗的产生、传承的历史息息相关，有着强烈的实用性、民族性和地域性。民族习俗的知识教化功能，具有生活化、情境化、活动化以及随意性、自然性的特征，儿童往往在不经意之间受其教化性影响，将其内化为自己的一种习惯。民俗文化是社会生活中普遍存在而又隐藏不露的一种社会规范，是一种与儿童生活最贴近、感情最亲近、行为最相近的特殊教育方式。这种特殊的教育方式，也就是由民俗所发挥的道德教化功能所致。民俗的道德教化功能是通过民俗的规范性来达成的，我们可以说，没有民俗的规范性，也就谈不上民俗的道德教化。民俗文化的审美娱乐性功能对生养其间的儿童发挥着潜在的影响，它对儿童色彩的喜好、自然的讴歌、艺术的欣赏、事物的审美、心绪的情结、性情的熏陶、人格的塑造、生活的赞美等，都具有重要的作用与价值。作为物态化和观念化的民俗，是一定个体民族文化的中坚，参与和影响着社会的文化发展方向，制约着人们的行为习惯，从某种意义上说，民俗是最早影响儿童的自然之师、陶冶之源。对幼儿的民族习俗教育，主要是通过外部教化并促使幼儿内化本民族的风俗习惯，了解其他民族的生活方式、风土人情，通过移情训练等方式理解其他民族文化和风俗习惯。如在“彝家娃娃真幸福”这一大班活动中，通过歌曲欣赏帮助幼儿了解彝族传统服饰、传统歌舞等内容。

2. 民间艺术

民间艺术是劳动人民在长期与自然和谐生存与发展的过程中体现劳动人民智慧的结晶。民间艺术还是一种重要的德育手段。那些适合儿童年龄特点的、节奏鲜明的儿歌、小调、游戏歌、劳动号子、趣味歌、数字歌、问答歌、友情歌、亲情歌、节日歌等民间音乐，以及打击乐器、管乐器、弦乐器、弹拨乐器等各种民间乐器，那些花样百出、五彩斑斓、巧夺天工的民间剪纸、竹艺、年画、版画、印染画、工艺画、水墨画、刺绣、泥塑、扎染、中国结、民间雕塑、建筑和民间玩具等民间美术工艺，那些民间摇篮曲、舞曲、小调、号子、皮影戏、手偶、木偶戏及各地地方戏等民间戏曲，还有秧歌、少数民族舞蹈等，都为各民族儿童所喜爱，且能融入儿童的日常生活之中，使儿童在感受、体验和表现的过程中始终兴趣盎然、意犹未尽。在趣味十足的对歌、赛歌的民间音乐的表演中，儿童的性格开朗了，表现欲望强烈了，自信心也增强了，在唢呐、二胡、琵琶等民族乐器欣赏中，儿童充分体验到了民间艺术别具一格的魅力，在滚铁环、丢沙包、推小车、抽陀螺等民间游戏中，不仅培养了同伴之间的合作能力，更让儿童在体验成功、享受快乐的同时培养了他们坚韧不拔的意志与大胆勇敢的精神。

利用民间艺术开展幼儿园民族文化教育活动，就是幼儿园与家庭、社区密切合作，综合利用各种社会资源，选取适合幼儿的身心发展阶段的民族艺术内容对幼儿进行民族艺术的启蒙教育，使幼儿有机会接触到民族艺术的相关知识，培养他们对民族艺术的热爱。对幼儿进行民族艺术教育活动，可以传承和发扬民族文化，引导幼儿感受并热爱民族艺术的美，引导幼儿用自己的方式表现和创造民族艺术的美。如苏州、四川、广东和湖南的刺绣，江西景德镇的陶瓷，重庆大足的石刻，苗族的蜡染等，它们的名称、用材及简单的制作方法，以及本地主要的地方剧种、民间歌谣，如安徽的黄梅戏、陕北的信天游、广西的民间对歌、江西的采茶戏、长江三峡的川江号子等，还有一些少数民族的舞蹈艺术，如傣族的孔雀舞、蒙古族的蒙古舞、维吾尔族的新疆舞、藏族的藏族舞、土家族的摆手舞等。幼儿园的民间艺术可以用主题活动的方式开展，如"好看的傣族舞蹈""热闹的秧歌""好听的二胡音乐""好玩的民族乐器"等。"好玩的民族乐器"又可以分为"好玩的琵琶""响亮的唢呐""神秘的古筝"等活动。

### 3. 民间文学

民间文学是指民众在生活文化和生活世界里传承、传播、共享的口头传统和语词艺术。从门类上来说，包括神话、史诗、民间传说、民间故事、民间歌谣、民间故事、民间小戏、说唱文学、谚语、谜语、曲艺等。

民间文学以其悠久的历史、多样的形式、丰富的作品、独特的风格，成为幼儿社会文化教育内容的重要部分。民间文学有许多是取材于幼儿生活的实际，旨在通过一个个具体的文学作品，让幼儿感知和理解作品中展示的丰富生活。例如《曹冲称象》《司马光砸缸》等民间故事，通过生动鲜活的人物形象和精彩的故事情节，向幼儿讲解科学道理；古诗《悯农》展现农民种地的艰辛，让幼儿自然生发出爱惜粮食的情感；《西游记》里塑造的大胆机智、调皮可爱、刚正不阿的美猴王形象，也深受幼儿喜欢。孩子们在民间文学作品中，不仅可以体会到艺术的美，领略历史文学的魅力，感受中华美德的熏陶，更可以弘扬中华民族优秀的民族文化。

但由于民间文学是民众文学，其内容涉及生活的方方面面，有些内容并非都适合幼儿。因此，教育者应该根据幼儿的年龄、地域特点，对民间文学作品进行筛选、甄别，以挑选出真正适合幼儿的民间文学作品。例如，童谣由于流传于民间，游戏语言过于直白，有些甚至很低俗，有些与现代生活已经脱节，所以，幼儿教师在教学过程中，根据教学需要和幼儿发展特征，可以进行适度的改编。

## （四）了解民族节日

节日是社会文化的子系统。节日教育，即将“节日”纳入教育范畴，作为传承和发展传统文化的一部分，是实现受教育者身心全面发展的重要途径。《纲要》指出：“适当向幼儿介绍我国各民族和世界其他国家、民族的文化，使其感知人类文化的多样性和差异性，培养理解、尊重、平等的态度。”

幼儿园实施节日教育，通常是幼儿教师根据幼儿身心发展特点。为幼儿提供具体而生动的感受节日文化、体验节日习俗的生活场景，从而促进幼儿进一步认识和理解相关节日文化及其精神内涵，感受节日中丰富的人际关系，积累社会交往经验，并实现相关情感、行为与能力等方面全面和谐的发展。我们把节日教育活动又分为中国传统节日、西方传统节日来分别介绍。

### 1. 中国传统节日

传统节日的形成过程，是一个民族或国家的历史文化长期积淀凝聚的过程，形式多样、内容丰富的传统节日是我们中华民族悠久历史文化的重要组成部分。陈进玉认为，我国的传统节日，有着深厚的文化底蕴和人文关怀，无论春节、清明、端午、中秋，还是七夕、重阳、元宵，这些传统节日都有内涵丰富、各具特色的礼仪文化、餐饮文化、服饰文化、娱乐文化，并留下了贴对联、放鞭炮、祭祀扫墓、赛龙舟、吃年夜饭、吃粽子、吃月饼等非物质文化遗产。由于受到当今时尚文化和外来文化的冲击，我国传统节日的文化氛围在减弱，这种情况在幼儿身上也越来越有所体现，幼儿对我国传统节日知道得比较少。所以加强幼儿的传统节日教育，在当今时代背景下尤其显得重要。

春节、清明节、端午节、中秋节这四大中国传统节日具有中华民族历史独特的文化表征，还有元宵节、七夕节、重阳节、腊八节、冬至节等节日，都蕴含着极为丰富的教育资源。例如，春节代表家人团聚，辞旧迎新；清明节代表纪念缅怀先人；端午节代表端正、竞争；七夕节代表灵巧；中秋代表团圆；重阳节代表尊老敬老爱老；腊八节代表感恩；等等。幼儿教师在给幼儿讲述传统节日时，可以通过多样化的活动形式，把节日所蕴含的文化贯穿于活动中。

### 2. 西方传统节日

西方的一些传统节日有母亲节、父亲节、万圣节、复活节、感恩节、圣诞节等。

## （五）了解世界文化

尽管人类文化处于动态的变革中，每一个时期都会产生新的文化特质，但每一个国家或民族都依然保存有自身独特的文化形态，各种文化形态共存于世，构成了多姿多彩的世界文化。从广义的民族文化教育而言，民族文化教育就是世界文化教育。

幼儿教师可有针对性地选择一些世界著名的人文景观，如埃及的金字塔、法国的埃尔铁塔和凡尔赛宫、英国的白金汉宫、美国的白宫、澳大利亚的悉尼歌剧院等；世界上流传最广的乐器，如小提琴、钢琴等；世界上流传最广的艺术形式，如油画、雕塑等；世界上著名的儿童文学作品，如《安徒生童话》《格林童话》等；世界上的种族，如亚洲的黄种人、欧美洲的白种人、非洲的黑种人等，作为幼儿园民族文化教育的素材。让幼儿初步感受世界著名的人文景观及优秀的文化艺术作品，引发幼儿对其他民族文化和世界文化的兴趣，知道其他民族和国家的文化与自己民族有所不同，培养其尊重其他文化和保护文化平等的粗浅意识。

## 三、学前儿童社会文化教育活动的组织与实施

### （一）多种途径，感受文化氛围

社会文化活动内容丰富多彩，为了引起幼儿的兴趣，教师通常采用情境法、演示法等方法导入活动，引出活动主题。具体做法：在活动室布置体现特定社会文化特点的环境，对幼儿产生视觉上的冲击和熏陶，如中班社会文化活动“中国红”，教师以红色的国旗、红色的灯笼、红色的“城墙”等元素进行主题墙面装饰，使幼儿在浓浓的色彩感染下自然进入活动主题；还可搜集代表相关文化内涵的实物、图片、影像资料，提供给幼儿感知、欣赏、对比，从而激发幼儿的兴趣和愿望，如大班社会文化活动“环球美食荟”，教师从网上搜集了很多国家的特色美食的图片和视频片段供幼儿欣赏，幼儿从直观的视觉材料中感受各国美食的不同特点，引发其进一步探索的兴趣。

### （二）联系实际，掌握文化内容

社会文化知识的学习应充分调动幼儿的已有经验，也应包含幼儿未知的或不熟悉的文化新知，教师应灵活应用提问法、讨论法、对比法等方法有针对性地帮助幼儿加深理解、正确辨别、强化记忆。例如：在“美丽的民族服饰”这一活动中，幼儿对各民族服饰的认知容易混淆，教师引导幼儿结合各民族生活的地域特点和舞蹈特点进行讨论，从而使幼儿对各民族服饰的外形、特点和功能有了更深刻的认识。又如：在“中秋节”这一活动中，教师提出一连串的问题：“你们在中秋节都会吃什么？”“中秋节为什么要吃月饼”“除了吃月饼我们在中秋节还会做些什么？”引导幼儿回忆自己过中秋节的经历，促进幼儿的表达和交流，加深其对中秋节传统习俗的理解和掌握。

### （三）游戏操作，实践文化活动

《指南》中指出，幼儿的学习方式与特点是“直接感知，实际操作，亲身体验”，具体的实践活动可以帮助幼儿形成对特定社会文化的真实感受，从而在感受中自主评价，形成正确的认知和观念。教师可采用操作法、练习法等方法，结合具体活动内容设计实践操作环节，提供丰富的操作材料，使幼儿在操作中巩固对社会文化的理解和掌握。例如：在“环球美食荟”活动中，教师提供各种食材和工具引导幼儿分组制作、品尝几种有代表性的美食，在热闹的操作过程中，幼儿对各国美食的色、香、味有了更深刻的体会。

## 四、学前儿童社会文化教育活动的评价

### （一）对学前儿童社会文化学习与发展的评价

幼儿社会文化的学习与发展是幼儿社会适应的重要组成部分。通过对幼儿社会文化学习和发展的评价，可以掌握幼儿社会文化学习与发展的状况、个体差异以及影响幼

儿社会文化学习与发展的因素，有利于教师针对幼儿社会文化学习和发展的状况以及本班幼儿实际情况，制定教育活动的目标，因材施教，有利于家园共育，帮助幼儿获得良好的社会适应。

#### 1. 参照《指南》对幼儿社会文化学习与发展进行评价

参照《指南》社会领域中“社会适应”的目标3“具有初步的归属感”，幼儿社会文化学习与发展的目标主要有几点，见表6-3。

**表6-3 各年龄段幼儿社会文化学习与发展的目标**

| 3～4岁 | 4～5岁 | 5～6岁 |
| --- | --- | --- |
| 1. 知道和自己一起生活的家庭成员及与自己的关系，体会到自己是家庭的一员。<br>2. 能感受到家庭生活的温暖，爱父母，亲近与信赖长辈。<br>3. 能说出自己家所在街道小区(乡镇、村)的名称。<br>4. 认识国旗，知道国歌。 | 1. 喜欢自己所在的幼儿园和班级，积极参加集体活动。<br>2. 能说出自己家所在地的省、市、县(区)名称，知道当地的有代表性的物产或景观。<br>3. 知道自己是中国人。<br>4. 奏国歌、升国旗时能自动站好。 | 1. 愿意为集体做事，为集体的成绩感到高兴。<br>2. 能感受到家乡的发展变化并为此感到高兴。<br>3. 知道自己的民族，知道中国是一个多民族的大家庭，各民族之间要互相尊重，团结友爱。<br>4. 知道一些国家的重大成就，爱祖国，为自己是中国人感到自豪。 |

幼儿教师与家长可以参照《指南》的目标，对幼儿社会文化学习与发展状况做出适当评价。但是《指南》明确指出：“尊重幼儿发展的个体差异……支持和引导他们从原有水平向更高水平发展，按照自身的速度和方式到达《指南》所呈现的发展‘阶梯’，忌用一把‘尺子’衡量所有幼儿。”幼儿的社会文化学习与发展也具有个体差异性，因此在评价幼儿社会文化学习和发展过程中，幼儿教师和家长切忌“一刀切”，应尊重和认可幼儿的个体差异性。

#### 2. 对幼儿社会文化学习与发展的评价应着重关注社会性情感、态度和价值观的形成

幼儿社会文化教育活动内容较为繁多，因此对社会文化学习和发展的评价就不仅仅是传统意义上的对儿童知识、技能的考察，更应关注儿童情感、态度、价值观的形成。例如，关于祖国类的社会文化教育，对幼儿这方面学习内容的评价，就应该关注幼儿是否生发出爱国的情绪情感，关于家乡类的社会文化教育，应关注幼儿是否萌发爱家乡、以家乡为荣的情感。

### (二) 对学前儿童社会文化教育活动实施的评价

#### 1. 社会文化教育活动的目标符合幼儿年龄特征，表述清楚合理

教师在进行社会文化教育活动时，要拟定明确的教育活动目标，方能为活动后的评价提供依据。目标制定过程中，要注意三个方面：第一，一个社会文化教育活动的目标不宜过多，一般1～2个目标即可。第二，社会文化教育活动目标要适合本班幼儿的年龄特点。例如，对于“我的家乡真美丽”活动，小班的目标可以设定为“知道自己家乡所在地的名称”，中班的目标为“能说出自己家乡所在地名称，知道自己家乡的一些有名特

产”，大班的目标为“能说出自己的家乡的具体名称，并能够感受到家乡的变化和发展”。第三，社会文化教育活动目标的表述一定要有针对性，切忌过泛和过于笼统。如中班活动“我的家乡”的目标表述为“热爱家乡”，这种表述没有错误，但是太过于空泛。太过空泛的教育目标，教师无法在教育活动中对幼儿的行为给予切实的引导和影响。改为“知道自己家乡的所在地的名称，知道家乡的一些物产”这样的表述则更为具体，容易操作。

2. 社会文化教育活动的内容符合幼儿年龄特点且兼顾全面性

对社会文化教育活动内容的选择，要兼顾认识家乡、认识祖国、了解民族文化、了解民族节日、了解重大社会事件、了解世界文化等各个方面。每个方面涉及的内容又比较多，所以在学年或学期开始就要做好社会文化教育教学计划表。比如，节日教育活动，每个月都会涉及不同的节日主题，在学期开始就应该做好全盘规划。表 6－4 是某幼儿园节日活动安排计划。

表 6－4　某幼儿园节日活动安排计划

| 月份 | 日期 | 节日名称 | 节日活动安排 |
|---|---|---|---|
| 上学期 | | | |
| 9 月 | 10 日 | 教师节 | 我们爱老师(邀请家长来园，教师和家长、幼儿共同活动) |
| | 农历八月十五 | 中秋节 | 参观食品店，制作月饼，赏月画月 |
| 10 月 | 1 日 | 国庆节 | 我是中国人(亲子看国庆阅兵，外出游玩) |
| | 农历九月初九 | 重阳节 | 我们关爱老人(参观敬老院，请老人来园欢庆) |
| | 15 日 | 国际盲人节 | 我们帮助盲人(亲子游戏“瞎子摸象”) |
| | 16 日 | 世界粮食日 | 节约粮食(参观农贸市场、超市粮区、粮店、饭店、农场，学习故事“悯农”，准备餐点) |
| 11 月 | 第四个星期四 | 感恩节 | 感谢身边的人<br>谢谢大家(幼儿在园内园外向同伴、教师、家长致谢) |
| 12 月 | 3 日 | 世界残疾人日 | 关心残疾人 |
| | 25 日 | 圣诞节 | 圣诞快乐(制作圣诞树、圣诞卡) |
| 1 月 | 1 日 | 元旦 | 祝愿大家新年好(制作贺年卡，大家相互祝愿) |
| 2 月 | 正月初一 | 春节 | 春节真热闹(买年货，打扫卫生，准备食物，收压岁钱) |
| 下学期 | | | |
| 2 月 | 正月十五 | 元宵节 | 元宵真好吃(搓元宵，吃元宵，做花灯，猜灯谜) |
| 3 月 | 8 日 | 国际妇女节 | 女士优先(感恩妈妈) |
| | 12 日 | 植树节 | 小树快长高(参观植物园) |
| | 22 日 | 世界水日 | 神奇的水(节约用水) |
| 4 月 | 5 日 | 清明节 | 制作花圈，祭扫烈士陵园 |

（续表）

| 月份 | 日期 | 节日名称 | 节日活动安排 |
| --- | --- | --- | --- |
| 5 月 | 1 日 | 国际劳动节 | 爸爸妈妈真能干（请不同职业的家长穿上职业装来园介绍自己的工作） |
| | 第二个周日 | 母亲节 | 夸夸妈妈 |
| 6 月 | 1 日 | 国际儿童节 | 各种儿童节庆祝活动、游园活动 |
| | 农历五月初五 | 端午节 | 粽子真好吃（包粽子，介绍端午来历，划龙舟） |
| | 第三个周日 | 父亲节 | 爸爸辛苦了 |

关于民族节日活动，评价可以涉及如下内容：

（1）是否有助于幼儿了解本地典型的民俗节庆；

（2）是否帮助幼儿增加对本地典型民俗节庆的了解，学习基本的节日礼仪：；

（3）是否帮助幼儿通过民俗庆典加深对周围人的理解；

（4）是否帮助幼儿通过民俗庆典了解自然与人的关系；

（5）是否帮助幼儿通过民俗庆典加深对生活、社会的理解与感悟；

（6）是否帮助幼儿对少量其他地方民俗庆典的了解，感受别样的生活风情。

关于民间艺术活动，评价可以涉及如下内容：

（1）是否有利于幼儿对本地乐器的认识；

（2）是否有利于幼儿对本地音乐的欣赏；

（3）是否有利于激发幼儿对本地歌舞的热爱；

（4）是否有助于幼儿欣赏本地美术，操作绘画、染、织、编、扎等艺术活动，体育活动的乐趣，感受生活艺术的美。

关于民间文学活动，评价可以涉及如下内容：

（1）是否有利于幼儿习得本地儿歌、童谣、谚语等；

（2）是否有利于幼儿对本地浅显传说、神话的认识与理解。

## 岗位对接

### 小班社会教育活动：春节

【活动目标】

1. 感受春节的热闹、喜庆。

2. 初步了解新年习俗，能口齿清楚地说出一些新年祝福语。

3. 愿意在老师和同伴面前表达的自己想法。

【活动准备】

物质准备：小贴卡若干、自制鞭炮、贺卡、红包、福字、新年送祝福视频、音乐《鞭炮声》《喜洋洋》。

经验准备:幼儿有过春节的经验。

【活动过程】

一、声音导入,激发兴趣

播放“劈里啪啦”的鞭炮声。

教师:听,这是什么声音?你在什么时候听过这个声音?

二、欣赏短片《新年送祝福》

1. 播放视频,学习祝福语。

教师:小朋友们,你们知道过新年的时候要做什么吗?(幼儿根据自己的想法自由表达)

教师:那是不是像小朋友说的这样呢?我们一起来看看吧!

2. 提问引导幼儿掌握祝福语。

(1) 刚才的短片里你看到了什么?听到了什么?(幼儿自由回答)

(2) 里面的人们是怎样说新年祝福语的呀?

(3) 谁知道还有什么不一样的祝福语吗?

3. 幼儿尝试向老师、同伴说出祝福语。

三、礼物传情

1. 分享礼物。

教师:刚才小朋友们说得真好,老师今天给大家带来了一些新年的礼物,都藏在这个盒子里面,谁愿意来对老师说一句新年祝福语,我就请他从盒子里选一个礼物,谁愿意来?

教师分别请4名幼儿将礼物取出来并做解释:新年卡片、福字、鞭炮、红包。

新年卡片:哇!这个是新年卡片,是老师写给小朋友的新年祝福语。祝小朋友天天开心,健康快乐地成长!

福字:这个是什么呀?贴在哪里?

鞭炮:谁想来放鞭炮?

红包:这个里面装的什么呀?

2. 互送礼物。

教师:今天不仅是李老师给你们准备了礼物礼物,今天我们的这么多的老师都给我们小朋友准备了礼物,那就请小朋友去给老师送上一句祝福语,老师就把礼物送给你咯!拿到礼物要说什么?

四、活动结束

播放歌曲新年快乐开始送祝福,大家一起唱《新年快乐》结束活动。

【活动延伸】

鼓励幼儿在春节时向家中的长辈送上祝福。

## 中班社会教育活动:汉"话"像石

【活动目标】

1. 通过学习,初步了解家乡徐州的文化历史,萌发探索欲望。

2. 认识徐州汉文化的代表"汉画像石",并能够尝试介绍石刻上的内容。

3. 对家乡徐州产生新的认知,并为家乡的汉文化感到骄傲、自豪。

【活动准备】

物质准备:课件 ppt、视频、拓片、拓印工具。

知识准备:了解自己的家乡名称,以及家乡徐州的特色文化。

【活动过程】

一、情境导入,引发幼儿探索的兴趣

教师:今日我们将进行一场云览会,来到了富有汉文化的徐州博物馆,让我们一起和馆长打个招呼。

馆长:小朋友好,我是徐州云博物馆的馆长,云览会开始前,我请小小朋友们先看一个视频。(播放《徐州宣传片》视频)

二、观看"徐州宣传片",了解大汉文化起源,并对家乡徐州产生进一步了解的兴趣

1. 引导幼儿谈一谈观片后的感受,并能说出自己家乡的名称。

教师:小朋友们,刚刚看过馆长播放的视频,你们有什么感受?

教师:那谁知道,我们家乡的名字叫什么?

2. 初步了解徐州文化历史。

教师:每一个地方都有自己的文化,那我们徐州最具代表的是什么文化呀?

教师:汉文化有哪些呢?

总结:我们的家乡是徐州,不仅风景秀丽,更是大汉文化的起源,拥有着悠久的历史文化痕迹。戏马台、楚王陵、汉画像石、汉兵马俑等,都是我们家乡的宝藏。

三、初步认识"汉画像石",通过图片、视频的欣赏,了解汉画像石的作用、制作方式,从而引发幼儿探索汉文化的兴趣

馆长:认识了家长徐州,下面我们将走进汉画像石馆,一起来看看。(播放汉画像石视频)

教师:小朋友们,刚刚欣赏了汉画像石,它是一个怎么样的文物?

教师:那它是用来做什么的?

教师:它是经过什么样的过程,制作出来的呢?

总结:汉画像石是汉代人雕刻在墓室、祠堂四壁的装饰石刻壁画。它是能工巧匠们经过选材、设计底稿,一点点凿、錾而成的。上面的内容包括神话传说、典章制度、风土人情等各个方面,为今天的汉代历史研究工作,提供了非常大的参考和依据。

四、欣赏拓片,对话"汉画像石",进一步了解文化背景故事

教师:汉画像石就是对已经发生的事情的记载,就像我们看的绘本故事一样。

教师:看看老师手里拿的是什么?(拓片)汉化石板太大了无法搬动,为了能够更好

地进行研究，工作人员会用拓印的方式将石板上的内容拓印下来，便于观察、研究。

幼儿观察手中的拓片，并大胆讲述自己看到的汉画像石内容。

总结：看过拓片之后，小朋友们发现了很多故事，就像照片一样，将曾经的历史以一种特殊的方式留存了下来，让我们在今日还能够看到、了解到曾经的徐州文化。

【活动延伸】

幼儿尝试使用简单的拓印工具，尝试汉画像石拓印，初步学习拓印技巧。

## 大班社会教育活动：国旗的秘密

【活动目标】

1. 认识各国国旗，理解国旗是代表一个国家的旗帜。

2. 尊敬、爱护中国国旗，有自豪感。

3. 能简单说出中国国旗出现在不同地方的意义。

【活动准备】

物质准备：正式出版的世界各国国旗的图片、PPT、中国国旗等。

知识准备：幼儿认识中国国旗，知道升旗时要站好。

【活动过程】

一、不同国家的国旗由不同的图案构成，在游戏中感受各国国旗的丰富性

1. 游戏一：不同图案的国旗。

(1) 教师：各国国旗上有哪些图案？

(2) 教师：国旗上会有月亮吗？会有星星吗？会有植物和动物吗？会有房子等建筑吗？(幼儿从点头到纷纷摇头)

(3) 教师：这些卡片上印的都是世界各国的国旗，仔细看国旗上有什么图案？

幼儿自由取卡片，教师摆放六把椅子，椅子上均贴有植物、建筑等图案标志。

(4) 教师介绍游戏玩法：看看你手里的国旗卡片上有这些图案吗？如果有，请你站在椅子的后面。如果没有，你就坐在位置上不要动。

(5) 教师：国旗上有太阳的不一定是日本的国旗，这两面国旗上也有太阳。有的国旗上还有建筑，这是柬埔寨的国旗。国旗上还有武器呀！孩子们，仔细看，刀的下面是什么？这是文字，是阿拉伯文字，原来文字也会出现在国旗上。

小结：国旗上会有太阳、星星、月亮、动物、植物，还会有文字。不同的图案构成了不同国家的国旗。

分析：通过游戏“不同图案的国旗”，引导幼儿感受世界各国国旗的不同以及丰富性。教师在推进中应引导幼儿观察，关注幼儿已有的认知水平。

2. 游戏二：容易弄错的国旗。

游戏使用的国旗很相似，请仔细寻找不同，看看哪里不一样？

出示两面图案一样，但深浅不一样的国旗。

出示两面图案一样，但宽窄不一样的国旗。

出示两面图案一样，但上下顺序颠倒的国旗。

小结：虽然有些国家的国旗很相似，但仔细看还是不同的。每一面国旗都代表着一个国家。

提示：挂国旗的时候千万不能颠倒，国旗悬挂的时候上下方位一定要准确。

分析：游戏“容易弄错的国旗”使幼儿在比较观察中对国旗产生兴趣。此环节中对幼儿语言表述的引导非常重要，教师需要帮助幼儿，让其表述清楚，使全体幼儿都能听明白。

3. 游戏三：都有星星的国旗。

(1) 教师：许多国旗上都有星星，这些都是有星星的国旗卡片，国旗上会有几颗星呢？（教师提问至5颗星）

(2) 教师：有6颗星的吗？或者比6颗星还多，有十几颗星的。（幼儿纷纷摇头）

(3) 幼儿自取卡片观察，教师报数，幼儿根据卡片上星星的数量把卡片交上来。如报到“1”就把有1颗星星的国旗卡片交上来。

(4) 教师：同样有星星图案的国旗却有着不同的数量，有1颗、2颗、3颗、4颗、5颗、6颗、8颗星星的国旗，也有12颗星星的国旗，还有一面国旗上有好多星星，要花点时间来数。

分析：此游戏是为了过渡而设计，所以教师在选择星星图案的国旗卡片时，星星要非常明显，容易让幼儿数清楚。

二、尊重国旗，产生自豪感

1. 说说关于中国国旗的故事。

(1) 教师：这是什么国家的国旗？（出示中国国旗卡片）

(2) 教师：我们国家的国旗为什么是红色的？

(3) 教师：五颗五角星为什么是黄色的？

(4) 教师：五颗五角星分别代表什么？

(5) 教师：我们国家的国旗有没有故事呢？

(6)播放PPT小结五星红旗代表的意义，引导幼儿尊重国旗。

分析：对于中国国旗，有非常正式的解释，但从讨论交流中可以看到幼儿的年龄特点，教师在小结时应突出内涵，即用幼儿易懂的语言予以阐述，帮助其理解中国国旗的内涵。推进中也需考虑不同能力的幼儿可能出现的问答，有针对性地设计辅助提问。

2. 比较图片，寻找问题。

出示两张照片，一张照片上孩子们拿着国旗准备升旗，但国旗的边角拖在地上，另一张照片是解放军叔叔准备升国旗，手捧着国旗。

(1) 教师：老师看到你们升国旗的时候有个动作有点问题，今天我把正确的做法做给你们看。

(2) 教师：国旗不能落在地上，这是对国旗的尊重，请大家一定要记住。（出示图片：解放军敬军礼，小学生敬队礼，小朋友行注目礼）

(3) 小结：尊敬国旗要用行动表示。我们大班孩子每星期都要进行升旗仪式，记住：国旗不能落在地上，全体老师和孩子都要行注目礼。

分析：此环节是基于幼儿日常升旗仪式中遇到的问题而展开的，通过讨论和个别幼儿演示行注目礼使大家明晰尊重国旗应有的礼仪。在环节推进中，教师还应重点关注幼儿对国旗是否产生尊敬和自豪感。

三、简单辨析国旗出现的意义

1. 说说国旗悬挂的地方。

(1) 教师：在什么地方会悬挂中国国旗？

(2) 教师：国旗在哪里？代表着什么？（指向图片：运动比赛场上的国旗）

(3) 教师：高高雪山上的国旗代表着什么呢？（指向图片：国旗插在雪山上）

(4) 教师：为什么宇航员行走在太空，手里也拿着中国的五星红旗？（指向图片：国旗在太空中出现）

分析：选择具有代表性、幼儿又熟悉的画面，使幼儿在简单辨析中，产生对国旗的爱与自豪感。同时，在关键提问和回应中，教师语速、语调的控制也会具有感染力。

2. 站在五星红旗下送祝福。

(1) 教师：世界上有这么多的国旗，其中五星红旗在我们心中是最重要的。（音乐响起，教给每位幼儿送上一面小的五星红旗）

(2) 小结：国旗在手上，也在我们每一个中国人的心中。

分析：整个活动在饱满的情绪中结束，不仅让幼儿理解了不同场所悬挂国旗的意义，也再次对中国国旗和自己是中国人产生自豪感。本次活动幼儿收获的不仅仅是认知行为上的提升，还有浓浓的中国情。

扫码获取
更多优秀案例

【活动延伸】

在生活中寻找国旗的身影。

## 单元测试

1. 收集一些民间故事和传说的资料，并能将其改编用于幼儿园教学活动。

2. 收集当地和我国著名的民间艺术资料，了解其名称、材料和简单的制作方法。

3. 收集我国的一些民间文学，并将其适宜地运用于幼儿园相应年龄班的教学活动。

4. 在一个名为“我爱家乡”的主题活动中，你认为可以设计哪些社会文化教育的内容？

扫码查看
参考答案

## 学习反思

# 项目七

# 学前儿童劳动教育

## 任务一　学前儿童劳动教育概述

### 学习情境

劳动教育是促进幼儿身心全面发展的重要手段之一。幼儿期是劳动教育的关键期。幼儿良好习惯的养成、科学观念的形成均起步于幼儿期。幼儿的劳动教育的内容应该符合幼儿的现有能力发展水平，根据幼儿年龄的增长，逐步扩大劳动的范围，加深劳动难度，提高劳动要求。本任务主要学习学前儿童劳动教育的含义及意义，并能够掌握相应的实施途径。

### 学习目标

1. 理解学前儿童劳动教育的含义及意义。
2. 掌握不同年龄阶段学前儿童劳动活动的内容。
3. 掌握学前儿童劳动教育的实施途径。

### 任务书

1. 个人学习：请结合见实习经历及调查研究，总结分析小、中、大班学前儿童劳动教育的内容。

2. 小组学习：请小组讨论完成案例分析。

教师让大班幼儿在家庭中做一些自我服务的劳动，家长不是很认同。部分家长认为幼儿不但没有劳动的能力，而且开展劳动活动浪费时间，甚至会让孩子受伤。所以，在家庭中，家长包办代替比较多，导致部分大班幼儿还需要在老师的帮助下穿脱衣服，而这是正常小班幼儿就可以做到了。

请同学们思考：如何帮助这一类型的小朋友开展劳动活动？

扫码查看参考答案

## 工作实施

### 7.1.1 学前儿童劳动教育的含义

引导问题 1：学前儿童劳动教育的含义是什么？

____________________________________________

____________________________________________

____________________________________________

### 7.1.2 学前儿童劳动教育的意义

引导问题 2：学前儿童是否需要参与劳动？你觉得有何意义？

____________________________________________

____________________________________________

____________________________________________

### 7.1.3 学前儿童劳动的年龄特点

引导问题 3：小、中、大班学前儿童适合哪些劳动内容？请举例说明。

视频

小、中、大班幼儿劳动片段

________________________________________

________________________________________

________________________________________

**小提示**

陈鹤琴先生主张幼儿劳动教育有其特定的内容：

1. 以生活自理为目标的自我服务性劳动。
2. 为群体服务的劳动。
3. 为公共事务效力的公益性劳动。

### 7.1.4 学前儿童劳动应遵循的原则

引导问题 4：学前儿童在劳动时，需要注意哪些原则？

____________________________________________

____________________________________________

### 7.1.5 学前儿童劳动教育的实施路径

引导问题5:《指南》健康领域和社会领域中,对于幼儿的劳动提出了哪些要求?

扫码阅读《指南》中的相关内容

引导问题6:结合3~6岁幼儿不同阶段的发展特点,想一想如何在一日生活中为他们创设适宜的日常劳动内容。

小组决策(小组讨论并形成决策)

## 一、学前儿童劳动教育的含义

学前儿童阶段的劳动,主要是指以自我服务为主的体力活动。学前儿童劳动教育的目的主要在于培养学前儿童树立正确的劳动态度和习惯,养成热爱劳动、尊敬劳动者的情感,能主动爱惜劳动成果并掌握一定的劳动技能,能从简单初步的服务,逐渐成长到有目的、计划地完成幼儿园和家庭中的各项自我服务劳动。

## 二、学前儿童劳动教育的意义

学前儿童劳动教育不仅是学前教育实践体系的重要组成部分,更是学前教育的重要手段,对于人的发展起着重要的作用,为促进人的全面和谐发展奠定基础。

### (一)促进学前儿童身体的生长发育

劳动能够促进学前儿童身体的发展。在劳动的过程中,学前儿童需要调动全身的大小肌肉共同协作,包括呼吸、肌肉控制、新陈代谢等,让身体始终处于活跃状态。不仅如此,儿童在劳动过程中还需要进行手眼配合,从而训练其协调能力和身体控制能力。因此,学前儿童可以通过参与劳动锻炼身体,增强体质。

### (二)促进学前儿童智力的发展

首先,劳动是一项创造性的智力活动,学前儿童在劳动过程中大脑和双手需要配合使用,通过这样的锻炼可以达到提高大脑调节控制能力的目的。其次,为了完成劳动任务，学前儿童需要学会合理分配注意力，这一技能为今后的学习打下基础。最后，具体的劳动教育，可以帮助学前儿童分析劳动中遇到的问题，从而引导儿童自己动手来解决实际问题，培养儿童的动手能力。

### （三）培养学前儿童的个性

从立德树人的视角来讲，加强幼儿园的劳动教育是必要的。无论是体力劳动还是脑力劳动，都会消耗能量和精力，因此，要取得劳动成果，顽强的意志和坚定的毅力是必不可少的。劳动教育可以为学前儿童提供锻炼意志品质的机会。不仅如此，学前儿童在通过劳动创造成果并从中收获成就感的同时，还能激发学习和探索的热情，培养独立精神。多人参与的劳动还能培养学前儿童的合作能力。这些都有助于学前儿童良好性格的塑造，会对他们将来的学习态度和适应能力产生重大影响，为他们未来形成健全的人格打下基础。

### （四）丰富学前儿童的劳动知识

劳动教育可以帮助学前儿童接触到更多的劳动知识，从而满足他们日常生活中的好奇和探究心理。例如，在进行桌椅摆放的过程中，幼儿可以明白桌椅摆放的具体要求；在进行垃圾整理的劳动过程中，幼儿可以了解垃圾分类的相关知识；在进行衣物清洗的过程中，幼儿可以了解衣服洗涤的不同方式。因此对学前儿童来讲，劳动就是一个学习知识的过程，可以丰富他们对周围世界的认知。

### （五）提高学前儿童的社会角色认知

劳动教育不仅需要培养学前儿童的劳动意识，还需要引导其了解不同的职业，培养他们对劳动行业的热爱和对劳动成果的珍视。幼儿园可以通过角色游戏或生活体验，帮助幼儿了解与生活密切相关的服务机构，如医院、邮局和公安局等，体验这些机构给人们生活带来的便利，从而深化幼儿对不同社会角色的认识。

## 三、学前儿童劳动教育的实施原则

做任何工作都要遵循一定的原则。教育原则是我们在实施教育过程中必须遵循的基本要求。陈鹤琴先生认为，在幼儿劳动教育中，我们同样必须遵循某些原则。

### （一）量力适度原则

量力适度原则是教育工作的基本要求之一。它要求教育的内容、方法和组织形式等都要符合幼儿一定年龄阶段的身心发展水平，使幼儿经过一定努力可以接受并能不断提高知识能力。陈鹤琴认为，实施幼儿劳动教育尤其要重视量力适度原则。在《家庭教育》一书中，陈先生指出，“我们应当按照小孩子的年龄知识而予以适当的做事动机。”陈先生以教育陈一鸣的事例说明劳动教育应充分考虑幼儿的年龄特点及知识水平，“小孩子年纪小的时候，我们可以用个人感情去激刺他做事的动机；年纪大的时候，我们须教他明了做事是要顾到公共祸福的。这样人民才有服务的旨趣、牺牲的精神和救世济民的志愿。”同时，陈先生还指出劳动教育要难易适度，要注意到每个孩子身心发展状况的差异性。“叫小孩子做事，不宜太易，也不宜太难，须在他的能力以内而仍非用力不可的。”

### （二）安全性原则

幼儿身体弱小，智力初开，尚不能全面深刻地认识事物的特点和生活的复杂，这就需要教育者负起责任。安全性原则就是要求在进行劳动教育时，要排除危害幼儿身心的隐患，加强保护措施，保证幼儿安全。陈先生一再强调：“凡是儿童自己能做的，应当让他自己做。”但我们不能将此片面地理解成“放任不管”。事实上，陈先生在倡导“放手让儿童活动”的同时，是非常强调注意儿童活动的安全性的。在“剪纸”“穿珠”“锤击”“灌花”“拔草”“种植”“饲养”等具体活动中，均存在着一定的危险性，需要成人加以注意，尽可能做到防患于未然。

### （三）系统一致性原则

陈鹤琴在论及儿童劳动教育时非常强调系统一致性原则。系统一致性原则主要体现在两个方面。一是在家庭中，家庭各成员尤其是父母对儿童劳动教育的要求应一致。陈先生指出，“对于教育小孩子，做父母的应当在小孩子面前取同一态度。”如果“做父母的大家意见不合，不仅会使小孩子无所适从，也会引起他轻视父母之心，所以对于教育小孩子，做父母的不应当在小孩子面前取不同一的态度”。二是指幼儿园与家庭双方对儿童的劳动教育应保持一致。陈先生指出：“一曝十寒是教育上的戒律。幼稚生在园的时间少，在家的时间多，幼稚园虽然用了最好的方法去教，回到家里，一齐搁起，或者有些要求和做法与幼稚园相反，那就糟了。”因为“儿童教育是幼稚园与家庭共同的责任”，“必定要两方面共同合作方能得到充分的功效”。因此，“为教师的应当知道儿童在家里一切的情形，做父母的也应当知道小孩子在幼稚园里做些什么，学些什么，如此则两方面所施的教育，就不致发生冲突，而所得的效果也必定很大。”只有以上两个方面形成一个有机的“教育系统”，保持一贯性、一致性，儿童劳动教育才会富有成效。

## 四、学前儿童劳动教育的实施途径

在《3—6岁儿童学习与发展指南》中强调教师和家长要通过幼儿的亲身体验、实际操作和直接感知接触这三种形式促进幼儿经验的发展。幼儿的直接动手操作感知是获得经验的首要途径，因为3～6岁的幼儿主要是以具体形象思维为主。幼儿园的劳动教育的实施，需要教师前期的精心设计与安排，但教师起的仅仅是引导的作用，切不可忽视幼儿的主体地位。幼儿劳动教育的设计和实施需要从幼儿实际经验与兴趣出发，幼儿才是劳动教育的主体，也是劳动教育的真正践行者。正如教育家陈鹤琴说的“活教育的中心是儿童，儿童就是能动中心，学校中的一切活动是为儿童”。教师可以建议幼儿开展什么活动但最终要由幼儿自身来决定。因此，幼儿劳动教育的实施要更强调以幼儿为主体，从幼儿经验出发，并以促进幼儿全面发展为落脚点，明确教师的引导者、支持者和合作者的角色，给予幼儿在劳动活动中的充分自主权，让他们自主选择、自主操作。如教师可以为幼儿提供场地和工具，而幼儿选择材料后自行分组，选择劳动对象，通过单独操作或与其他幼儿合作，共同完成劳动活动任务，与其他幼儿分享交流自己的劳动成果，坚持儿童本位。

### （一）主题活动中的劳动教育

主题活动是幼儿园课程的主要开展形式，在主题课程的审议中，特别是在健康、社会等领域，可以有机渗透劳动教育的内容，将各领域中的劳动教育要素充分挖掘出来。例如在八月份的主题活动“水世界”中，小、中、大班可以开展洗手、洗袜子、种植等符合其年龄特点的活动，使幼儿在活动中动手操作，一方面符合幼儿的学习习惯，另一方面帮助幼儿形成良好的自我服务的意识，同时锻炼了他们的动手能力。

### （二）区角活动中的劳动教育

在室内区角活动中，可以投放大量动手操作的材料在生活区等区域，比如：串珠子的练习、夹核桃的练习等。在美工区可以投放剪纸、泥工的手工材料，让幼儿开展练习。在室外的活动区，例如建构区，可以创设建筑工地场景，提供工具材料，让幼儿体验工人们的劳动技能。

### （三）贯穿一日生活的劳动教育

生活即教育，幼儿的生活也是促进他们成长的课程，因此，幼儿的劳动教育应该与日常生活联系在一起。首先，教师可以通过让幼儿进行自我服务增强他们的生活自理能力，培养他们的劳动习惯。例如：教师可以教幼儿洗碗、擦桌子，指导幼儿在睡眠活动中叠被子、脱衣服、收拾衣服，指导幼儿在洗涤活动中取毛巾、使用牙刷、洗杯子，指导幼儿独立使用卫生纸和厕具。其次，教师可以组织幼儿进行集体服务，为班级和家庭做力所能及的劳动，培养幼儿对他人的关心以及对集体的责任感。例如，教师可以引导幼儿整理活动室中的书籍和玩具，带领他们在幼儿园里捡垃圾和修剪树木，鼓励他们在家帮助父母做饭、洗碗等。日常生活中的劳动教育具有很强的渗透力，教育者可以用巧妙的方式影响幼儿。

## 岗位对接

### 幼儿园一日生活中的劳动

【活动背景】

中班下学期，大多数幼儿已经能够熟练地自己穿脱衣服、盛饭、喝水、擦桌子等。但是仍然有部分幼儿还需要老师的帮助来完成一些自我服务的工作，这些幼儿的生活和学习都受到了一些限制。

户外活动时间，小朋友们都换了室外鞋准备去户外开展自主游戏。但是乐乐和琪琪两位小朋友蹲在教室门口一直在提鞋子，看到小朋友们争先恐后地跑向操场，这两位小朋友着急了，用期盼的眼神看着李老师。最后当他们来到户外，发现小朋友们已经三五成群玩得不亦乐乎。

中班幼儿在教师与家长的引导下，能够做好基本的自我服务工作，甚至部分幼儿还可以从事服务他人的工作。教师在幼儿一日生活当中，要充分发挥各个环节的教育价值，不断启发、引导幼儿，为幼儿营造一个良好的劳动氛围，才能更好地促进其劳动能力的发展。

【教育策略】

一、入园环节：自我服务的开始

自从我园开展自主入园活动以来，我们班就将自主入园和放置物品、穿脱衣服等自我服务活动结合起来。

周一的早晨，许久没来的牛牛入园了，他之前因为咳嗽一直请假，最近刚好，今天来得也比较晚。牛牛来到教室，他依然没有忘记放置物品，只见他拿起自己的书包、水杯等个人物品，放在了自己的柜子里。然后，牛牛开始脱外套换室内鞋。牛牛将脱下来的鞋子仔细放好，然后开始穿室内鞋，因为有几天没有穿脱室内鞋，牛牛总是穿不好。辰辰看见了，问他："你怎么一直穿不上鞋啊？""因为我病了，在家里，妈妈不让我自己穿鞋子。"老师觉得这是一个很好的教育契机，于是在晨间谈话的时候，话题就变为：在家里是你自己穿鞋子吗？

于是，在那几天，大家都以在家里劳动为荣，牛牛也和小朋友分享回家坚决要求自己穿鞋子和穿脱衣服的经历，得到肯定的孩子们，脸上露出了开心的表情。就连乐乐和琪琪穿脱鞋子的速度也加快了。

二、晨间劳动：培养幼儿自尊自信

早餐时间到了，随着保育老师摆放好早餐和餐盘，小朋友们自觉地排成两队，领取餐盒、打餐，井井有条。

这时，穿着红马甲的值日生雯雯和浩然主动拿起勺子开始在桌子上摆了起来，第一桌，第二桌……没过一会，他们把勺子全部摆好了，虽然放得不是那么整齐，但是每桌摆放的数量却是正正好，其他小朋友已经开始吃早餐了，雯雯和浩然仍然在忙着给每桌放纸巾、骨盘。看着小朋友们吃得很开心，雯雯和浩然露出了笑容。

值日生已经成为令孩子倍感骄傲的事情。

幼儿在与成人、同伴交往的过程中，不仅学习到了如何自我服务，也学会了为他人服务，为集体服务。劳动既增强了幼儿的动手能力，也培养了幼儿初步的自尊、自信、自主的性格，是促进幼儿社会性发展的重要方面。

三、区角游戏：游戏与劳动的结合

区角游戏时间，每个区都能看到孩子忙碌的身影。平平和丹妮最近热衷去生活区开展区角活动。

丹妮进入生活区挑选了做柠檬水的工作。她小心翼翼地拿起餐刀，将教师准备好的柠檬切成小块，并把柠檬块放进压蒜器中，平平过来和丹妮一起挤压压蒜器，柠檬水就滴入了玻璃壶中，平平对玻璃壶中的水进行充分的搅拌，美味的柠檬水就做好啦。

"美味柠檬水""水果沙拉"这些生活区中新增加的活动是幼儿最愿意选择的活动。教师利用区角活动时间，在自主游戏中为幼儿增加动手操作的劳动活动，一方面，提升了幼儿生活自理能力，另一方面，为大家服务又激励了幼儿，提升了他们的自豪感和荣誉感。

四、小菜园：快乐劳作，实现劳动与自然生活的连接

热爱劳动是中华民族的传统美德。在课程游戏化理念引领下，自然体验已成了幼儿学习与成长的重要途径。“快乐种植”已经深深吸引了班级里的孩子。我们力图与让幼儿在真实的农事劳动场景中体验劳动的艰辛，感受劳动的快乐，养成尊重劳动、热爱劳动的美好品质。引导幼儿在浇水、松土、喂食、换水等劳动的过程中懂得劳动与动植物生长之间的关系，培养他们认真负责、持久细心的劳动态度。中大班幼儿侧重“快乐实践，合作探究”，我们聘请专业人员或有相关专长的家长志愿者指导幼儿劳动实践，让幼儿在种植活动中提升动手实践、合作探究能力。

# 任务二　学前儿童劳动教育活动的设计与实施

## 学习情境

劳动是常见的幼儿园活动，能够促进幼儿掌握简单的劳动知识和技能，培养幼儿对劳动的热爱和尊重。集体教学活动是有效提升学前儿童劳动能力的重要途径。本任务的目标是能根据《幼儿园教育指导纲要（试行）》和《3—6 岁儿童学习与发展指南》中关于劳动的要求，结合儿童年龄特点设计并实施学前儿童劳动教育活动。

## 学习目标

1. 掌握学前儿童劳动教育活动的目标要求及设计流程。
2. 能够设计一个完整的学前儿童劳动教育活动方案。
3. 愿意开展小组讨论并拍摄微型课视频。

## 任务书

请根据“美食制作”这个主题为大班幼儿设计劳动教育活动方案。

1. 个人学习：请为大班幼儿设计一个完整的劳动教育活动方案。
2. 小组学习：小组讨论，选出最佳活动方案并拍摄成微型课视频。

扫码查看
参考答案

图 7-1　美食制作

## 工作实施

### 8.2.1　学前儿童劳动教育活动目标的制定

引导问题 1：《纲要》中提出的幼儿劳动活动的要求有哪些？

扫码阅读《纲要》
与《指南》中的
相关内容

引导问题 2：总结《指南》中小、中、大班幼儿劳动教育的年龄阶段目标。

引导问题 3：请小组讨论下列目标中存在的问题，并尝试修改目标。

活动名称：擦桌子（中班）

活动目标：1. 知道餐后值日的重要性。

2. 学会擦桌子。

3. 热爱劳动，体会到服务他人的快乐。

**小提示**

根据幼儿身心发展特点确立劳动教育活动的目标，重点关注幼儿基本生活技能、劳动意识和劳动习惯的培养。

引导问题 4：完成任务一中“美食制作”的目标设定。

引动问题 5：在开展“美食制作”活动前需要具体做好哪些准备？

### 8.2.2　学前儿童劳动教育活动内容的选择

引导问题 6：学前儿童劳动教育的内容有哪些方面？

### 8.2.3　学前儿童劳动教育活动的设计与实施

引导问题 7：请为以下几个环节排序。

① 动手实践操作

② 探索劳动方法

③ 创设劳动的环境

④ 分享心得

视频

幼儿园劳动教育优质课

引导问题 8：请为大班劳动教育活动“美食制作”设计一个完整的活动方案。

| | |
|---|---|
| 活动名称 | |
| 活动目标 | |
| 活动准备 | |
| 活动过程 | 导入：<br><br>环节一：<br><br>环节二：<br><br>环节三：<br><br>环节四：<br><br>结束环节：<br><br>活动延伸： |

## 一、学前儿童劳动教育活动目标的制定

### （一）目标制定要全面

在学前儿童劳动方面，我们容易片面地把劳动定义为体力劳动。教师比较容易出现重视知识的传授，忽视情感的激发和能力的培养，从而导致儿童发展失衡的现象。在劳动教育中，教师比较重视学前儿童的劳动知识培养，容易忽略劳动能力及情感维度，包括尊重劳动、热爱劳动、有劳动意识、形成劳动习惯等方面。所以设置劳动教育的目标一定要全面，包含情感、认知、技能三方面。

### （二）目标制定符合学前儿童年龄特点

小班幼儿大小肌肉发育不完全，活动能力差，劳动教育的重心应放在自我服务上，尝试做到自己穿脱不含纽扣的衣物，会使用坐便器，使用勺子进餐，会自己将吃完的碗放入规定的地方，毛巾独立取放，以及将玩具图书等材料放回原处。中班幼儿已经具备一定的自我服务技能，但肌肉发育仍不完全，在继续巩固自我服务劳动的基础上还要增加一定的为他人服务，如整理班级内的玩具，学会将玩过的玩具按照类型送回；就餐前能帮助教师摆放碗筷等。而大班幼儿自理能力较强，身体健壮，不仅要培养他们自觉早晚刷牙，熟练使用筷子用餐，分门别类地将物品进行摆放整理，还要能主动为他人服务。学前儿童的身心发展虽尚未成熟，但是劳动内容要逐步从为自我服务劳动发展为为群体服务劳动，培养幼儿良好的劳动习惯，提高幼儿劳动的要求与质量，培养幼儿有目的、有计划地实施劳动。

### （三）目标制定要具体可操作

教师在制定劳动活动目标时，除了要注意以上两点之外，还要注意目标的具体性和操作性。尤其是认知、技能两个领域的目标制定，一定是在本次活动中可以掌握的知识和技能。例如，在大班“美食制作”活动中，具体目标可以设计为：(1) 了解制作鸡蛋饼的基本步骤；(2) 通过小组交流，梳理经验，共同制作鸡蛋饼；(3) 体验劳动的乐趣，学会珍惜劳动成果。掌握制作鸡蛋饼的步骤是实践的基础，小组分工操作是大班合作的关键，也是提升合作能力的具体抓手，操作性更强。

## 二、学前儿童劳动教育活动内容的选择

学前儿童劳动教育活动内容主要分为自我服务、服务他人、服务集体三个部分。根据幼儿年龄的不同，其劳动活动的内容也有所发展。小班幼儿主要开展自我服务，帮助幼儿树立自己的事情自己做的意识，促进幼儿自理能力的发展，体验劳动带来的快乐。中班幼儿开始和同伴相互帮助，服务他人，从而体会帮助他人的快乐，并懂得珍惜劳动成果，幼儿也在这个过程中学会爱与责任。大班幼儿开始帮助集体做事，他们就像小主人一样参与幼儿园的管理，感受到生活的力量，在劳动中不断认识自己，知道自己能做很多事，并且能做好，自信心和自豪感不断增强，并体会劳动的快乐。

### (一) 自我服务

幼儿园的一日生活活动可以在各个环节里培养孩子们独立劳动的能力，如可以通过“自己的事情自己做”这一主题开展“我会自己穿衣服”“我会自己叠衣服”“从小做个勤劳的人”等活动，帮助幼儿树立自己的事情自己做的意识，促进幼儿自理能力的发展，体验劳动带来的快乐。在就餐环节中，指导孩子们自取餐具，用餐完自行洗碗勺、擦拭饭桌、扫地拖地等；在如厕盥洗环节中，引导幼儿学会自取毛巾、正确洗手、正确如厕等；在午睡环节，鼓励幼儿自己叠被子、整理床铺等；在户外游戏环节，让幼儿自行拿取玩具、器械，游戏结束后整理收纳。

### (二) 服务他人

教师也应鼓励幼儿和同伴相互帮助、相互服务，从而体会帮助他人的快乐，并懂得珍惜劳动成果，幼儿也在这个过程中学会爱与责任。随着年龄的增长和自理能力的提升，幼儿也会开始期待更具有挑战性的劳动。例如，在区域活动中帮助本区域小朋友整理材料；在集体教学活动中一起操作学具；在一日生活中帮助他人穿脱衣服等。

### (三) 服务集体

帮助集体做事情是幼儿喜欢并乐意的，他们就像小主人一样参与幼儿园的生活管理，感受到生活的力量，在劳动中不断认识自己，知道自己能做很多事，并且能做好，增强自信心和自豪感，体会劳动的快乐。如在一日生活中入园环节，可以请小值日生帮助幼儿自主签到；在就餐环节帮助各小组幼儿自主打餐，收拾桌子上的残羹；在全天的各环节督促幼儿注意保持室内外卫生等。

## 三、学前儿童劳动教育活动的组织与实施

### (一) 创设劳动教育情境

兴趣是最好的老师。通过情境的创设，如朗诵诗歌、观看动画片和图片、听故事、做游戏、请谜语等，引发幼儿参与的兴趣。通过教师创设的劳动环境，让幼儿在轻松、友好、快乐的氛围中积极参与。例如，大班劳动活动“幼儿园的李子丰收了”，就是通过出示照片，和幼儿一起回忆幼儿园中李子长大的过程，将幼儿引入摘李子的活动中。

### (二) 探索劳动方法

劳动方法的获得是劳动的前提，也是劳动活动的重点。例如，在“美食制作”的活动中，教师应该在幼儿前期调查的基础上，讲解清楚美味鸡蛋饼的制作流程：切葱—打鸡蛋—搅拌—倒蛋液—成型翻面等。教师可以采用两种方法：一是直接呈现法，即直接开展劳动操作，让幼儿进行直观的观察；二是利用多媒体手段呈现，即教师收集美食制作的视频、图片等，请幼儿观看，然后教师组织幼儿讨论该劳动的步骤有哪些。

### (三) 动手实践操作

幼儿了解了劳动的具体步骤之后，教师要结合具体情境，指导幼儿应用。这个部分是劳动活动的核心环节，也是难点。主要目的在于帮助幼儿将理解的劳动步骤正确应

用。在这一环节中，教师可以采用分工的形式，组织幼儿小组完成，也可以由幼儿来自主分工完成。但是小班的幼儿尽可能做到人手一份材料，自主实践操作。

## 岗位对接

### 小班劳动教育活动：擦椅子

【活动目标】

1. 知道擦椅子所需要的工具，了解擦椅子的步骤。

2. 通过反复尝试，掌握擦椅子的方法，能把椅子擦干净。

3. 养成良好的劳动习惯，体验劳动的快乐。

【活动准备】

物质准备：水盆、抹布、椅子等。

经验准备：使用过抹布。

【活动过程】

一、情境导入，揭示主题

1. 出示课件，播放哭声。

教师：谁哭了？发生什么事情了？

2. 出示椅子宝宝浑身脏兮兮哭了的模样。

教师：椅子宝宝为什么哭啊？你发现了什么？

教师：我们每天都能看见椅子并使用它，它是我们的好朋友，大家有没有什么办法能够帮助它呢？

小结：椅子宝宝身上有笔印，有米饭粒，还有小朋友踩脏的，好脏呀，所以它流泪了。我们可以擦一擦，给他洗澡，让他变干净。

二、幼儿自由讨论，学习擦椅子的方法

1. 教师出示劳动工具，引导幼儿认识工具的名称。

教师：这有一些工具，大家一起说一说它们都叫什么。（抹布、水盆）

教师：请小朋友和身边的朋友一起说一说，你会用到哪些工具擦椅子。

小结：刚才小朋友们都说了如何能够让椅子变干净，可以用湿巾擦，用抹布擦……

2. 出示水盆和抹布，个别幼儿演示擦椅子的方法，总结经验。

教师请个别幼儿使用工具演示如何把椅子擦干净。

教师：小朋友你们发现了什么问题？

小结：小朋友通过观察发现，抹布水太多了，衣服和椅子太湿了，而且地板也很湿，小朋友还会滑倒。

3. 教师示范正确擦椅子的方法。

教师：我给大家示范如何擦椅子，请小朋友仔细观察，一会把看过的过程讲一讲。

教师：请大家说一说，老师是怎么擦椅子的。（把抹布弄干、折好，抹布脏了要洗，用

力擦，全部都擦到）

小结：擦椅子的步骤：洗抹布→拧干水分→折叠抹布→按顺序擦椅子。

三、出示劳动工具，劳动实践擦椅子

教师：小朋友已经观察了如何正确地擦椅子，请小朋友也来试试把自己的椅子擦干净，让椅子露出可爱的笑脸。

教师：教师巡回指导，帮助能力弱的幼儿学习拧毛巾的方法。

四、劳动后师幼共同讨论，提出不足之处

教师：小朋友们一起看一看，谁的椅子擦得最干净？哪里干净？

教师：有没有擦得又快又干净的方法？有什么顺序吗？谁可以上前示范一下你是怎么擦的？

小结：小朋友要想把椅子擦干净，可以先擦椅子面，然后擦椅子后背，最后擦椅子腿，每一次都擦干净，每擦完一个椅子，抹布也要用水洗一洗，这样椅子才能干净。

五、幼儿再次擦椅子，强化正确步骤的记忆

【活动延伸】

1. 擦椅子比赛。比赛规则：不比速度，比一比谁擦得干净，椅子的各个位置都擦干净，四位幼儿同时开始比赛，其余幼儿当评委。

2. 区域活动：在生活区设置椅子、抹布、水盆，供幼儿进一步练习擦椅子。

3. 家园共育：在家中，家长为幼儿提供相关劳动材料和劳动机会，和幼儿一起擦椅子、擦桌子、收拾碗筷，让幼儿感受自我服务的成就感，同时也能让幼儿帮助父母做一些力所能及的劳动。

## 中班劳动教育活动：种黄瓜

【活动目标】

1. 通过观看农民伯伯的种植视频，学习种植黄瓜的方法。

2. 掌握种植植物和照顾植物的技能，如翻刨坑、盖土、浇水等。

3. 能积极参与种黄瓜的活动，体验劳动的乐趣。

【活动准备】

1. 物质准备：铲子、喷壶、肥料、种子、手套、皮靴。

2. 经验准备

(1) 调查表“种植黄瓜大调查”。

(2) 知道黄瓜种子发芽需要阳光、水、土和肥料，还要定期除草。

(3) 认识种植工具，有过种植树苗的经验。

【活动过程】

一、谈话导入

教师：请小朋友们围绕调查表，说一说，我们怎么种植黄瓜呢。

幼儿自由分组讨论，并分享自己的方法。

二、观看视频，学习种植黄瓜的方法

教师：通过刚刚观看的视频，谁知道怎样把黄瓜种子种到土壤里？

教师：种子种好以后，需要做哪些事情？

总结：将种子均匀地撒在土壤表面（种子不能放得太多），再用细土将种子完全覆盖，最后给种子浇适量的水（水要将土壤全部润透）。

三、种植过程

1. 教师亲身示范，幼儿观察掌握种植植物和照顾植物的技能。

教师：种子种在土壤的什么位置最合适？为什么？

教师：种子种好之后该怎么样盖土？为什么？

2. 幼儿自由种植。

(1) 刨坑。幼儿使用铲子，分组在菜地里刨坑。

(2) 撒黄瓜种子。幼儿将准备好的种子均匀地撒入坑中。

(3) 盖土。部分幼儿用土将撒好的黄瓜种子盖起来，个别幼儿的黄瓜种子露在土壤外的话，需要教师个别指导幼儿正确的种植方法。

(4) 浇水。幼儿选择浇水工具（花洒、喷壶或者水管）进行浇灌。教师指导使用不同工具的幼儿如何浇水。

(5) 组织幼儿收拾整理种植工具。

四、分享交流

教师组织幼儿谈论分享本次种植活动的收获及劳动的乐趣。

活动总结：今天表扬所有积极认真参与活动的小朋友，在进行种植活动的同时，大家也感受到了种植带来的快乐，虽然种植活动结束了，但是还要继续照顾这些种子。种植植物非常辛苦，我们要爱惜别人的劳动成果，不能破坏植物。

【活动延伸】

1. 请值日生每天到种植园照料黄瓜，进行浇水、施肥等。

2. 教师定期带幼儿到种植园进行观察并记录黄瓜的生长变化过程。

3. 根据黄瓜的生长阶段，值日生与老师共同完成黄瓜攀爬架的搭建，让黄瓜更好地生长。

## 大班劳动教育活动：美味鸡蛋饼

【活动目标】

1. 通过观察家长制作鸡蛋饼的过程，积累生活经验，了解制作鸡蛋饼的基本步骤。

2. 尝试自由分组，通过小组交流，梳理经验，共同制作鸡蛋饼，提升合作意识和动手操作能力。

3. 通过集体劳动，体验劳动的乐趣，学会珍惜劳动成果。

【活动准备】

1. 物质准备

(1) 食材准备（若干）：鸡蛋、面粉、大葱、火腿丁、油等。

(2) 工具准备：电饼铛、碗盘、勺子、打蛋器、防油烟罩（各6个）、小组记录单和笔（6

份)、一次性手套(幼儿每人一双)、围裙(幼儿每人一个)。

2. 经验准备

(1) 有观看父母制作鸡蛋饼的生活经验。

(2) 完成调查问卷,并将父母制作鸡蛋饼的步骤详细进行记录。

【活动过程】

一、调查问卷分享导入

1. 创设活动环境,教师和幼儿共同穿上厨师服。

教师:昨天晚上班级里的每一位小朋友和家长共同制作了鸡蛋饼,还完成了调查问卷,相信每一个小朋友和家长都已完成这个任务,下面请小朋友把你的调查问卷和大家一起分享吧,说一说父母制作鸡蛋饼的过程。

请 3~5 名幼儿进行问卷分享,鼓励幼儿大胆表达。

2. 教师进行总结梳理,带领幼儿认识食材和工具。

教师:上面几位小朋友说得都非常仔细,小朋友对于制作鸡蛋饼的步骤已经很清楚了,今天老师把制作鸡蛋饼的食材和工具给每组准备了一份,我们一起看一看。

二、幼儿分组讨论,明确制作分工

1. 自由组合,协商分工,完成记录单。

教师:熟悉了食材和工具之后,接下来就是制作鸡蛋饼。现在请你们自由组合,每组 6 个小朋友,推选出一位组长。桌面上为大家准备了记录单和笔,请每组的组长带着本组的小朋友共同商量分工,明确每一位小朋友的操作任务,把具体分工记录在记录单上。如果在分工时有什么疑问也可以找老师来帮忙。

幼儿可通过表格或者思维导图的形式将各自负责的内容进行表征。

2. 请每组的幼儿代表分享本组的分工图表,并说明分工原因。

请幼儿进行分享,引导幼儿大胆表达图表内容。

小结:听了 6 组小朋友的分工,看出在组长的带领下大家都很积极参与,有的小组分工很具体,表征得也很形象。

三、小组合作尝试共同制作鸡蛋饼

1. 按照分工表共同制作鸡蛋饼。

教师:人员分工、食材和工具大家都已经准备好了,请每组的组长带领组员按照你们的分工表共同制作鸡蛋饼。在制作的过程当中,一定要注意安全,尤其是操作电饼铛的小朋友,一定要把防油烟罩带好,以免烫伤面部。大家开始行动吧,看看哪组小朋友制作的鸡蛋饼色、香、味更胜一筹。

2. 教师分组进行适时指导,提醒幼儿小心别被电饼铛烫到,注意清洁卫生,不乱扔垃圾。

四、美食出炉,快乐分享

1. 品尝鸡蛋饼,感受集体劳动后的幸福感。

教师:每组的小朋友都已经通过团队的力量完成了本次鸡蛋饼制作,现在请每组派一个代表将本组的鸡蛋饼放到前面桌子上。接下来以小组为单位,品尝其他组的鸡蛋饼，边品尝边讨论一下每组鸡蛋饼的味道。品尝结束后，采用举手表决投票的形式，评选出你们组认为色、香、味都很出色的小组。

2. 评选最美味鸡蛋饼。

教师：开始举手投票，评选出最美味的鸡蛋饼。

教师：请每组派一个代表说一说你们组投票的原因，品尝完之后你们觉得你们组的鸡蛋饼还有哪里需要改进。

3. 获胜组进行经验分享。

获胜小组从人员分工和制作过程来分享本组的成功经验。

4. 收拾整理。

活动结束后，幼儿分工进行工具的清洗和整理。

【活动延伸】

1. 生活区：提供油、鸡蛋、面粉等材料，让幼儿在生活区再一次进行制作，并将制作好的鸡蛋饼分享给邻班小朋友。

2. 家园配合：活动延伸到家庭，邀请父母带着幼儿尝试用鸡蛋制作其他美味的食物，把经验传授给幼儿。

扫码获取
更多优秀案例

## 单元测试

1. 简述小、中、大班幼儿劳动教育的内容要求。

2. 简述学前儿童劳动教育的原则。

3. 活动设计：以“种植”为主题，为中班幼儿设计一个完整的劳动教育活动方案。

扫码查看
参考答案

## 学习反思

项目八

# 学前儿童社会行为教育

## 任务一　学前儿童亲社会行为教育

### 学习情境

亲社会行为是指合作、分享、谦让、同情、助人等有利于社会和他人的行为，是个体社会化发展的重要指标。《指南》在幼儿社会发展领域中有人际交往和社会适应两个子领域，人际交往领域中明确指出，儿童与他人分享时要给予肯定和鼓励，鼓励儿童与同伴交往，鼓励儿童良好的行为表现等。这些都属于培养幼儿亲社会行为的范畴。本任务主要学习学前儿童亲社会行为的有关概念、意义、类型及年龄特征。

### 学习目标

1. 了解学前儿童亲社会行为的概念及意义。
2. 掌握学前儿童亲社会行为的类型以及年龄特征。
3. 学会分析与反思，合作完成案例学习。

### 任务书

1. 个人学习：请查阅相关文献，结合见实习经历分析不同年龄阶段幼儿亲社会行为发展的特点。

2. 小组学习：请小组合作完成案例分析并提出教育建议。

在集体活动“小猴裁缝店”的“小组讨论，制作服装”这一环节中，教师向小朋友们说:“设计师们请注意,老板小猴要求大家先讨论设计方案,要商量好服装的款式、颜色、给谁穿等,再一起制作,合作完成。”随后小朋友们积极讨论了起来,有的小组要给小马做风衣,有的小组要给小兔做连衣裙,还有的小组要给小鱼做泳装,讨论得不亦乐乎。而制作过程却并不和谐,有的孩子在认真用白纸“打样”,有的孩子却无所事事,还有几组幼儿出现了争执,纷纷抢着去做裁剪、粘贴等工序,在争执中甚至撕破了“布料”,场面一度失控。

请同学们思考:“设计师”们为什么会产生争执?如果你是教师,你会怎么做?

扫码查看
参考答案

## 工作实施

### 8.1.1 学前儿童亲社会行为的内涵

引导问题1:学前儿童亲社会行为的含义是什么?

______________________________

______________________________

______________________________

引导问题2:你如何理解学前儿童亲社会行为的意义?

______________________________

______________________________

______________________________

**小提示**

艾森伯格总结出儿童亲社会道德判断发展的五个阶段:

阶段一:享乐主义、自我关注的推理。助人与否的理由包括个人的利益得失、未来的需要,或者是否喜欢某人。

阶段二:需要取向的推理。他人的需要与自己的需要发生冲突时,儿童开始对他人的需要表示出简单的关注,但并不表现出自我投射性的角色采择、同情言语等。

阶段三:赞许和人际取向、定型取向的推理。儿童在分析助人与否的理由时,涉及的是好人或坏人、善行或恶行的定型印象、他人的赞扬和许可等。

阶段四:自我投射性的移情推理。儿童分析助人与否的理由时,开始注意与行为后果相关联的内疚或其他情绪体验,初步涉及对社会规范的关注。

阶段五:深度内化推理。儿童决定助人与否,主要依据内化的价值观、责任、规范以及改善社会状况的愿望、尽个人和社会契约性的义务。此外，儿童还提到与实践自己价值观相联系的否定或肯定情感。

艾森伯格关于儿童亲社会道德的研究提示我们，儿童面临的情境不同，产生的道德认识、道德情感、道德行为都有可能存在差异。我们对儿童的道德教育，必须注意因势利导，针对不同情境，采用不同策略。

### 8.1.2 学前儿童亲社会行为的类型

引导问题3：请查阅资料完成连线。

| 紧急情境下的亲社会行为 | 一般情境下的亲社会行为 |
| --- | --- |

| 小明在公交车上给老人让座 | 护士小李火线支援武汉抗疫 | 王继才遭遇歹徒拼死守岛 | 乐乐郊游时将草地上的饮料瓶扔进垃圾桶 |
| --- | --- | --- | --- |

| 利他动机的亲社会行为 | 互惠动机的亲社会行为 |
| --- | --- |

| 朵朵扶起摔倒的同伴并帮其擦干眼泪 | 菲菲在美工角和莎莎合作粘贴动物面具 | 果果在晨间活动时和同伴交换玩具 | 小海晚饭后把吃剩的馒头喂给流浪小狗 |
| --- | --- | --- | --- |

**小提示**

**亲社会行为的分类**

根据亲社会行为发生的情境，可分为紧急情况下的亲社会行为和一般情况下的亲社会行为。

根据亲社会行为的动机和目的，可分为自发的亲社会行为，即利他动机的亲社会行为，和常规性亲社会行为，即互惠动机的亲社会行为。

根据亲社会行为的不同形式，学前儿童的亲社会行为可分为分享、合作、助人、安慰等。

引导问题4：案例中幼儿在活动中能顺利进行讨论，却在制作“服装”环节出现争执，是因为他们缺乏哪种亲社会行为能力？

______

______

______

### 8.1.3　学前儿童亲社会行为的年龄特点

引导问题5：小组讨论分析案例中幼儿所在年龄班，并说明理由。

______

______

______

引导问题6：小组讨论填写以下表格。

| 核心经验 | 年龄阶段 | 主要内容 | |
|---|---|---|---|
| | | 互惠动机 | 利他动机 |
| 亲社会行为 | 小班 | | |
| | 中班 | | |
| | 大班 | | |

小组决策

小组讨论：

1. 如果你是案例中的教师，你会采取哪些教育策略？

______

______

______

2. 请为案例中的幼儿设计一次专门性的亲社会行为教育活动，将活动方案记录在下方。

| | |
|---|---|
| 活动名称 | |
| 活动目标 | |
| 活动准备 | |
| 活动过程 | 导入：<br><br>环节一：<br><br>环节二：<br><br>环节三：<br><br>环节四：<br><br>结束环节：<br><br>活动延伸： |

## 一、学前儿童亲社会行为概述

### (一) 亲社会行为

亲社会行为(prosocial behavior)的概念最早由美国学者威斯伯提出,他在《社会行为的积极形式考察》一文中首先用“亲社会行为”一词来代表所有的与侵犯等否定性行为相对立的行为,如同情、慈善、分享、协助、捐款、救灾和自我牺牲等。这些行为虽然表现各异,具体情境也有所不同,但有一个共同的基本目的,就是使得他人乃至社会获得益处。反之则称为反社会行为。

### (二) 学前儿童亲社会行为

研究表明,年龄很小的幼儿就能够表现出亲社会行为,《指南》中把亲社会行为的发展看作学前儿童人际交往与社会适应所不可或缺的构成部分,并对学前儿童的亲社会行为发展进行了描述性规定,主要包括诸如帮助、同情、分享、合作以及其他与学前儿童相适应的行为。

视频

幼儿亲社会行为片段

## 二、学前儿童亲社会行为的意义

亲社会行为是个体社会化的一个重要组成部分,是在社会化过程中形成的。作为一种普遍的社会现象,亲社会行为已引起发展心理学家和社会心理学家的重视,成为教育心理学研究领域中的重要课题。促使儿童亲社会行为的发展,将有助于儿童更好地适应社会,为幼儿的终身发展奠定扎实的基础,也有利于学校素质教育实践的深入发展。

### (一) 具有亲社会行为的儿童可以从对他人的帮助中获得满足感和成就感

当儿童因帮助他人而得到别人的感谢时,这种亲社会行为的结果既可以使他们的能力感与价值感同时获得满足,又可以促进儿童形成健康的自我意识。人与人之间团结友爱的行为,既是友善和联盟的信号,又能引起接受帮助者的积极情感,从而可以促进儿童融入社会情境,促使他们在交往过程中产生更为密切的人际关系。具有合作和助人品质的儿童,常常会使自己的社交活动获得最大限度的成功。

### (二) 亲社会行为可以成为儿童学习的范例,促进儿童对自我行为的调节

每一个亲社会行为都会成为儿童的榜样,儿童从中获取有用的信息以备自己日后所用。当儿童成为亲社会行为的受益者时,他们通常会更仔细地观察和考虑这种行为是如何实施的,以此作为自己身体力行的样板,以监督自我行为的利他性。

### (三) 亲社会行为可以帮助儿童形成积极的群体意识

一般来说,鼓励儿童采取合作与助人行为的群体比那些不注重这些价值观念的群体,其成员之间的互动更加友好,而且群体的效率更高。儿童通过亲社会行为,可以更好地融入群体并对群体产生认同感和归属感,更加服从集体的决定,遵守班级纪律并与伙伴产生良好的沟通和合作。

## 三、学前儿童亲社会行为的主要类型

我国对亲社会行为的研究开始于20世纪80年代。研究者大多采用假设情境问卷或直接观察儿童的方法进行亲社会行为类型的研究。合作、助人、分享和安慰等是学前儿童亲社会行为的主要类型。亲社会行为可以使他人得到协助、支持或者从中获益，而且行为者通常并没有期待外部的酬赏，在很多时候甚至还要承担一定的风险。

亲社会行为按发生的情境可以分为两类：紧急情境下的亲社会行为和一般情境下的亲社会行为。人们常说的“见义勇为”，就是指紧急情境下的亲社会行为。它是指为了他人的人身、财产安全，不顾个人安危而采取的救助行动，蕴涵着帮助弱者、惩恶扬善的意思。这种类型的亲社会行为在个体身上发生较晚，在学前儿童阶段比较少见。这也许与紧急情况下需要个体有较高的亲社会行为技能，或者与个人的责任感、人格特点、情绪唤起水平、被救助者的特点以及助人代价等因素有关。相反，儿童很早就表现出一般情境下的亲社会行为。这种行为一般发生在日常生活中，不需要救助者冒生命危险，他们付出的仅仅是较多的时间、物质和精力的代价，却可能使个体得到各种精神和社会的补偿。如公共汽车上给有特殊需求的人让座，主动打扫公共卫生等。

亲社会行为从动机出发，还可以分为无私的、不求回报的亲社会行为和自私的、期望得到奖赏的亲社会行为两种，即利他动机和互惠动机。利他动机分别有安慰、同情、帮助等指标；互惠动机分别有分享、合作、关心等指标。两者的结果虽然一样，但是其本质特征却大相径庭。

学前儿童的亲社会行为从对社会影响的角度出发，分别有诚实、爱惜物品和爱护环境等行为。诚实行为是儿童从小就应该养成的良好道德品质，但是受到儿童的年龄特征和身心发展水平的限制。3～4岁幼儿由于常常把想象与现实混淆，有时会说一些与事实不符的话。4～6岁幼儿由于怕被周围人责备、批评或惩罚，有时会出现不敢承认错误或为了得到奖励而发生的“说谎”行为。孩子的“说谎”有很多内涵：可能是夸大了的事实，也可能是暗藏着对美好事物的向往，还有可能仅仅是保护自己的一种手段。在爱惜物品和爱护环境方面，3～4岁幼儿爱护玩具和其他物品的自觉性较差；1～5岁幼儿对节约粮食和水电具有一定的认知，但认知与行为脱节；5～6岁幼儿对爱护环境和节约资源具有一定的认知，并能付出相应的行为。

## 四、学前儿童亲社会行为发展的年龄特征

最早的关于幼儿亲社会行为的记录，可以追溯到皮亚杰于1932年发表的关于儿童亲社会行为的观察记录，他认为8～12个月的婴儿就已具有同情行为、利他行为和分享倾向。婴儿这时开始注意与他们自身安全相关的抚养者的情感、情绪反应，他们会通过自己变得忧虑作为对他人忧虑的反应。扎·瓦克斯勒(Carolvn Zahn-Waxler)等人对婴儿的亲社会行为进行了细致的观察研究，发现了几百次亲社会行为。观察研究表明，在12～18个月，婴儿开始出现一些亲社会行为。开始时，他们对别人的痛苦没有什么反应，逐渐地，他们开始对别人的痛苦表现出很关心，有时会用手指向对方，做出积极的

反应，这种反应在这段时间发展得很快。18 个月以及更大些的婴儿，当目击别人的痛苦时，平均有 1/3 的婴儿表现出了亲社会行为。但这时婴儿对他人做出的行为，帮助方式常常是不恰当的，他们无法区分哪些行为可以减少自己的忧虑、痛苦，哪些能减少他人的忧虑、痛苦，此时婴儿表现出的亲社会行为并不是真正的亲社会行为，只是亲社会行为的萌芽，研究普遍认为，幼儿 2～3 岁才真正表现出亲社会行为。

### （一）学前儿童分享行为发展的年龄特征

分享是亲社会行为的一种表现，是指个人拿出自己拥有的物品和他人共享，从而使他人受益的行为。分享观念是指儿童与他人共同分享物品的公正看法，其对立面是“独占”“多占”。

婴儿 12 个月时就已表现出指向动作的分享行为，例如他们会把物体放在人们的手上或大腿上，然后继续操纵这个物体，这是分享行为的萌芽。儿童通过分享真实物品来保持与他人的积极交往。当他们能够以其他方式与他人交往时，分享行为就不突出了。所以，12～24 个月婴儿的分享行为随年龄增加得很快，24～36 个月婴幼儿的分享行为则随年龄的增长而下降。

儿童分享行为的发生和发展，与其分享观念密切相关。我国学者周敏对学前儿童做了分享观念发展的研究，她将儿童对物的分享反应定为四种类型：“均分”“慷慨”“自我”和“不会”。研究结果显示，4～6 岁幼儿在分享反应中，做出“均分”的最多，“慷慨”的其次，“自我”的最少。随着年龄增长，“均分”和“慷慨”两种反应的比例有上升趋势，做出“自我”和“不会”的两种反应有下降趋势。其中，“均分”反应和“不会”反应在 4～5 岁间有显著的差异，“慷慨”反应和“自我”反应在 5～6 岁间有显著的差异。

### （二）学前儿童合作行为发展的年龄特征

合作行为是一种重要的亲社会行为，是儿童社会化的重要方面。所谓合作，是指两个或两个以上的个体为达到目标而协调活动，以促进一种既有利于自己又有利于他人的结果出现的行为。与合作行为相对的是竞争行为，竞争则是指希望通过超过他人而获得承认。

儿童在出生后的第二年，交往的同伴开始能够围绕共同的主题进行角色转换和角色轮流。瑞德克・耶如、赞・瓦克斯勒及查普曼(Radke, zahn & Chapman)认为，婴儿的合作行为是在 18～24 个月时开始迅速发展和分化的。绝大多数 18～24 个月的婴儿可以进行合作游戏，许多相关的研究都证实了这一点。同时，艾克曼(Eckerman)等人发现，18～24 个月的婴儿比年幼婴儿表现出更多的与同伴和成人交往的愿望，产生合作的倾向。布朗奈尔(Brownell)发现，24 个月的婴儿能够在同龄伙伴间相互协调行动，以达到目标。18 个月的婴儿还比较难于进行真正的社会交往，2 岁以后，幼儿往往能更有效地进行社会性交往，更经常地进行合作游戏。之后，布朗奈尔等人研究了 64 名月龄分别为 12～15 个月、18～21 个月、21～27 个月、30～33 个月的婴幼儿的合作游戏，以及他们区分自我与他人的情况，其结果同样发现幼儿合作游戏的年龄差异。12 个月的婴儿基本上不能解决合作性问题，50%左右的 18 个月婴儿能偶然地解决问题，大多数24～30个月的婴幼儿能重复地解决问题。在合作行为上，24～30个月的婴幼儿更能相互协调，能围绕任务采取相应的相互配合的行为。多方研究表明，3～4岁幼儿几乎没有真正意义上的合作，大多是平行或独自活动和游戏；4～5岁幼儿开始出现合作行为，合作的目的性和稳定性逐渐增强；5～6岁幼儿自发的合作行为较多，合作的内容和范围不断扩大。由此可见，随着年龄的增长，交往经验的增多，幼儿间合作的目的性、稳定性逐渐增强，他们能够为实现共同目标而努力。另外，他们的合作范围不断扩大，逐渐由两人间的合作发展到三四人之间的合作，合作行为随着幼儿年龄的增长而增加。

图8－1　幼儿合作行为

### （三）学前儿童安慰行为发展的年龄特征

安慰行为是指个体觉察到他人的消极情绪状态，如烦恼、哭泣等，并试图通过语言或行动使他人消除消极情绪状态，变得高兴起来的亲社会行为。感知到他人的消极情绪状态，通过一定的技巧使他人的消极情绪状态得到改善，是安慰行为的两个要素。

研究发现，在儿童出生的第二年初，当别人表现出明显的难过时，他不仅能够以相似的情绪做出哭泣的反应，而且还会向对方表现出如拥抱或经轻拍打的行为。在儿童出生第三年的中期，他们的这种行为不仅在频率上增加了，而且表达方式更加丰富，如给哭闹的婴儿一个奶瓶或寻找看护人等。随着年龄的增长，安慰行为变得越来越复杂。如果他人的痛苦和悲伤是个体自己造成的，那么安慰行为就较少。反之，安慰行为就多一些。随着儿童年龄的增长，安慰行为的质量和数量都有增加的趋势，而且女孩比男孩的安慰行为更明显，这也许与个体所认同的性别角色期望有关。分析上述研究，我们不难看出，儿童的安慰行为之所以随年龄的增长而增多，主要与他们对他人情绪状态的感知理解能力有关。因此，一般情况下，个体的安慰行为是随着个体理解能力的发展而发展的。

### （四）学前儿童助人行为发展的年龄特征

助人行为是学前儿童期望参加社会互动的结果。幼儿在0～3岁阶段就开始出现了助人行为，且数量随年龄增长而增加。但帮助的相关技能还较缺乏，往往受到情境和成人的暗示。助人行为随着幼儿年龄的变化，表现出特别的发展趋势。研究者曾观察三组婴幼儿（年龄为18、24、30个月）在家里帮助父母做家务（如整理杂乱的杂志、叠衣服、扫地和整理床铺）的情况，发现65%的18个月的婴儿和所有的30个月的婴儿能够也愿意帮助成人做这些家务。可见，学前阶段幼儿的助人行为呈增长趋势，在小学中期逐渐达到最高峰，到青少年早期则呈下降趋势，到成年早期又有所增加。

### （五）学前儿童同情心发展的年龄特征

同情心是一种对他人的处境、遭遇在感情上能激起共鸣，能分担他人的苦难忧愁，并发自内心地在行动上给予应有的慰藉、关心和帮助的道德情感。这是个体适应社会和群体合作的道德基础。这种态度的基础，是承认他人的需要和利益的合法性，表现为对他人的思想感情能够理解，对他人的愿望能给予支持。这种社会感情可限制利己动机，使人将自己摆到他人的位置上去思考与行动。学前儿童的同情心主要产生于对老弱病残的关心和爱护，对象可以是人，也可以是物；可以是现实社会中的人和物，也可以是文学作品中的人和物。

赞·瓦克斯勒（Zahn Waxler）的观察研究表明，在12～18个月之间，婴儿开始逐渐地对别人的痛苦表现得很关注，有时会用手指向对方，做出积极的反应。这种反应在这段时间发展得很快。当18个月以及更年长的婴儿目击别人的痛苦时，平均有1/3的婴儿表现出同情心。当瓦克斯勒请母亲们为这些婴儿做观察记录时，婴儿同情心的发生率也大致相同。许多18～24个月的婴儿已经表现出与父母类似的同情行为，如他们在安慰别人时，也会轻轻拍对方，或拥抱对方，给对方玩具、食品等，或者用迂回的方法设法安慰别人；他们还会说一些表示同情的话，提出解决问题的办法，并鼓励别人。当发现一个办法难以奏效时，他们还会另辟蹊径。婴儿同情心大致在12～18个月之间产生，婴儿逐渐地对别人的痛苦表现得很关注。幼儿普遍具有同情心，同情的对象包括父母、教师、同伴以及其他周围的人和动物，由同情引发关心和安慰行为随着年龄的增长而增加。我国学者李江雪等人对幼儿园幼儿的同情心发展状况进行研究，发现3～6岁幼儿基本具有同情心，同情的对象包括父母、教师和同伴，甚至陌生的他人和动物等。再者，不同年龄阶段幼儿的同情观念的发展水平有显著差异。大班明显好于小班，但两者仅在同情父母和同伴上有显著差异。

## 四、学前儿童亲社会行为的培养

培养幼儿的亲社会意识和行为，是家庭和幼儿园教育的重要组成部分。如何通过训练，运用一些适合幼儿心理发展特点、切实可行的方法来促进幼儿亲社会行为的发展，应是家长和幼儿园教育幼儿时必须掌握的重要内容。因此，结合学前儿童亲社会行为发展的相关理论和实证研究，对家长和幼儿园应如何做提出几点建议。

### （一）家庭教育建议

家庭中幼儿亲社会行为的培养主要通过父母对幼儿的具体教育实现，具体包括：使用正确的教养方式、对幼儿进行移情训练和行为训练。

#### 1. 使用正确的教养方式

父母教养方式反映了亲子关系的实质，良好的父母教养方式实际是给幼儿提供亲社会环境的关键。温暖、引导型的父母教养方式可以使幼儿产生安全感和信任感，形成愉快的心情，幼儿在愉快的情绪下，更乐于做出友好的行为。因此，家长在教育幼儿时，要敏感地把握他们的感受和需要，给予他们适当的独立和自由，慎重使用惩罚，要使用说理、引导的方式处理问题。

#### 2. 移情训练

移情训练是一种旨在提高幼儿观察他人的情绪、理解他人的情感，从而与之产生共鸣的训练方法。虽然几乎所有幼儿都有移情能力，但某些幼儿比较容易产生移情的反应。父母的教育对幼儿的移情发展起着重要作用。1983 年，亚罗等人的研究就证实了在婴儿中会发生同情与怜悯，但有个体差异。不会怜悯他人的婴儿的母亲，当婴儿遇到他人苦恼的情境时，不做解释，并使婴儿离开他人苦恼的情境，而会怜悯他人的婴儿的母亲，易对伤害事件进行有情感的解释，帮助孩子理解自己的行为与他人烦恼的关系。后种母亲实际上给孩子进行了移情训练。

因此，在他人面临困境的时候，父母要引导幼儿识别他人的表情，设想他人的恐惧，考虑他人的感受，然后唤起幼儿对自己经历过的困境和当时体验的回忆，以便产生与他人情绪相同的替代性情结体验。这种训练可以通过多种形式表现出来，如通过给幼儿讲故事，可以一边讲故事，一边根据故事情节询问幼儿“你怎么想?”“他(故事的主人公)怎么了?”“他这时感觉会怎么样?”“看到他(故事的主人公)这样你有什么感想?”“如果你遇到这种问题你会怎么做?”等问题，这样不仅会让幼儿理解故事人物的感受，也能引导幼儿将这些人物的感受与自身感受联系起来，从而加深对这种感受的理解，使他们学会从他人的角度、立场考虑问题，促进幼儿亲社会行为的发展。

#### 3. 行为训练

父母通过强化来控制幼儿的合作、分享、帮助等亲社会行为是非常有效的。常用的强化手段包括表扬、物质奖励、发代金券、忽视等。父母在日常生活中可以运用这些方法养成和促进幼儿亲社会行为的发展，矫正其不良行为。

榜样示范也是行为训练的一种方法。榜样学习在道德教育及亲社会行为领域的研究中曾引起了广泛的注意。自 20 世纪 60 年代班杜拉提出社会学习理论后，大量研究表明，儿童接触利他行为榜样有利于培养自己的利他行为。成人的利他榜样有助于儿童做出相应的行为。特别是在学前期，父母既是幼儿直接的模仿者，又是幼儿选择模仿榜样的控制者。因此，父母必须时时注意在幼儿面前保持良好的形象，包括待人接物的态度和方式。同时，还要注意引导幼儿选择电视节目、图书，甚至伙伴，以便对幼儿进行正面的道德教育。

### (二) 幼儿园教育建议

幼儿园在培养和促进幼儿亲社会行为的发展时，可以从以下三个方面来具体实施：

#### 1. 设置良好的物理环境

幼儿园的物理环境影响幼儿亲社会行为的发展。幼儿园应为幼儿提供优美、舒适的环境，使幼儿保持好的心情，为幼儿亲社会行为的发展提供情绪基础。

幼儿园在设置幼儿户外活动的场所时，为幼儿提供的活动空间一定要合理。另外，幼儿园最好能够设置专门的混龄扩展空间，即不同年龄、不同发展水平的幼儿在一起游戏、玩耍的空间。有研究发现，混龄教育对幼儿社会行为的发展有一定的促进作用，混龄教育对幼儿亲社会行为的培养有一定的效果。因此，幼儿园应为幼儿亲社会行为的发展创设良好的环境。

2. 组织游戏活动

游戏是幼儿喜爱的活动，是培养幼儿亲社会行为的主要方法之一。在游戏中，幼儿可以学习如何参与，如何共同商议、相互协作、相互配合，如何解决发生的争吵和矛盾，这些都有利于培养幼儿更多地为他人考虑的能力，促进其亲社会行为的发展。因此，幼儿教师要有效地利用游戏这一教育手段，把分享、助人、合作、谦让、安慰等各种亲社会行为的培养融入幼儿的游戏中，让幼儿反复练习，从而使他们逐渐形成自觉、稳固的亲社会行为习惯。

3. 教师的榜样与引导

对于幼儿来说，教师是他们心中的偶像，教师的一言一行都是孩子模仿的对象，这就对教师的言行提出了较高的要求。教师应从自身做起，以身作则，要求孩子做到的，自己首先要做到，不让孩子做的，自己坚决不做，若违反，要勇于在孩子面前承认错误。另外，教师应加强对幼儿亲社会行为的引导与教育，对幼儿要有耐心。比如，中班小朋友蒙蒙带了新玩具，但他只想和他的好朋友龙龙分享，“别人不是我的好朋友，我不想借给他们。”听到蒙蒙这么说，老师赶紧走到蒙蒙旁边，轻声对蒙蒙说：“你只想把自己的玩具和好朋友分享，但别人想玩怎么办？你想想如果别的小朋友带了新玩具，你也想玩但他不借给你，你是不是会很难过？”教师的引导对幼儿亲社会行为的发展有重要作用。

## 岗位对接

亲社会行为教育活动优质课视频

亲社会行为
教育活动优质课

# 任务二 学前儿童常见社会行为问题与教育

## 学习情境

学前儿童社会行为问题的发现与教育对幼儿的人格发展、社会性发展以及适应未来社会的能力形成意义深远，本任务将带领你学习学前儿童社会行为问题的内涵、类型与特点，探寻学前儿童社会行为问题的影响因素及干预与指导的方法。

## 学习目标

1. 了解学前儿童社会行为问题的内涵、类型与特点。
2. 掌握学前儿童社会行为问题的影响因素及干预措施。
3. 完成案例分析，反思自身教育行为。

## 任务书

1. 个人学习：请在学习后为本任务的知识点绘制思维导图。
2. 小组学习：小组讨论完成案例分析。

案例 1：小柱的父母从他很小的时候就外出打工了，他和姐姐从小由爷爷奶奶在老家带大，他和姐姐的感情很好，但是姐姐患有痴呆症，经常被别人欺负，他的父母又常年不在身边，爷爷奶奶年纪大了，没人保护他们，所以他经常为了保护姐姐跟别人打架，慢慢地就比别的孩子脾气暴躁，往往都是他先动手打人。这学期，他父母把他接到城市来上幼儿园。晨间活动，老师和幼儿讨论晨间搭积木的规则，小柱的眼睛直勾勾地盯着最新"积木"。老师刚说"开始"，小柱撒腿就跑，朝那盒积木飞奔过去。这时，离积木柜最近的波波和小柱同时拿到了那盒积木，两个人互不相让，抢了起来。小柱大喊："是我先拿到的！"波波说："不对，你是跑过来的，是我先拿到的！"小柱仍大叫："我要玩！"老师轻轻地对他们说："你们俩商量一下，想个办法，要不这样下去谁也玩不起来。"于是，波波用商量的口气对小柱说："我先玩，等会儿交换的时候再给你玩，好吗？"小柱松开拿着积木的手，老师以为他同意了波波的方法，正想表扬他，没想到他猛地抓起波波的胳膊狠狠地咬了一口。波波痛得立刻松开了手，哭了起来。小柱见状立即拿着积木准备玩了起来。

案例 2：苗苗平时沉默寡言，基本听不到她说话，偶尔说话还吐字不清，极少参与同伴游戏，经常一个人玩，偶尔会与一个叫田田的小朋友一起玩，但很少见到她们进行热烈的交流。如果教师和同伴主动找苗苗说话，她会很害羞，基本不用语言回答，只是用点头、摇头等肢体语言做出回应。在教师的眼中，苗苗是个不起眼的孩子，很被动，表情不丰富，上课从来不举手发言，生活自理能力较差，其他方面也表现一般。

案例 3：凡凡和笑笑都是草莓小班的小朋友，她们住在一个小区。一天晚上，两家人在散步的途中相遇，笑笑为了让大家夸自己就对所有人说："今天我在幼儿园主动给小朋友们唱了一首歌，老师当着所有小朋友的面表扬了我。"这时，凡凡也对大家说："今天我也在幼儿园主动给小朋友们唱了一首歌，老师也当着所有小朋友的面表扬了我。"凡凡刚说完，笑笑就大叫："你说谎，你没唱歌，老师也没表扬你，老师今天表扬我了。"说完两个人吵了起来。事实上，老师根本没有表扬凡凡。

案例 4：大班幼儿晶晶非常聪明，接受能力很强，很爱表现自己，显得很"成熟"，对事有时表现得"毫不在乎"。在幼儿园，她常常偷偷地把老师喜欢的孩子的东西藏起来或搞坏。活动中，老师夸奖了同桌，晶晶就会趁大家不注意时，偷偷把同桌的手工作品搞坏并丢在地上。老师发现后，问她问什么要这样做，她说："我就要比她好！"

请以上述案例为线索，完成本次任务。

扫码查看
参考答案

## 工作实施

### 8.2.1 学前儿童社会行为问题行为的内涵

引导问题 1：请查阅资料完成名词解释。

问题行为

______________________________

______________________________

______________________________

学前儿童社会行为问题

______________________________

______________________________

______________________________

**小提示**

**“行为问题”与“问题行为”的界定**

自从1928年威克曼提出“问题行为”以来，问题行为就受到西方学术界的普遍关注。目前，国内学者对儿童问题行为的用词并不统一，最为常见的名词有“行为问题”“问题行为”“偏差行为”“异常行为”等。在通常意义上，“行为问题”一词应用得比较广泛，包括从轻微的不专注行为、坐立不安、轻率鲁莽等，到临界临床心理学所要处理的偏差行为或异常行为。目前，国内外对于幼儿行为问题的界定并没有统一标准，美国教育界一般认为行为问题包括以下几个方面：学校学习存在问题，人际关系不好，不合适的行为和情感，泛化的抑郁和痛苦，与学习恐惧有关的躯体症状。英国把问题行为分成A行为（即违纪行为）和N行为（即神经症性行为）两类。A行为包括经常破坏自己或别人的东西、经常不听管教、时常说谎、欺负别的孩子、偷东西；N行为包括经常肚子疼和呕吐、经常烦恼、害怕新事物和新环境、睡眠障碍等。我国对幼儿行为问题的界定也包括行为和情绪两方面出现的异常行为，主要是通过对国际通用的几个测查行为问题儿童的量表加以修订而进行的。根据幼儿在行为量表中的得分情况，可以把幼儿行为问题分为三种类型：外向型行为问题、内向型行为问题和混合型行为问题。外向型行为问题的幼儿主要表现为多动、攻击性、违纪行为等，他们的言语理解能力和学习能力较差，可能有阅读、言语障碍；内向型行为问题的幼儿则表现为抑郁、焦虑、社交退缩和躯体性诉述等，他们的操作技能较言语技能发展差，可能存在完成实际行为或应用任务方面的困难，以消极、退缩、隐蔽的形式表现出来，对集体和他人没有明显的妨碍，不易引起教师和家长的注意，但却容易导致以后的各种心理障碍和社会适应不良等问题的发生；混合型则兼有外向型和内向型及其他问题的特征，主要指注意力不稳定等。

### 8.2.2 学前儿童社会行为问题的类型及特点

引导问题2：小组讨论以上四个案例中幼儿分别存在何种社会行为问题，填写以下表格。

| 序号 | 行为问题类型 | 特点 |
| --- | --- | --- |
| 案例1 | | |
| 案例2 | | |
| 案例3 | | |
| 案例4 | | |

引导问题3：案例1中小柱的攻击性行为属于何种类型？试分析其行为产生的原因。

---

**小 提 示**

心理学家巴斯(Buss, 1961)按身体的和语言的、积极的和消板的、直接的和间接的 3 个标准对攻击行为进行排列组合,把攻击划分为 8 种类型

| 攻击的类型 | 例子 |
|---|---|
| 1. 身体的—积极的—直接的 | 冲撞、殴打、开枪 |
| 2. 身体的—积极地—间接的 | 设置陷阱、使用刺客暗杀 |
| 3. 身体的—消极的—直接的 | 静坐、示威、罢工 |
| 4. 身体的—消极的—间接的 | 拒绝应做的事 |
| 5. 语言的—积极地—直接的 | 侮辱他人 |
| 6. 语言的—积极地—间接的 | 散布流言蜚语 |
| 7. 语言的—消极的—直接的 | 不回答别人的问话 |
| 8. 语言的—消极的—间接的 | 当别人收到不当的非难时,不为其辩护 |

### 8.2.3 学前儿童社会问题行为的影响因素

引导问题 4:试分析案例 2 中苗苗沉默寡言的原因和影响因素。

---

---

---

引导问题 5:试分析案例 3 中凡凡说谎的原因及影响因素。

---

---

---

### 8.2.4 学前儿童社会行为问题的干预措施

引导问题 6:请为案例 1~4 中 4 名幼儿选择适合的干预措施,可多选。

A. 强化法　　B. 后果法　　C. 代币法　　D. 惩罚法

| | |
|---|---|
| 案例 1 | |
| 案例 2 | |
| 案例 3 | |
| 案例 4 | |

小组决策：小组讨论，如果你是案例 1～4 中的老师，你会怎样做？

微课

幼儿攻击性行为的解决策略

## 一、学前儿童社会行为问题的界定

### （一）学前儿童行为问题的含义

在已有的研究中，行为问题和问题行为是互通互用的。对于行为问题的概念，目前在我国尚未形成定论。我们认为，行为问题是指童年期出现的在严重程度和持续时间上都超过了相应年龄所允许的正常范围的异常行为，主要是指发生在童年期的行为偏离，而不是某一特定精神疾病的症状表现，广义上等同于学前儿童心理卫生问题。我们可以看出，行为问题是一种异常行为，是一种偏离了常态的行为。行为问题发生在童年期，严重程度和持续时间都超过了正常的范围，但可以通过教育的干预进行矫正。行为问题的严重程度介于正常行为和精神疾病之间。

### （二）学前儿童社会行为问题的含义

在文献中，研究者用社会性问题行为表述幼儿社会行为问题。在本章中，我们使用的是学前儿童社会行为问题这一表述方式。学前儿童社会行为问题是指幼儿在人际交往中表现出对与人交往不利的行为、语言、态度等，并且这种情况的严重程度与持续时间超过了相应年龄的正常范围。

## 二、学前儿童常见的社会行为问题

### （一）攻击性行为

攻击性行为是一种在幼儿身上较常见的社会行为，是幼儿的个体正在向社会化发展的表现，但是，如果不能有效地纠正幼儿攻击性行为，就可能使其无法融入社会。攻击性行为是消极的问题行为，不但对他人或集体造成危害，还会使幼儿得到较多来自环境的否定态度，不利于其健康成长。

视频

幼儿攻击性行为片段

#### 1. 攻击性行为的含义

心理学家对攻击性行为研究了有近百年的历史，但是至今人们对攻击的性质、含义的认识仍存在分歧。因此，我们在了解攻击性行为的含义时，必须要明确以下几个方面：

首先，是否有伤害他人的意图，应该是可以界定攻击与否的重要前提。

其次，必须明确攻击就外显行为而言，不是只停留在主观层面的情感和想法。

再次，攻击是指向有生命个体的行为。

最后，攻击行为指向的对象，在知晓的情况下通常有避免伤害的动机。例如，一个孩子试图攻击同伴时，同伴会采取逃避或者反抗等方式，尽量避免遭受攻击。

我们认为，攻击性行为是指以有意伤害为目的，并给他人的身体、心灵、物品等带来不同程度的伤害或破坏的他人不愿意接受的行为。攻击性行为也被称为侵犯性行为。

### 2. 攻击性行为的分类

（1）根据攻击性行为的不同，可以把攻击性行为分为主动性攻击和反应性攻击。

主动性攻击是个体没有受到挑衅，而将攻击作为达到理想目标的有效手段，如通过控制、威吓同伴以达到目的。反应性攻击是由于个体感知到他人的有意挑衅引起的，对外界威胁性刺激做出的一种防御反应，旨在缓解外界的威胁感受，因而带有强烈的情绪因素，如愤怒、发脾气等。

（2）根据攻击性行为的表现形式，可以把攻击性行为分为直接身体攻击、直接言语攻击和间接攻击。

直接身体攻击是指攻击者利用身体动作直接对受攻击者实施的攻击，如打、踢、推、碰撞、抓、咬他人等；直接言语攻击是指攻击者一方通过口头言语形式直接对受攻击者实施的攻击，如骂人、羞辱、讽刺等；间接攻击是指攻击者一方借助于第三方而对受攻击者实施的攻击，如造谣、离间等。

（3）根据攻击者的动机，可以把攻击性行为分为工具性攻击和敌意性攻击。

如果攻击性行为是为了获得某件事物而做出抢夺、推搡等动作，如为了得到玩具把另一个幼儿推开，这种攻击行为本身并不是为了给受攻击者造成身心伤害，攻击性行为被视为一种手段或工具，用以达到伤害以外的其他目的，这种攻击称为工具性攻击。相反，如果，行为者的主要目的是专门打击和伤害别人，比如身体的、口头的或者破坏他人的工作、财产等，那么，这种攻击性行为属于敌意性攻击。

需要注意，将攻击性行为分为工具性攻击和敌意性攻击虽然有一定的科学性，但是在现实生活中这两类攻击并不是很好区分。有一些敌意性攻击具有工具性攻击的功能，而一些工具性攻击也会表现出敌意性攻击的愤怒反应。

### 3. 学前儿童攻击性行为的主要特点

（1）幼儿攻击性行为频繁。幼儿喜欢和同伴交往，但是又缺乏必要的社会交往经验，所以表现出为了玩具和其他物品而争吵、打架。这种攻击性行为更多的是直接争夺或破坏玩具或物品。

（2）幼儿攻击性行为从工具性攻击向敌意性攻击转化。小班幼儿的工具性攻击行为多于敌意性攻击行为。慢慢地，随着年龄的增长，幼儿言语上有了一定发展，出现了人身攻击，比如起外号。到大班，幼儿的敌意性攻击显著多于工具性行为。

（3）幼儿攻击性有明显的性别差异。从性别上来看，男孩好冲动，很难控制自己的情绪。男孩比女孩更多地被卷入攻击性事件，而且男孩比女孩更容易受到攻击以后发动报复行为。有研究表明，男性不仅在身体性攻击方面，而且在言语性攻击方面也高于女性。

4. 产生原因

(1) 生理因素。幼儿的某些生理特征(外貌体征、体质、气质等),对攻击性行为有一定的影响,比如那些天生爱热闹的、爱发急的"难带型"婴儿,长大后容易产生攻击性行为,但是生理因素是影响因素的次要部分。

(2) 家庭因素。有研究表明,幼儿的攻击性与家庭教育模式有关。高度攻击性幼儿大多数来自"绝对权威"和"过度溺爱"类型的家庭,这两类家庭的共同特征是对幼儿限制的失当。因此,父母过度溺爱幼儿、过分要求幼儿、过分放任幼儿都是造成幼儿产生攻击性行为的重要原因。

(3) 环境因素。环境因素对幼儿的影响越来越大。尤其是电视、网络等媒介的暴力场面为幼儿提供了攻击样板,使幼儿在不知不觉中模仿学习了攻击性行为。

(4) 心理因素。心理学家多拉德认为,攻击性行为的起因是挫折,当一个人朝着特定的目标前进时,一旦受到阻碍,就会产生挫折感,在行为上就表现为对人对物的攻击性行为。

## (二) 退缩性行为

退缩性行为会影响幼儿的人际交往,影响幼儿的社会适应,因而退缩性行为属于一种社会行为问题。

1. 退缩性行为的定义

行为退缩症是一种心理障碍,因多发于儿童,又称为幼儿退缩行为。退缩性行为,是指幼儿胆小、害怕、孤独、退缩,不愿意到陌生的环境中,也不愿和其他人交朋友,独来独往等问题行为。

2. 退缩性行为的分类

按照不同的标准,退缩性行为可以分为以下几种不同的类型:

(1) 按功能可将退缩性行为划分为社会退缩和言语退缩。

社会退缩主要有行为描述和社会测量两种定义类型。从行为描述的角度来说,社会退缩被界定为交往频次低的独处行为。从社会测量角度来说,社会退缩被界定为低水平的同伴接受(被忽视儿)或高水平的同伴拒绝(被拒绝儿)。

言语退缩主要是指在一些幼儿的言语中存在的退缩性现象,主要表现为不爱说或者不敢说话,直接影响幼儿的学习、交往等。

(2) 按退缩行为的表现可将退缩行为划分为抑制性退缩、安静性退缩和活跃性退缩。

抑制性退缩主要是指幼儿的无所事事和观望行为,既希望接近同伴又害怕接近同伴的动机冲突。安静性退缩是指幼儿单独进行安静的探索或建构性游戏,反映了幼儿对物比对人更感兴趣。活跃性退缩是指幼儿独自一人进行喧闹的身体动作,反映了幼儿冲动、活跃的特征,如做装扮游戏。

3. 学前儿童退缩性行为的主要特点

幼儿退缩性行为的特点主要有以下四点:

(1) 胆小、羞怯、害怕。有退缩性行为的幼儿一般都胆小,怕见到生人,见到生人会躲开，即使家里来了客人也常躲开。躲不开时，较小的孩子就藏在父母身后，大点的孩子会紧张不安，浑身不自在。

(2) 难以适应新环境。有退缩性行为的幼儿害怕到陌生的环境中去，有的幼儿会拒绝去幼儿园。

(3) 很少参与集体活动或参与集体活动有困难。有退缩性行为的幼儿从不主动与人交往，总是喜欢一个人玩玩具，喜欢独白游戏，不喜欢和其他幼儿一起玩，往往游离于各种群体之外。

(4) 缺乏信心。有退缩性行为的幼儿不爱讲话，不合群，严重的甚至有自闭症。

#### 4. 产生原因

(1) 遗传因素。有部分幼儿的退缩是由于生理原因，天生胆小。比如，有的幼儿一上幼儿园就害怕，哭得撕心裂肺、浑身发抖。

(2) 禁闭的环境。有的幼儿一出生就由老人带着，只管吃穿。父母忙于工作，很少和幼儿一起玩耍。久而久之，幼儿缺乏交流的机会，不敢与人交流。

(3) 家长的教育方法不当。家长过分娇宠、限制，不恰当的批评或指责，以否定的态度对待幼儿的退缩行为或某些失误，都会导致幼儿胆小怕事。

(4) 保教人员的忽视。有的老师只注意胆大的、淘气的孩子的举动，而忽视胆小、老实的孩子的举动。久而久之，会造成胆大的孩子更胆大，胆怯的孩子更退缩。

除此以外，交往受挫、家庭环境影响也会导致幼儿退缩性行为的产生和出现。

### (三) 说谎行为

#### 1. 说谎行为的定义

对于说谎的概念，心理学家一直没有统一的定论。Lee 等人将说谎定义为个体有意识地传递错误信息而使接受者形成错误信念的行为。说谎行为的发生意味着幼儿想让别人认为自己说的话是真话，想欺骗别人，是幼儿在明知自己说的话是假话的情况下，仍说给对方听，希望对方认为自己说的话是真话。因此，幼儿因无法区分想象与现实而导致说的话与实际情况不符的情况，不属于说谎行为。

说谎是一种以欺骗他人为目的，心口不一致的表达方式。说谎不仅是一种心理问题，也是一种不道德的行为。只有同时满足以下三个条件，才可以称为说谎：(1) 说话者向听者做了一个虚假陈述；(2) 说话者认为这个陈述是虚假的；(3) 说话者想引导听者相信这个陈述是真的。

#### 2. 幼儿说谎行为的类型

幼儿说谎可以分为以下几种类型：

(1) 取悦型说谎。取悦型说谎是指幼儿用说谎捉弄别人，以获得快感的说谎行为。比如故事《狼来了》中的小孩。

(2) 虚荣型说谎。皮亚杰认为学龄前幼儿处于前运算阶段，这一时期的幼儿思维的特点是自我中心。幼儿往往只注意自己的观点，不能接受他人的观点，认为并要求他人的观点都和自己一样。这时期的幼儿为了得到大家的关注会不自觉地说谎。有的幼儿说谎是为了避免丢脸或得到赞许的目光。对这样的行为，家长要在理解幼儿的同时，引导幼儿懂得只有付出努力,才是真正的好孩子。

(3)模仿型说谎。幼儿会模仿大人的行为,如果大人常常说谎,幼儿也很容易说谎成性。

(4)侠义型说谎。稍大一些的幼儿,有时会包容伙伴的错误,或为他们的不良后果承担责任而说谎。对于这种侠义型的说谎,家长既要肯定他的动机,又要引导幼儿学会实事求是。

(5)被迫型说谎。孩子犯了错误怕受到责罚,便用说谎来掩盖错误,逃避惩罚。对于这类说谎,教师、家长要从自身找原因,改变简单粗暴的教育方法。

#### 3. 幼儿说谎的原因

幼儿说谎归纳起来有以下三个原因:

(1)幼儿自身的原因

① 为了引起注意。幼儿为了得到教师更多的关注和呵护,会通过说谎的方式引起教师的注意以得到心理上的满足。还有的父母忙于工作,忽略了与幼儿的情感交流,幼儿无奈之下只得用这个方式,让自己成为父母的焦点。

② 为了某种目的或欲望。有些幼儿在不良心理和环境的影响下,为了达到某种目的或者欲望,如逃避惩罚、某些奖励等不惜说谎。

(2)家长的原因

① 对家长言行的模仿。家长的一言一行、表情神态都可以成为幼儿模仿的对象,而且,此时幼儿没有辨别是非的能力和观念,只是照自己看到的、想到的去做。

② 对说谎行为的错误强化。强化理论指出,在行为出现之后直接给予强化,会明显增加这一行为出现的概率,而在行为之后不给予强化的话,这种反应则会慢慢减弱。因此,如果幼儿说谎,家长没有对其进行应有的教育,而是采取正面或中性的评价,孩子可能会以为这一行为(说谎)没有受到惩罚,反而会加大这一行为发生的频率。

(3)其他原因

同伴间的相互模仿是幼儿社会学习与发展的途径之一。有时,教育者的言行不一,也会给幼儿带来困惑。比如,老师教育幼儿过马路的时候要“红灯停,绿灯行”,在现实生活中妈妈却带着幼儿闯红灯。老师和妈妈在幼儿眼中都是权威,此时,幼儿的脑子里会充满问号——到底该听谁的呢?

### (四)嫉妒行为

嫉妒是人类的一种原始的情感,是人类心理活动中本能的一种表现。

#### 1. 嫉妒行为的含义

幼儿的嫉妒是指当幼儿看到他人某些东西比自己多或者好,自己当时却无法拥有或胜过时,所产生的一种不安、烦恼、痛苦、怨恨并企图破坏他人优越状况的复杂情感。这种嫉妒是幼儿将自己与别的小朋友做比较而产生的消极情感体验。

#### 2. 幼儿嫉妒行为的主要特点

与成人相比,幼儿的嫉妒行为有以下几个特点:

（1）明显的外露性。这是幼儿嫉妒行为与成年人嫉妒行为最主要的区别。成人往往会考虑各种因素而尽量掩饰自己的嫉妒行为，而幼儿一般会通过具体的言行直率地表露自己的嫉妒情绪，他们通常不会去考虑自己的嫉妒是否会引起别人对自己的不良评价等后果。

（2）直接的破坏性。幼儿对事物的认识具有直观性的特点，他们往往会直接地将因自己的嫉妒引起的不快情绪归责于自己所嫉妒的人，进而对引起他嫉妒的人或事做出直接的破坏与对抗行为，以发泄心中的不满。

（3）鲜明的主观性。幼儿认识事物往往会以是否符合自己的意愿为标准，他们一般都是从自己的角度出发，简单地对事物进行分类。因此，当其他幼儿比自己强或其他幼儿拥有自己所没有的东西时，就会因外界的事物不符合自己的意愿而造成他们心理上的不快，这种不快心理的表现就是嫉妒行为，具有强烈鲜明的主观色彩。

## 三、学前儿童社会行为问题的影响因素

学前儿童社会行为问题的产生是由多种因素综合作用的结果，主要包括家庭因素、教育因素、社会文化因素和幼儿自身因素。

### （一）家庭因素

现有的研究中，对于家庭因素对幼儿社会性行为问题的研究是最多、最深入的。家长对幼儿的攻击性行为的产生有极其重要的影响。家长的教养方式、家庭的情绪气氛、父母的情绪控制、父母的关系等都是影响幼儿攻击性行为产生的因素。

#### 1. 父母教养方式

父母教养方式会影响幼儿社会性行为的发展。已有的研究表明，父母严厉的管教行为对幼儿的心理和行为发展具有短期或长期的消极影响。体罚会增加幼儿的攻击性行为、犯罪行为、反社会行为等行为问题出现的可能性。受过父母体罚的幼儿更可能攻击同伴或兄弟姐妹。美国著名儿童心理学家麦考比和马丁提出了父母教养方式的四种主要类型，即权威型、专断型、放纵型、忽视型。不同的教养方式下，幼儿会产生不同的行为。有研究发现，父母教养方式中的情感温暖对幼儿社会退缩有消退作用，父母交往方式中的拒绝对幼儿社会退缩行为有强化作用。因此，父母的不良教养方式，既会导致幼儿攻击性行为和心理问题的产生，也会对幼儿形成不良的行为示范。父母应该在幼儿面前表现良好的言行举止，改进自己教养幼儿的方式，从而促进幼儿的身心健康成长。

#### 2. 亲子依恋

幼儿的安全型依恋将导致他的信赖、自信和稳定的情绪状况，相反，如果没有形成安全型依恋，将会情绪不稳定，对环境不信任。埃里克森认为，人在生命最初的两年都会体验到信任与不信任的心理状态，而这种矛盾必须在这两年解决好，否则，幼儿将会受到缺乏信任感的折磨，严重的甚至无法与人相处。因此，安全型依恋将导致一个人的信赖、自信和稳定的情绪状态。亲子依恋对社交退缩行为有消退作用。

3. 父母对情绪的掌控能力

幼儿攻击性行为的产生与其情绪、情感的控制有紧密的联系。有时，幼儿攻击性行为是愤怒之下的应激行为。因此，要减少幼儿的攻击性行为，必须要考虑情绪、情感问题。父母情绪表达与幼儿的攻击性行为的发展有密切关系。如果父母经常表现出积极情绪，幼儿在与同伴交往中通常会表现出较多的亲社会行为。相反，如果父母经常表现出消极情绪，幼儿在与同伴交往中通常表现出较多的敌意、攻击性行为。加之，幼儿会模仿父母的一言一行，父母待人接物的方式会给幼儿树立榜样。因此，父母要注意自己的情绪、情感的表达方式，管理好自己的情绪、情感，为幼儿树立良好的榜样，从而减少幼儿行为问题的发生。

4. 父母关系

很多研究者认识到父母关系对幼儿健康成长的重要性，以及对幼儿攻击性行为的产生有很大的影响。父母在幼儿面前争吵或者表现出不良的情绪、行为等，幼儿就会对家失去安全感，不良的情绪没有地方发泄，必然会产生一些攻击性行为或其他不良行为。或者幼儿模仿父母不良行为的发泄方式，模仿父母的言行举止，这些都会潜移默化地对幼儿产生影响。

## （二）教育因素

1. 师幼关系

教师与幼儿的交往贯穿幼儿一日生活的各个环节。师幼关系是幼儿非常重要的一种人际交往关系。幼儿进入幼儿园后，由于教师在幼儿的心中有特殊地位，教师对幼儿的期望与评价，会直接影响幼儿的自我评价和社会行为。加上教师的态度、言行对幼儿具有巨大的榜样和示范作用，可以说，教师与幼儿的交往质量在很大程度上决定幼儿的社会性发展。

2. 同伴关系

同伴关系是年龄相仿或能力相当的幼儿之间的一种平等的人际关系。同伴对幼儿的个性、社会行为、价值观的等形成有很大的影响。同伴关系之间具有竞争性，敌对性行为更有可能发生。不良的同伴关系甚至与犯罪行为联系在一起。因此，安全、和谐、自由的教育环境和对话氛围有利于幼儿积极同伴关系的建立以及亲社会行为的产生。

3. 教育环境的材料与空间的不足

在教育环境中，玩具的多少、玩耍场地的大小等因素，也会对幼儿攻击性等行为问题产生具有很大的影响。幼儿园班级空间和游戏材料充足的情况下，幼儿的社会行为几乎不会受到影响，而当幼儿平均活动场地面积减少时，其攻击性行为将明显增加；同样，当幼儿园投放的游戏材料过少或种类不足，幼儿极有可能因为争抢玩具或游戏设施而采取攻击性行为。

## （三）社会文化因素

一般来说，社会文化是通过一定的载体对幼儿的社会性行为产生影响。电视、电子游戏、手机、社区的文化氛围等都会对幼儿的社会性行为产生影响。

电视节目播放的大多是成人世界的内容，有好有坏，幼儿的鉴别能力不强，因此，电视节目中的一些不良行为就会对幼儿产生负面的影响。电脑、网络、手机中的电子游戏和电视节目一样，通过强化的方式使人沉迷于虚拟的世界中，而忽视了真实世界。幼儿本来就容易分不清楚想象与现实，手机、电脑等电子产品会使这种情况更加严重，不利于幼儿认识真实的世界，不利于幼儿主动与他人友好交往行为的发展。而且，电子游戏的暴力成分，也不利于幼儿亲社会行为的发展。社区的文化氛围也会对幼儿社会性发展产生潜移默化的影响。“孟母三迁”表明了社区环境对幼儿成长的重要性。已有研究表明，城市幼儿和农村幼儿在人际交往方面存在很大的差异：农村幼儿一般胆小、害羞，与人交往时不主动，而大部分城市幼儿比较大胆，敢于表达自己，同样，不良的社区环境对幼儿的发展也是不利的。

### （四）幼儿自身因素

幼儿自身因素主要有大脑的发育与功能、气质特征和认知水平的发展。

#### 1. 大脑的发育与功能

有研究表明，无论是攻击性行为还是退缩行为的产生，都与大脑的发育有密切的联系。婴儿期脑电活动不均衡可以预测童年期的行为抑制。以婴儿为被试者的研究表明，右脑额叶脑电图不均衡的婴儿在新的环境下容易产生害怕和消极情绪，也更容易出现退缩性行为。

#### 2. 气质特征

气质是个体特有的心理活动的动力特征，是个性和社会性发展的生物基础。有研究显示，有消极气质特点的幼儿易出现行为问题，胆汁质的幼儿更容易发生攻击性行为，幼儿的抑郁气质可以预测其以后的退缩行为。这说明，幼儿社会退缩行为的形成具有一定的生理性原因。

#### 3. 认知水平的发展

幼儿认知水平的发展有助于其了解社会知识，遵守社会规则，产生亲社会行为。随着年龄的增长，幼儿的认知水平和能力提升，攻击性行为会逐渐减少。对于说谎行为的研究表明，认知与说谎没有必然的联系。说谎行为与智商、心理理论、执行功能有联系。智商高的幼儿说谎的可能性更大。

除此以外，幼儿的性别对于攻击性行为、退缩行为、说谎行为等问题也有一定的影响。这些因素也是通过气质特点、认知水平等对幼儿产生影响。

## 四、学前儿童社会行为问题的干预措施

幼儿行为问题干预主要是指依据心理治疗理论和方法技术，结合幼儿实际，采取有针对性的指导措施，干预幼儿的行为问题。幼儿社会性问题行为的干预措施主要有以下几种方法：

### （一）强化法

#### 1. 强化法的定义

强化分为正强化和负强化。正强化就是指当被强化人出现他人所期待的操作性、可视性的行为后，如果立即得到他需要的强化物，则被强化人再次发生同样操作性行为的可能性和次数会增加。

负强化是指幼儿发出某一行为，结果可避免厌恶刺激，则以后在同样情境下，该行为的出现率会提高。负强化法是通过逃避和回避两个过程来实现其效果的。逃避是指幼儿承受厌恶刺激后，只有从事某种特定良好行为，该厌恶才能停止。正强化和负强化是一对既有区别又紧密联系的干预方法。两者都是为了加强某种所期待的正常行为，但是它们使用的方法不同，正强化是用愉快刺激的方式，负强化是用厌恶刺激的方式，两种方法可以在一定情况下互相补充。

#### 2. 使用强化法应注意的问题

（1）明确强化行为

在使用强化法之前，教师首先要明确强化的行为是什么，并尽可能地将其具体化、可观察、可控制、可评价，这样才能有效实施强化。

（2）选择正确的强化物

选择正强化物必须考虑个性差异，而且应该易用，能立即呈现在所需要的行为发生之后，多次使用不至于引起迅速的满足，不需要花费大多的时间，如糖果、卡片、动画片等；选择负强化物时，要能够使幼儿产生极大的不适宜感，应该是一种在满意行为出现时能立即终止的刺激物。

（3）避免误用强化法

运用强化法改善幼儿的行为问题操作简单，只要运用恰当，效果会十分显著。但是有两种误用却是日常生活中经常出现的：

一是有意或者无意的正强化行为问题。幼儿的许多问题行为在刚开始形成的时候，如果成人不加以重视，不及时进行教育反而对它进行肯定，那么幼儿的问题行为形成得更快、更顽固。

二是期望行为未出现，便撤销厌恶刺激。例如，小明想了各种办法不想去幼儿园，爸爸妈妈费了很大的力气想尽办法才把她送到幼儿园。但是奶奶觉得小明很可怜，就不让小明去幼儿园了。奶奶在孩子没有出现正确行为之前，就帮助她消除了厌恶刺激，可以想象，之后小明去幼儿园将更加困难。

### （二）后果法

后果法主要包括两种，一种是自然后果法，另一种是相关后果法。

#### 1. 自然后果法

当幼儿在行为上发生过失或犯错误时，成人不给他们过多的批评或干涉，而是让幼儿自己承受行为过失或者错误直接造成的后果，幼儿在承受后果的同时感受到不愉快甚至痛苦的心理惩罚，从而让他自觉弥补过失，纠正错误。

运用自然后果法时要注意，让幼儿对自己的行为负责。自然后果法的目的是让幼儿体会到他们行为带来的后果，从而知道对自己的行为负责任。在运用过程中，成人要尽量减少对幼儿行为的干涉，让他们自己选择。同时，成人的态度要坚决，但也要充满爱心。最后，自然后果法并不是对幼儿的所有行为都适用，如跟幼儿生命安全有关的行为，不适合用自然后果法。

#### 2. 相关后果法

相关后果法是对幼儿施加其行为的强加后果的方法。相关后果法能帮助幼儿了解为什么某种行为不可取，为他们提供改变这种行为的个人动机。相关后果不是仅仅强迫幼儿按照成人认为的那样去做，而是帮助幼儿反思自己行为的后果。

应该要注意的是，后果法如果运用不当，就容易变成惩罚，惩罚与后果法的最大差异在于让幼儿怎样看待自己。后果法的目的在于让幼儿有权努力控制，并帮助他们把自己看成好人。但是由于成人控制着相关后果，因此它们表现了成人对幼儿的权利。这种权利要慎重运用，否则可能产生对幼儿的强制。

### （三）代币法

#### 1. 代币法的含义

借助条件强化物，成人可以激发幼儿改善问题行为的动力，这种矫正技术称为代币制，其中运用的条件强化物是代币。“代币”就是真正奖励物的暂时代替，如小红花、塑料片、红五星之类的东西，通过这些替代物最后兑换幼儿想要的实物奖励，如 50 朵小红花可兑换去游乐场玩半天等。代币只是一个符号，可以根据情况灵活运用。

用代币作强化物，可以在任何场合下，只要满意行为一发生即可发放，可以根据行为质量的好坏，对代币进行增减，因此，代币法可以使强化作用更加有效，尤其是对群体行为问题矫正时，采用代币法，管理更加实用、更加方便，能保证指导计划一致有效。

#### 2. 代币法的使用流程

（1）确定目标行为。确定目标行为最终要把焦点放在一个或一个以上所希望增加的良好行为上，并加以明确的界定，避免使用“不合作”“捣乱”等抽象模糊的词语。

（2）选择代币。代币必须是马上可以利用的实物或者象征性的东西，必须是可以计数的，对幼儿具有吸引力，并且简单、轻便的东西；必须是能够随时可以发放的东西；必须是幼儿不容易复制的东西；必须是不具备其他实用功能，也不容易与别的物体相混的东西。

（3）制定代币交换系统。要制定代币和逆向强化物之间的兑换，包括兑换比率、时间和地点。幼儿某个具体的改进行为可获得几个代币，多少个代币可以兑换一个强化物，不同强化物之间的币值是多少，都是本环节应该要完成的。需要注意的是，代币要在行为发生以后及时支付

（4）严格执行。严格具体操作，把计划告诉幼儿，让他了解操作的内容和要领，在发给代币时，友好、微笑地赞许也应同时出现，而且应该告知幼儿为什么得到代币。代币换取支持物的次数开始时应该多一些，然后逐渐减少。

（5）逐步消除代币系统。使用代币的最终目标不是让幼儿获得尽可能多的代币，

而是能够慢慢消除外在动机，使正确行为成为一种自然自发的状态。所以，当幼儿慢慢养成正确的行为习惯时，就可以把代币和刺激物之间的比值扩大，例如，原来是 5 个代币换一次看动画片，现在是 10 个代币换一次周末去动物园参观。

代币法最大的优点是，当幼儿表现出良好的行为时，不是立刻就满足他的要求，而是延时满足，需要幼儿将行为保持一段时间或重复出现以后再满足。这就有利于习惯的形成，使合理行为有意识地反复出现。

### （四）惩罚法

惩罚法是幼儿社会教育中常用的一种方法。虽然惩罚法的使用频率很高，但是很多人认为它是一种不需要专业学习就可以掌握的方法，所以在惩罚法的运用过程中出现了很多的问题。

#### 1. 惩罚法的含义

惩罚法是指当个体出现不良行为后，会承受一定的不愉悦的刺激，或者取消他正在享用的愉悦刺激，从而达到遏制不良行为出现的目的。例如，幼儿把一盒玩具拿出来弄得满地都是，或者拿剪刀剪纸，纸屑满地都是，扔下剪刀就不管了。可以把玩具先收起来，告诉幼儿如果还这样，下次就得不到这些玩具了。这就是惩罚行为。惩罚包括两个过程：给予不良刺激和剥夺愉悦刺激。

惩罚主要是为了减少或者遏止不良现象的再次出现，如果想要完全消除问题行为，或者建立新的行为，需要借助其他方法才能实现。

#### 2. 惩罚的类型

惩罚有两种类型：谴责和暂停。

（1）谴责

谴责是指当幼儿出现不良行为时，及时给予强烈的否定的言语刺激或警告语句，以阻止或消除不良行为出现。当然，谴责的方式不仅仅只有言语刺激，也可以采用肢体语言，如瞪眼睛、用力把他抓住等动作。这对于管制较轻的行为问题有一定的效果。值得注意的是，谴责行为的后面必须跟随别的惩罚刺激，否则谴责会失去其惩罚的作用。

（2）暂停

暂停是指当幼儿表现出某种不良行为时，及时暂停其正在享用的正强化物以阻止或削弱这种不良行为的再现，或把幼儿移到正强化物较少的情景中去。例如，幼儿正在参与有兴趣的活动时，若表现出不良行为，教师可及时停止其活动，等到幼儿表现良好时，再让他继续参加。

#### 3. 运用惩罚法的注意事项

惩罚法虽然运用频率很高，但是运用时，要注意以下几点：

（1）正确认识惩罚法的价值。虽然使用惩罚法见效快，可以从一定程度上减少幼儿的行为问题。但是，需要注意的是，惩罚法的使用是伴随着幼儿的消极情绪的，经常使用可能会给幼儿带来一定的伤害。如果有其他方法可用，尽量避免使用惩罚法。

（2）成人执行惩罚的态度必须一致。家庭教育中常常出现教育观念不一致的现象，对待幼儿的某些行为问题就会持不一样的观点，会导致幼儿不良行为不能真正得到改善。所以，在使用惩罚法的时候，成人执行惩罚的态度必须一致。

(3) 正确使用惩罚法。很多人在使用惩罚法的时候，存在一些误区，比如，把讽刺责骂等同于语言警告，而幼儿自己并不知道自己错在哪里，应如何改正；或者把责备作为宣泄愤怒的渠道，责备无效时就妥协了等。这些误区，不仅不能起到应有的作用，反而伤害了幼儿的自尊。因此，一定要正确使用惩罚法。除此以外，惩罚必须要及时。惩罚与不当行为之间间隔的时间越短，效果越明显。

## 岗位对接

### 幼儿社会行为问题案例分析两则

小杰在午睡后想和小瑞一起玩。不巧的是，小瑞刚刚醒，只想单独待着。出于沮丧，小杰变得具有攻击性，最终诉诸身体接触来引起小瑞的注意。行为从轻轻碰升级成用力推，然后就是打。小瑞号啕大哭起来。如果你是老师你会如何帮助他们？请说明你的理由。

分析建议：当小瑞哭时候，老师要及时去安慰他。因为小瑞此时不能用语言表达他个人的需要，所以老师最好选择让小杰离开，并解释说他不会让小杰再打你。老师可以冷静地把小杰带到隔壁的房间，并告诉孩子：打人会痛的。等你准备好了用你的语言而不是拳头后，你就可以回去了。小瑞受到伤害了，他需要感到安全。"这样老师并没有命令小杰多长时间不许接近小瑞，也没有利用成人的权利来做所有的决定。相反，老师可以让孩子自己把握需要多少时间，并让小瑞反思自己的行为，并判断何时控制住了自己的感情。这种方式可以帮助小杰为自己负责并且能变得更加自律。

早上的区角活动，孩子们都在开心地玩着。突然，建筑区角传来不和谐的声音，飞飞立即跑来告状："陈老师，浩浩把我们刚搭好的房子给推倒啦。"又是这家伙，平时最调皮的就是他了。怎么总是喜欢破坏别人的东西？我来到他面前生气地询问："怎么了？你为什么把人家的房子给推倒了？"他扁了扁嘴，委屈地说："我的推土机是要把旧房子拆掉，建新的呀！"细问之下，我才知道他们家在拆迁，他对推土机特别感兴趣，之后就产生了模仿行为。"那推土机拆的是旧房子呀！这是飞飞他们刚刚建好的新房子，你怎么就拆了呢？下次飞飞他们再建新房需要请你的推土机帮忙拆迁时，你再来帮忙好吗？"他听话地点了点头。这个案例对我们有什么启示呢？我们应该如何对待幼儿的破坏性行为？

分析建议：

1. 对于幼儿在活动中出现的破坏性行为，教师要用探究的眼光去看待，去寻找他们行为背后的理由，切忌想当然地主观臆断后就对幼儿批评教育，这样对孩子是不公平的。案例中的这位老师差点发生这样的错误了，由于教师对幼儿先前行为的刻板印象，有时就会觉得幼儿是故意搞破坏、找麻烦。其实不然，当幼儿在活动中表现出破坏性行为时，原因是多种多样的，有可能是下面几种情况。

(1) 幼儿不良情绪的宣泄。比如幼儿在活动之前有不愉快的情绪体验，情绪不稳定，而又不知道如何进行适当的表达时，就有可能以一种破坏性行为作为不良情绪的突破口。如幼儿在区角活动中将娃娃家的娃娃的辫子扯掉，是因为早上爸爸妈妈的吵架造成孩子情绪的波动等。

(2) 幼儿正常的探索行为。幼儿在强烈的好奇心驱使下会出现超乎寻常的探索行为。为了验证自己的想法或进行自己的游戏，幼儿会进行一些自己认为理所当然的活动。如案例中浩浩的表现就是一种正常的探索行为。

(3) 幼儿对失败的手足无措。幼儿出现破坏行为也可能是他较长时间的探索不成功，其行为已停留在无意义的反复摆弄和操作上，已经失去了进一步探索的兴趣和信心，此时的行为是情绪烦躁引起的，或者是一种对不成功行为的破坏放弃。如幼儿一开始对拼图的兴趣浓厚，一块块试拼，可是好久之后还没有成功，就故意将拼图撒得满地都是。

(4) 幼儿自控能力差。也有部分幼儿的行为初衷是好的，但是因为思维与动作发展的不协调，自我控制能力较差，会出现一些破坏性行为的表面现象。

2. 面对幼儿出现的破坏性行为，教师首先要冷静对待，争取与幼儿沟通，并通过观察和倾听，分析行为背后的原因，理解幼儿的行为。根据不同的原因，采取适当的措施，帮助幼儿正确参与活动。如当幼儿情绪不好时，教师应该引导幼儿学会正确地宣泄不良情绪，使幼儿在投入活动时能够心情愉快。而如果幼儿出现新的探索欲望时，教师要肯定鼓励幼儿的行为，要提供尽可能多的探索材料，并教幼儿一些基本的探索方法，引导幼儿正确的探索行为。如发现幼儿在探索时出现难以深入下去的问题时，这时教师应该从投入的材料和幼儿遇到的困难上给幼儿提供适当的帮助，告诉幼儿基本的技巧，和幼儿一起完成，鼓励、启发、帮助幼儿将破坏性活动转化为主动积极的探索行为。而当幼儿自控力较弱时，老师要提供给这些幼儿难度相对小一些的游戏材料和相对单一一些的活动。

综上所述，要耐心地引导和帮助有破坏性行为的幼儿认识自己的错误行为并加以克服，而非一味地压制和惩罚，以免他们的“破坏性行为”造成更严重的危害，影响幼儿身心的健康发展。

## 单元测试

**一、简答题**

1. 阐述学前儿童亲社会行为的主要类型。

2. 如何区分幼儿的社会行为问题与正常行为？

**二、材料分析题**

小班游戏活动时，安安与新月争夺小汽车时，安安把新月推倒了，新月哇哇大哭起来。此时，安安被新月的哭声吓到，停止争夺小汽车。而其他幼儿见到安安把新月惹哭之后，也不和安安一起玩了。老师询问安安，安安说只是为了得到小汽车，并不是故意把新月推倒的，听到新月的哭声才意识到自己犯了错误。同时，看到其他幼儿都跑开不和自己玩了，安安自己认识到了错误，不该和小朋友争抢，不该推倒小朋友，因为会把小朋友弄疼，而且其他小朋友也会远离自己。

案例中的安安存在何种社会行为问题？你赞同案例中教师的做法吗？为什么？

**三、教育实践**

在教育见实习中观察幼儿存在的某一社会行为问题，记录下来并分析其社会行为问题的表现，同时通过咨询教师与家长分析其成因。

扫码查看
参考答案

## 学习反思

# 参考文献

[1] 罗秋英. 学前儿童心理学[M]. 上海：复旦大学出版社，2019.
[2] 刘军. 学前儿童心理学[M]. 南京：南京大学出版社，2022.
[3] 邹晓燕. 学前儿童社会教育[M]. 北京：北京师范大学出版社，2017.
[4] 周世华. 学前儿童社会教育[M]. 北京：高等教育出版社，2011.
[5] 张明红. 学前儿童社会教育与活动指导[M]. 3 版. 上海：华东师范大学出版社，2021.
[6] 陈世联. 幼儿社会教育[M]. 海口：南海出版公司，2009.
[7] 邓宪亮. 学前儿童社会教育[M]. 北京：高等教育出版社，2014.
[8] 李贵希. 幼儿社会教育与活动指导[M]. 北京：北京师范大学出版社，2013.
[9] 李季湄，冯晓霞.《3—6 岁儿童学习与发展指南》解读[M]. 北京：人民教育出版，2013.
[10] 露丝·本尼迪克特. 文化模式[M]. 王炜，译. 上海：生活·读书·新知三联书店，1988.
[11] J. H. 弗拉维尔，等. 认知发展[M]. 上海：华东师范大学出版社，2002.
[12] 皮亚杰. 傅统先，儿童的道德判断[M]. 陆有铨，译. 济南：山东教育出版社，1984.
[13] 王娟. 民俗学概论[M]. 北京：北京大学出版社，2002.
[14] 徐琳. 幼儿社会教育与活动指导[M]. 南京：江苏教育出版社，2013.
[15] 雅思贝尔斯. 什么是教育[M]. 上海：生活·读书·新知三联出版社，1991.
[16] 阎保华. 幼儿社会教育活动设计与指导[M]. 北京：北京理工大学出版社，2017.
[17] 陈世联. 学前儿童社会教育[M]. 中国人民大学出版社，2017.
[18] 甘建梅. 学前儿童社会教育的内涵、性质与课程地位[J]. 学前教育研究，2011(1)：53 - 59.
[19] 孙芳. 高职院校《学前儿童社会教育活动》课程思政实践探究[J]. 数据，2022(1)：128 - 130.
[20] 李雨书. 论皮亚杰的儿童自我中心理论对学前儿童社会教育的启示[J]. 科教导刊，2012(16)：239 - 240.
[21] 钱文. 3～6 岁儿童自我意识的培养[J]. 幼儿教育，2015(3)：15 - 16.
[22] 王杉. 幼儿园教育视角下幼儿性别意识培养探究[J]. 文教资料，2022(18)：119 - 121.
[23] 陈颖. 爱上劳动，点亮未来——浅谈如何构建“接地气可操作”的新时代幼儿劳动教育课程体系[J]. 当代家庭教育，2022(11)：42 - 44.

[24] 郭映彤. 新时代背景下加强幼儿劳动教育的思考[J]. 教育观察，2019(12)：27 - 29.
[25] 陈红燕. 幼儿各阶段劳动教育内容的选择与开发[J]. 山西教育，2022(3)：24 - 26.
[26] 徐佳鑫. 幼儿劳动教育存在的问题及对策研究——以江西省南昌市为例[D]. 南昌：江西师范大学，2020.
[27] 范敬梅，周晓兰，肖鸿雁. 幼儿道德价值观建构管窥——后现代教育理论对幼儿园道德教育的冲击[J]. 学前教育研究，2005(11)：2.
[28] 侯丽敏. 融入民族文化的综合教育课程的创新与实践[J]. 幼儿教育，2014(11)：98.
[29] 黄培. 同伴交往对幼儿社会性发展的作用[J]. 中国教育发展研究，2010(1).
[30] 李生兰. 学前儿童多元文化教育初探[J]. 早期教育，2003(6)：4.
[31] 刘晓峰. 民间童谣在幼儿行为养成中的作用[J]. 课程教材教学研究(幼教研究)，2015(1)：56 - 57.
[32] 张海云，封芳芳. 大班综合活动：感恩的心[J]. 当代学前教育，2015(3)：30 - 31.
[33] 赵雪梅. 幼儿社会教育活动目标解析[J]. 新课程研究・教师教育，2008(7)：23 - 24.
[34] 朱洪萍. 幼儿自我发展及教师评价对策[J]. 时代教育，2008(4)：56 - 57.
[35] 郭祥. 华德福幼儿园传统节日教育研究[D]. 杭州：浙江师范大学，2012.
[36] 姜艳秋. 多元文化背景下幼儿园中外传统节日活动实施的个案研究[D]. 哈尔滨：东北师范大学，2013.
[37] 刘倩影. 中国传统节日文化对幼 7 儿道德情感的影响[D]. 开封：河南大学，2011.
[38] 赵海燕. 学前教育民俗文化课程研究[D]. 重庆：西南大学，2012.